JN099414

大澤広晃・
杉浦未樹・
吉田信・
伏見岳志

史料が語る東インド航路

移動がうみだす接触領域

勉誠出版

第三部◎史料のなかのケープ植民地

第四部◎変貌する東インド航路と帝国

序

水井万里子・伏見岳志・大澤広晃

一、史料と接触領域

本書では、東インド航路という長距離航路を移動した人々や社会集団が作成した史料に焦点をあて、長距離航路上の諸地域における異文化間の接触の様子を比較史的に検討することが目的となる。長距離航路上を移動して一定期間各地に滞在した文書の作成者は、現地の社会と接触した経験から文書を記述した。こうした史料には、このような航路上に点在する「接触領域」における史料の書き手であるヨーロッパ人と、移動先のローカルな人々との関係が描かれている可能性が高い。

本書の視点の一つである「接触領域＝コンタクト・ゾーン」の概念は、メアリ・ルイーズ・プラットが著書 *Imperial Eyes* で提唱したことで知られる。(1) プラットによれば、十八世紀から二十世紀にアフリカと南米を訪れたヨーロッパ人が著した旅行記から、著者と異文化の人々が接触することで生じたヨーロッパ文化と現地文化の相互影響が読み取れる。(2) また、それらの叙述に直接的・間接的にあらわれる異文化間の交流や循環の諸相の描写は、同時代ヨーロッパの読者の「他所の世界（the rest of the world）」に対する認識の形成にも影響を与え、そのような馴染みの薄い土地に対する新しい世界観をヨーロッパに誕生させつつ、帝国主義的な文化の変容を促した。このような移動者による叙述が対象とした空間、もしくはそれを描写した移動者が異文化の人々とともにあった場が接触領域なのであり、そこで異なる文化が不均衡なバランスで交流し混淆していた様子をみることができる。

接触領域に関わる史料は探検記や旅行記に限らない。本書の複数の論文がとりあげている南部アフリカの喜望峰周辺のケープ植民地は、オランダ東インド会社によって十七世紀から十八世紀にかけて建設・統治され、一七九五年に始まるイギリス・オランダ間の統治権の転換の時代を経て一八〇六年からイギリスの統治下に入った。十九世紀前半になると同地はオランダ系、イギリス系のヨーロッパ人と現地のローカルな人々、東インド航路上を奴隷や契約労働者として移動してきた人々など、多様な人々が接触する領域として拡大していた。本書が対象とする時期は、東インド航路が発達を続けた十八世紀から、帝国主義のもとで南部アフリカがヨーロッパ各国の植民地支配の時代へと向かった十九世紀、二十世紀前半までである。この時期のケープでは、イギリス・オランダの東インド会社商人、宣教師、駐留軍人、植民地文官などヨーロッパから移動した人々によって、それぞれが所属する社会集団ごとに現地の文化・社会に関して記録した文書がうみだされた。

このような文書に描かれた個人的・集団的な経験を通した物事からは、現地で彼らが遭遇した人々とその文化、それらに対するヨーロッパ系の人々のまなざし、価値観、相互影響などを読み取ることができる。しかし、こうした文書にはなお歴史研究者による史料論的な検討の余地が残されている。歴史の表面からは「見えにくい」人々や物事を見出そうとする歴史学研究は、分散する複数かつ多様な史料の連関や統合という史料研究方法の課題と問題を共有してきたといえる。(3) 東インド航路上の接触領域に関しても西欧系の移動者が作成した多様な文書の史料分析は、長距離航路上に点在した各地の「見えにくい人々」を少しでも可視化することが主眼となっている。

東インド航路上を移動する人々や社会集団の記録簿や書簡、報告書といった史料は、植民地の統治文官や東インド会社関係者、軍人などが、母国のそれぞれの関係者にあてて作成・記録した報告目的の文書群であることが多い。国際情勢など史料の時代背景や、作成者が持つ当時のヨーロッパの価値観の反映という歴史のフィルターを意識しつつ、これらを用いて接触領域の人々へ接近する方法には詳細な検討が必要である。東インド航路のヨーロッパ寄りの中継地であったケープについては、多様な社会集団に関わる諸史料を比較検討することができるため、本書のアプローチにとって重要なフィールドとなる。

ここで、本書全体の方向性に重要な影響を与える二本の翻訳論文について説明したい。一つは、マダガスカルに関わるラベタフィカ、バーシュウ、エファーツによる共著論文で、原典は二〇〇〇年にオランダ・ライデン大学の学術誌 *Itinerario* 誌に掲載されている。(4) 本書の訳出に関しては、著者および同誌から快諾いただくことができた。この論文の特徴は、オランダ東インド会社（以下ＶＯＣ）のマダガスカル関連史料群から、ＶＯＣ従業員と現地支配者の相互関係、マダガスカル島の沿岸地域社会の在り方、奴隷貿易と奴隷とされた人々について抽出し再構成している点である。当時マダガスカル島で接触した人々の文化的な観察を目的とした叙述ではないが、会社関係者による商業文書から現地の人々のあり方に接近する点が参考になる。もう一つのオランダ支配下のケープ植民地の文書を用いたフォリーの翻訳論文は本書のために書き下ろされたもので、遺産目録など社会経済史の史料のデータベース化の進展と、ここから抽出・再構築が可能な十七世紀から十八世紀の同地の多様な人々に関わる研究動向を紹介している。解説されているのはケープのオランダ人社会を対象とする史料群ではあるが、そこに現地のコイコイ人や奴隷となった人々の姿を見出すことができる。奴隷貿易や強制的な労働を担った人々を対象とする研究の中で、インド洋事例からの実証が重ねられる現在、大西洋の奴隷貿易研究やアジアからの労働移動との議論とあわせて長距離航路上の接触領域を考えていくことは、本書が注目すべき論点である。

本書は四部構成で、第一部において東インド航路と航路上に現れた接触領域、航路上の文化還流、奴隷貿易廃止後のスペインの展開などの観点からフレームを広げる。第二部では東インド会社史料を用いた接触領域の事例として、マダガスカル島とセント・ヘレナ島という東インド航路上の重要な中継地が検討される。第三部はケープ植民地に関するヨーロッパ系の史料を用いた事例研究が編まれており、先述のフォリーの翻訳論文に加えて、ヨーロッパ系社会集団である宣教団、イギリス陸軍史料から検討される。最後に第四部では時代を現代に近づけ、十九世紀後半から二十世紀前半にかけてのヨーロッパ植民地の諸地域と本国間の移動の状況がとりあげられる。帝国主義の時代の交通や通信の発達による東インド航路の役割の変化を背景に、オランダ領の移動と旅券、フランス領の移動に使われる定期便、イギリス領としての南アフリカの位置づけの変容が論じられる。

本書を通じて、長距離航路上の接触領域が持つ空間的な広がりと近現代における変容の歴史の一端が共有され、そこでの人々の営みや関係性、奴隷や移動労働者といった最も見えにくいであろう人々の輪郭が、読者に浮かぶのであれば幸いである。

二、東インド航路の多様性と可能性

いままで述べてきたような接触領域の史料分析を推進していくためには、その前提として、東インド航路に対する理解を深める必要があろう。

東インド航路は、ヨーロッパがアジアとの貿易をおこなうために開拓した海上路であり、大西洋を南下して、喜望峰を越え、アジア各地へ至るルートである。もちろん、このルートはヨーロッパ勢力が独力で構築したものではない。東アフリカから日本に至る各海域では、ヨーロッパ勢力がやってくるずっと前より、現地のさまざまな勢力が、それぞれのやり方で海上航路を開拓し、それらを連結させることで長距離の移動をおこなってきた。ヨーロッパが付け加えたことといえば、この既存の航路を大西洋の貿易網に接続させたことだけかもしれない。しかし、その結果、東インド航路は、これまでよりもはるかに長距離のルートになったのである。

この長距離の東インド航路の誕生がもたらした変革は多岐にわたるが、ここでは二点だけ指摘しておきたい。ひとつは、それまではあまり海上交通が活発ではなかったような場所が、にわかに中継拠点として光をあびるようになったことである。前節で言及したケープ植民地や、セント・ヘレナ島、マダガスカル島などは、この代表例である。とくにセント・ヘレナ島は無人島であり、ケープもまたアジアの活発な貿易網の外に位置する孤立した土地であった。そういう孤立地域が、東インド航路の登場によって、突如として重要になり、各地と連結することで、ヒトやモノの出入りも活発化して、その風景は一変する。第一部の伏見論文は、東インド航路の影響をうけた地域が赤道以南のアフリカの各地に点在することを説明しているが、そのなかでもケープ植民地は、航路の中継地になることで生じる劇的な変貌を観察するには、もっとも適した地点といっても過言ではない。第一部の和田論文は、このケープが東インド航路にとって重要になった理由を、以前からインド洋交易のなかで活況を呈していたモザンビーク島との対比でクリアーに描きだした論考である。さらに、第三部の各論文は、東インド航路のなかでケープ植民地が持った役割やその変容を多面的に描き出している。

東インド航路の誕生がもたらした変革としてもうひとつ指摘できるのは、意外な場所の間で多様なヒトやモノ、あるいは情報が移動することである。東インド航路をつうじて、アジアのさまざまな商品が、ヨーロッパに流入したことは容易に想像できる。しかし、長距離の東インド航路は、その終点のヨーロッパとアジアを直結させるのではなく、その間にさまざまな中継地点をはさんでいる。そのため、中継点同士をつなぐような、中距離の移動も無数に生まれているのである。第二部で描かれるマダガスカル島からケープ植民地への奴隷輸送や、セント・ヘレナ島への中国系労働力の流入、第一部で伏見が言及するアフリカやブラジルでのインド綿取引は、そういう見えにくい労働力や商品の動きの事例といえる。さらに、東インド航路では、商品流通に注目が集まりやすいが、奴隷や移民に加えて、辻本論文が詳細に分析した軍隊、あるいは大澤論文や橋本論文がとりあげる宣教師などの多様なひとびとの移動にも目を配る必要があることも、本書が示す重要な論点と言える。この多様なヒトやモノの移動が生み出す効果は多岐にわたる。たとえば、橋本論文が活写するイギリス型の中国学の勃興は、移動する宣教師による知識や情報の流通によって可能になった。これは、東インド航路のあまり知られていないが重要な貢献のひとつかもしれない。

このように各地に大きな変化をもたらした東インド航路は、十九世紀になると急速に解体されてしまう。東インド航路で主力であった商品が、以前ほど需要されなくなったことがある。産業革命は、インド産綿布の優位性をつきくずしたし、奴隷は非合法化されてしまう。第一部の八嶋論文が示すのは、スペインが獲得した赤道ギニアが、奴隷貿易の禁止によってその存在意義を失っていくさまである。そのなかで、長距離の海上貿易を中心とするヨーロッパの海外展開は根拠をうしない、新しいタイプの帝国にその席を譲ることになる。ただし、そういう新たな帝国の基礎にあるオリエンタルな学術知もまた、この東インド航路が準備したものであることは、橋本論文が示したとおりである。以上のような東インド航路の盛衰を前提として、本書が扱う史料は生産され、その史料を通じて、この東インド航路の各地でおこった変容や接触の解明が可能になるのである。

三、近現代の帝国と東インド航路

前述のように、東インド航路は、ルート上のさまざまな交通網と結びあいながら、ヨーロッパとアジアをつなぐ幹線としての役割をはたしてきた。近現代においてもそれは変わらない。一八五三年に来日したアメリカのペリー艦隊は、まず大西洋を横断してマディラに至り、そこからケープ植民地を経由し、東インド航路上の海港をたどりながら浦賀に来航したが、これは、大西洋航路と東インド航路を結ぶ長距離ルートがいまだ健在であったことを示している。インド洋海域でも、ダウ船が支え、東インド航路もそのひとつをなす多層的な交易ネットワークが、形を変えながらも残り続けた。

それでも、十九世紀後半以降の世界史の展開のなかで、東インド航路が質的な変化を遂げていったことはたしかである。ここでとくに重要なのは、交通と通信に関わる技術の発達である。一八七〇年から一九一三年の間に、世界の鉄道総延長距離は、二一万キロから一一〇万キロへと伸長した。帆船に取って代わった蒸気船は、世界各地をこれまでよりも迅速に結ぶことを可能にした。二十世紀になって実用化された飛行機は、とくに第一次世界大戦後の世界において、新たな移動手段を提供するようになる。電信網の拡大は、情報通信の時間を大幅に短縮した。

このような変化から、東インド航路も影響を受けずにはいられない。一八六九年に完成したスエズ運河は、東インド航路のありようを大きく変えた。蒸気船でスエズ経由のルートを使えば、いまやアジアからヨーロッパまで積み替えなしの輸送が可能になった。東インド航路をなぞるように敷設された海底電信ケーブルのおかげで、情報交換のスピードは飛躍的に上がった。交通と通信に関わる技術革新は世界経済のさらなる拡大を促し、その過程で、東インド航路上の拠点を中心に新たな経済圏が形成されていく。日本は、英仏の定期航路によって上海と結ばれ、そこから東インド航路を通ってヨーロッパとの交易を拡大していったが、それと並行して、アジア域内の国際分業体制を基盤とするアジア間貿易の一翼も担うようになっていった。英領インドでも、港湾都市から放射状に鉄道網が広がった結果、内陸部もグローバルな通商ネットワークに包摂されていった。(5)

言うまでもなく、近現代における交通・通信技術の発達は、ヨーロッパ諸国を中心とする列強の帝国支配と密接に関係していた。列強諸国は、新たな交通手段や情報通信網を整え、それを活用することで自らの経済力と軍事力を高め、世界を分割・支配することで、帝国主義世界体制を形成していった。では、帝国主義の力学は、東インド航路にどう作用したのだろうか。

帝国主義の本質は、競争にある。当時の覇権国家イギリスにとって、東インド航路は本国と「帝国の宝冠」インドを結ぶエンパイア・ルートにほかならず、それを他の勢力から防衛することは至上命題だった。両大戦間期になると、イギリスは、東インド航路の中間に位置し、帝国の接触領域でもあったアフリカに注目し、それをプロパガンダに利用して帝国の経済的・心理的紐帯を強化することで、他国との競争を有利に展開しようとした。もっとも、そこで描かれた「アフリカ」が多分にデフォルメされた表象だったことは、第四部の宮内論文が明らかにするとおりである。

競争が帝国主義のいわば表面だとすれば、その裏面では列強どうしの協調がみられた。諸帝国は新たな勢力圏の獲得をめぐってしのぎをけずる一方で、植民地統治に関わる技法や知識を互いに学びあっていたのである。仏領インドシナを主たる対象とする岡田コラムは、学知の移動に着目することで、東インド航路を舞台とする複層的な知の還流を活写する。歴史研究の新しいトレンドで、異なる帝国・植民地間の相互関係に注目する「間―帝国史」(6)の観点からも、興味深い事例である。

交通技術の発達により、東インド航路の移動は容易になった。だが、近代国家は移動者を管理しようとする習性をもつ。帝国主義世界体制のもとで、東アジア航路を利用して移動するためには、複数の国家が支配する領域を通過せざるを得ない。そこで必要になるのが旅券である。吉田論文と同コラムは、オランダ領東インド（蘭印）で発行された旅券を史料として用い、その様式および機能の変遷と実際の使用例を分析することで、植民地での／植民地からの移動を管理する試みの一端を明らかにする。蘭印という場から本国―植民地の関係を照射することで、近現代帝国の陰影に富む歴史像が立ち現れてくる。

第四部では、近現代にあって変貌していく東インド航路の諸相が、主として帝国支配との関係で描き出される。同時に、この時代の東インド航路をめぐって、文書のみならず、ポスターや旅券といったさまざまな種類の史料が生成されたことも紹介される。本書は、そうした多様な史料を用いることで、東インド航路とその途上で形成された接触領域についてどのような歴史研究が可能なのかを、実践的に示す書であるといえる。

注

(1) M.L. Pratt, *Imperial Eyes*, second edition, New York, 2008, chapter 1 and 3.

(2) 探検記を史料とすることで、現地の代理人、情報提供者、現地仲介者がヨーロッパの探検家とローカルな社会をつなぐ重要な役割を果たしたことがあきらかになる。デイン・ケネディ著(小樽周夫訳)「アフリカ・オーストラリア探検における現地仲介者たち」(『Seijo CGS Reports』No.2、成城大学研究機構グローカル研究センター、二〇一二年)三五―四五頁。

(3) *Contesting Archives*, (eds.) N. Chaudhuri, S.J. Katz, M.E. Perry, Chicago, 2010, vii-xxiv.

(4) Yvette Ranjeva Rabetafika, René Baesjou and Natalie Everts, 'Of Paper and Men: A Note on the Archives of the VOC as a Source for the History of Madagascar', *Itinerario*, 24, 2000, pp.45-67.

(5) 三谷博・川島真「アヘン戦争・明治維新期の世界史――一八四〇年〜九五年」(南塚信吾編『国際関係史から世界史へ』ミネルヴァ書房、二〇二〇年)一一―一三頁、脇村孝平『飢饉・疾病・植民地統治――開発の中の英領インド』(名古屋大学出版会、二〇〇二年)第三章、一四九―一五三頁。

(6) 間―帝国史の研究動向と主な論点については、山田智輝「帝国の境界を越えて――間―帝国史研究の現在」(『社会科学』(同志社大学人文科学研究所)第五〇巻第三号、二〇二〇年)四九―六〇頁を参照。また、こうした問題関心に基づく先駆的な試みとしては、イギリス帝国の植民地科学者を中心に、アフリカ植民地の生態環境と開発に関する知の発展を、トランス・コロニアルとトランス・インペリアルな視点から論じた水野祥子の著書がある。水野祥子『エコロジーの世紀と植民地科学者――イギリス帝国・開発・環境』(名古屋大学出版会、二〇二〇年)。

附記 本書には科研費基盤研究C「南部アフリカ西欧系社会集団の移動史料研究:一九世紀前半接触領域の異文化間交流」(課題番号18K01037)の研究成果の一部が含まれている。

東インド航路のなかのアフリカ

伏見岳志

十六〜十九世紀のヨーロッパにとって、東インド航路はアジアとの貿易を支える大動脈であった。この航路の中継地点として発達した地域が、アフリカ各地に点在する。そうした拠点がどのような特徴を持ち、どのような役割を果たしていたのか。その変容を、数世紀におよぶ東インド航路の盛衰のなかで概観する。

一、「東インド」とはなにか

東インドとアフリカ、という取り合わせは聞き慣れないかもしれない。東インドとは、十九世紀までのヨーロッパにおいて、アジアを指す概念のひとつであった。「ひとつ」といったのは、類似の概念に「オリエント」や「アジア」もあるからだ。オリエントとアフリカ、あるいはアジアとアフリカという表現ならば、想像できる人も多いと思う。例えば、日本の大学でアフリカ史を学ぶには、長らく東洋史という名の学科やコースに進学するのが一般的であった。この東洋がオリエントである。あるいは「アジア・アフリカ」と一括りにする呼び方も聞いたことがあろう。これに対して、「東インド」と「アフリカ」の関係は、それほど簡単に想起できるものではない。なぜならば、十八世紀以降「オリエント」や「アジア」が包摂する空間が拡大するにつれて、この「東インド」という観念は埋没してしまったからである。

アフリカと東インドの関係を理解するためには、まず「東インド」という概念の確認が必要である。「インド」は、古

ふしみ・たけし――慶應義塾大学商学部教授。専門は中南米および環大西洋史。主な論文に「南北アメリカ鏡像史の試み」(『立教アメリカン・スタディーズ』四一、二〇一九年)、「スペイン領における簿記行為：シモン・バエスの帳簿を中心に」(吉江貴文他編『近代ヒスパニック世界と文書ネットワーク』、悠書館、二〇一九年)などがある。

代ギリシア語の「インディア」、すなわちインダス川周辺の地域を指す表現に由来する。古典サンスクリットで「河川」を意味する「Sindhu」が、ギリシア語化したものである。地中海世界から遠い地域のため、その範囲は明確ではなく、時代とともにだんだん拡大し、複数の地域を指すようになった。例えば、十三世紀にマルコ・ポーロは、大インド・中インド・小インドという三つの表現によって、エチオピアから南ベトナムにまたがる広大な空間を説明している。十五世紀には、この複数のインド、つまりインディアスに中国や日本なども含まれていたことは、コロンブスが到達した土地をインディアスと呼んだことからも明らかであろう。やがて、そこが未知の新大陸であることが判明すると、新大陸は西インディアス、アジアは東インディアスと区別されるようになった。これが「東インド」という概念の成立である。

「東インド」は、十九世紀までのヨーロッパにとっては、強いイメージを喚起する言葉だった。その中核には、スパイスや陶磁器、絹織物、黄金といった豊かな物産が位置する。こうした品々を入手するために、東インドの名前を冠した貿易会社がいくつも設立され、交易路の確立がはかられた。主に海路が使われたので、帆船や大航海のイメージを想起する読者も多いだろう。ヨーロッパにはじまり、大西洋とインド洋、さらには南シナ海に至る、長大な海路である。

本題にはいろう。この東インド航路にとって、アフリカは重要な役割を果たしていた。帆船の多くは、この長距離航路を無寄港で目的地までたどり着けるほど、航続距離が長くない。そのため水分や食料を途中で補給する必要があった。それに、予想外の船舶の故障や、傷病者の発生など、突発事態も発生する。したがって、寄港地の確保は避けては通れない課題である。その候補地となったのが、アフリカの沿岸部や周辺の島々であった。では、この東インド航路との関係で、アフリカを眺めてみると何が見えてくるのか？

二、アフリカにおける寄港地

最初に、寄港地となった場所を確認しよう。まず、具体的なイメージを掴むために、ポルトガル船を利用した天正の遣欧使節の旅路を紹介する。一五八二年に長崎を出発した一行は、最初にマカオに滞在する。そこから別の船で、マラッカーコロンボーコチンを経てゴアに到着した。さらに、船を乗り換えて、ゴアからリスボンまでの航海にはおよそ八ヶ月を要した。ゴアーリスボン間で唯一の寄港地となったのは、大西洋のセント・ヘレナ島であった。ここで十一日間滞在し、休息をとるだけでなく、水や肉、果実を補給したうえで、リスボンに向かっている。いっぽう、帰路は八六年四月にリスボンを出発すると、喜望峰を越え、東アフリカのモザンビーク島まで五ヶ月にわたって無寄港で航海している。同島では船を乗り換えるために、半年の滞在を余儀なくされ、翌年三月半ばに出発、インドのゴアにたどり着いたのは、五月末のことであった。そして、翌一五八八年四月にゴアを発ち、マラッカとマカオ（十八ヶ月滞在）を経由して、九〇年七月に長崎に帰還した。(1)

アフリカ周辺で寄港地になったのは、セント・ヘレナ島とモザンビーク島の二地点にすぎない。寄港地が少ない理由のひとつは、東インド航路を利用する船舶の多くが、迅速に目的地に到着しようとしたからである。航海が長引けば、船体は傷み、積荷は劣化し、乗客乗員の疲労がたまり、コストもかさむ。したがって、寄港はなるべく少なくしたい。

往路と復路で寄港地が異なる点も重要である。セント・ヘレナ島はヨーロッパに向かう場合、モザンビーク島は東インドに向かう場合に利用される。ヨーロッパ行きのポルトガル船が、モザンビークに寄港するのは、ゴアの出発が遅れ季節風を利用できないか、故障などの航海中のトラブル時に限られた。例えば、天正の遣欧使節が帰路にモザンビークで長逗留したのは、ヨーロッパに向かっていた別の船が喜望峰の嵐で損傷したため、急遽モザンビークに入港し、その積荷を代替輸送するために遣欧使節の船が転用されたからであった。

アジアに向かう船の寄港地

モザンビーク島は、アフリカ大陸とマダガスカル島の間にある海峡に位置する。この海峡は風が複雑であり、岩礁や沿岸の浅瀬で座礁する危険がある航海の難所である。島の気候も、ポルトガル人に適しているとはいえない。けれども、以前からイスラーム商人の進出で商業が活発だったため、スワヒリの仲介者から奴隷や象牙、黄金などの商品を入手できた。ポルトガルは、この商業網に依拠することで、自分たちの東インド貿易を補強しようとしたのである（和田論文を参照）。

しかし、東インドに向かう全てのヨーロッパ船が、モザンビークに立ち寄ったわけではない。ヨーロッパ各国の東インド航路を比較検討してみると、多くの船舶はヨーロッパ出発後、トラブルがない限りは喜望峰まで無寄港で航行し、その後は以下の三つのどこかで寄港するのが一般的である。

①喜望峰（ケープ）のテーブル湾：湾を開発したオランダに加え、イギリスやフランス、スウェーデンなどの船舶も利用した。とくに、ジャワや香料諸島を目的地とする船舶は、偏西風を利用してインド洋を高緯度でスンダ海峡まで横断する。このルートではモザンビークまで北上する利便性はないが、こ

の緯度のインド洋上には寄港地がないため、航海の難所であるケープのテーブル湾を寄港地として選択せざるを得なかった。

②アフリカ大陸とマダガスカルの間にあるモザンビーク海峡のいずれかの地点：とくにインド亜大陸を目指す船が多く利用した。ポルトガルはモザンビーク島以外に、キルワやアンゴチェなども緊急時には利用している。いっぽうスウェーデン船は、ヨハンナ島（現コモロ諸島ンズワニ島）を寄港地としている。そのほかに、マダガスカル西南岸のサント・アゴスティーニョも海峡を航行する各国船によって副次的な寄港地として利用されていた。

③マダガスカル島の東岸およびマスカレーニュ諸島（現在のレユニオンやモーリシャス）：モザンビーク海峡は難所であるため、スワヒリとの通商よりも東インド各地への迅速な到達を重視する船舶は、マダガスカル島の西を通るルートを好んだ。すでに十六世紀にポルトガル船がこのルートを利用することがあったが、十七世紀中頃には、フランス船の利用頻度が増し、島の南東部に拠点ポート・ドーファンが構築された。フランスは、北東のブルボン島（現レユニオン）にも拠点を築き、十八世紀初頭にはオランダが放棄したモーリシウス島を占拠してフランス島と改名し、重要な寄港地となるポート・ルイを整備した。ポート・ルイは、フランスだけでなく、スウェーデンの東インド会社や、フィリピンに向かうスペイン船も寄港地として利用している。[2]

このように、ケープからモーリシャスに至る、さまざまな場所が、寄港地として用いられていることがわかる。目的地次第で、とるべきルートや寄港するべき地点は変化した。さらに、航海する季節や突発的な事故も、ルートの選択や寄港地の選択に影響を与えたであろう。

ヨーロッパに向かう船の寄港地

次に大西洋側を検討しよう。ヨーロッパから東インドに向かう船は、大西洋ではあまり寄港しない。緊急時にマデイラやカナリアなど北半球の島々に入港するのみである。

反対に、東インドからヨーロッパに向かう船はそのほとんどが、大西洋のどこかで寄港している。天正の遣欧使節が立ち寄ったセント・ヘレナ島は、その代表格である。彼らが寄港した頃の住人はわずかだったが、ヨーロッパから導入された家畜が繁殖し、食糧確保には便利だった。さらに十七世紀半ばにイギリス東インド会社の統治下になると、総督のもとで居留地が整備され、食料生産も拡大し、重要な中継地となった（第二部の水井論文を参照）。

ただし、セント・ヘレナ島を視認できずに通り過ぎてしまう船舶も多かった。その場合には、次善の寄港地として同島の北西一三〇〇キロにあるアセンション島が利用された。この島は十九世紀初頭にイギリスが占領するまで無人であったが、上陸して給水や、食糧となるカメを捕獲することができた。さらに、瓶入りのメッセージを残すことで他船との連絡もおこなわれたようである。

ほかの寄港地としては、ポルトガル船は、十七世紀までアンゴラのルアンダを時々利用していた。十八世紀後半になると、スペインがガボン湾沖アノボン島の寄港地としての活用を検討していたが、これは実現しなかった。総じて、大西洋側ではアフリカ大陸から離れた島々が、東インド航路の寄港地としては重要だったといえる。

唯一の例外は、ケープ植民地である。この港は東インド向け、ヨーロッパ向けの双方向の船舶が利用した。他の寄港地と比較して、ケープには特異な点がいくつかある。まず、モザンビーク島と比べた場合、商業よりも航海の中継地・補給基地としての機能が重視された。しかも、ケープは既存のスワヒリ・ルートから外れているため、船舶の修理や食糧供給を担う現地勢力を前提にできない。そこで、オランダ東インド会社が自前で港湾を整備し、食糧生産を組織した点も、両者の違いとしては指摘できる。

中継や補給機能が重視された点で、ケープ植民地は、セント・ヘレナ島と類似する。しかし、ケープは規模が大きく、長逗留できる都市機能が備わり、家族単位での後背地への入植も広範囲でおこなわれている。入植によって、先住民コイサンと軋轢が生じた点も、無人島であったセント・ヘレナとは異なるケープの特徴であろう。

三、東インド貿易と大西洋奴隷貿易
――異なるふたつの貿易

東インド貿易の寄港地は、ヨーロッパ勢力による奴隷貿易の拠点とは、異なる特徴を備えている。まず、目につく違いとしては地域差が指摘できる。東インド航路の寄港地は多くがアフリカでも南半球側に位置するのに対し、奴隷貿易の拠点の多くは北半球にある。

地域差の背景には目的の違いがある。奴隷貿易では、その供給の中心がサハラ砂漠に接するサヘル（スーダンと呼ばれた地域）にあったため、港も供給地に近い場所が多かった。いっぽう、東インド航路では、モザンビークを例外として、取引よりも航海上の都合が優先される。すなわち、ルート上にあり、しかも修繕や食糧供給ができる場所が重視された。

こうした違いは、現地社会との関係の差異にもつながる。東インド航路のアフリカ区間は、スワヒリ・ルートを除くと、ヨーロッパ勢力によって新たに整備された。そのため、現地住民による中継サービスの提供は期待されていないし、セント・ヘレナのような無人島でも寄港地になりうる。これは、奴隷貿易が、奴隷を供給する現地社会の存在を前提にしている点と大きな違いである。

ヨーロッパ側での貿易の組織という点でも、東インド貿易と奴隷貿易は区別されている。多くの国で、東インド貿易を担当する会社は、西アフリカの奴隷貿易には携わらない。イギリスではそれぞれの貿易は東インド会社と王立アフリカ会社という別組織が担当しているし、オランダでも東インド会社と西インド会社にわかれている。もちろん、西アフリカで奴隷を購入するには、多様な商品が必要であり、鉄や武器のようなヨーロッパ製品だけでなく、貝殻や綿布のような東インド由来の産品も含まれた。この点では、ふたつの貿易には接点がある。しかし、東インド産の産品は、いったんヨーロッパの港まで運ばれ、そこで奴隷船に積み替えられ、アフリカに運ばれていた。この点でも、東インド航路と奴隷貿易航路は、区分けされていた。

では、労働力供給はどうだろうか。現地社会を前提としない寄港地でも、その整備や維持に人手は必要である。ケープやセント・ヘレナにはヨーロッパ人入植者もいたが、奴隷労働力の役割が大きい。ここに西アフリカの奴隷貿易と東インド航路が接合する余地はないだろうか。ケープで西アフリカの奴隷が利用されたのは初期だけであり、その後はマダガスカルが重要な供給源となった。マダガスカル奴隷は、まずジャワ島での鉱山労働力として着目され、十七世紀末にはケープ植民地がその主要な供給先になった。やがてセント・ヘレナもその供給先に加わる。つまり、マダガスカルの奴隷貿易は、東インド航路のなかで発達しており、西アフリカの奴隷貿易とは別に独自に発達したといえる。

以上のように、ヨーロッパの貿易という観点からは、奴隷供給地としての西アフリカ沿岸部と、東インドとの中継地としてのアフリカ南部および島嶼部という、ふたつの異なるアフリカが浮かび上がる。

四、東インド航路と大西洋貿易が結びつく

ただし、東インド貿易と奴隷貿易は、まったく無関係というわけではない。先述のとおり、奴隷貿易には綿布や貝などの東インド産品が不可欠である。奴隷貿易では、これらの商品をヨーロッパの港で入手するのが一般的である。しかし、東インドから来たポルトガル船の一部は、奴隷貿易の拠点であるアンゴラに寄港し、綿布などを積み下ろしている。アン

ゴラが奴隷供給地としては南に位置し、東インド航路に近かったことが要因のひとつであろう。

十七世紀後半になると、ポルトガル船の寄港地はアンゴラからブラジルに移動する。ブラジルの奴隷商たちは、ポルトガル船から入手した東インド産品を携えて大西洋を横断し、アンゴラで奴隷を購入した。東インド貿易と奴隷貿易はより密接に結びついたといえる。

十八世紀になるとポルトガル以外のヨーロッパ各国が、アジア貿易と奴隷貿易との融合を模索し始める。フランスでは一七一九年に、複数の貿易会社を統合した「インディアス会社」がジョン・ローの発案で設立されている。主たる目的は王室の財政再建であったが、同社の西アフリカでの奴隷貿易拠点から、インド洋のマスカレーニュ諸島への奴隷輸送もおこなわれた[3]。一七七〇年代のスペインは、ガボン沖の島々を奴隷貿易の拠点としつつ、スペインとフィリピンとを結ぶ航路の中継地としても利用しようとした。

より顕著な事例としては、アフリカ南東部の奴隷貿易があげられる。先述のとおり、モザンビークは、ポルトガルの東インド船の寄港地でありゴアとの結びつきが強かった。モザンビークからゴアへの主力輸出品は、周辺から集められた奴隷である。このインド洋で発達した奴隷貿易は、やがて大西洋側にまで拡大し、ブラジルの奴隷貿易商も訪問するようになったことで、取引規模が十八世紀末から急速に拡大した。

同じ頃、フランスはマスカレーニュ諸島を拠点としてマダガスカル奴隷をカリブ海へ輸送していたし、スペイン領ラプラタの商人が奴隷を求めて東アフリカを訪れるようになった。ブラジルやカリブ海における労働力需要を原動力として、大西洋側のみならず、東インド交易もまた大西洋奴隷供給網に巻き込んでいったのである。

カリブ海へのアジア系労働者の導入

この東インドと大西洋交易の連結は、やがて奴隷ではなくアジア系労働者をカリブ海に導入する動きへとつながる。十八世紀末からの奴隷貿易廃止の議論によって、西アフリカでの取引は徐々に非合法化される。対処法のひとつは、スペインのように奴隷の密輸に注力する方向である。いっぽう、東インド航路を活用し、英領カリブに中国系労働者を導入する提案が、一八〇二年に英国海軍のウィリアム・レイマンによってなされている。前世紀末からイギリス東インド会社は、マレー半島などで中国系労働力をもちいており、その経験が参照されたのである。

一八〇六年に、最初の中国系労働者となる一九二名がカリブ海のトリニダーに到着した。リクルートや輸送の担当は東

インド会社であった。カルカッタからセント・ヘレナ経由でトリニダーまでの航海には、約六ヶ月の時間を要した。(4)

英領カリブで奴隷制が廃止される一八三〇年代になると、インド系労働者（クーリー）の導入も議論されている。発案者はガイアナで農場を経営するジョン・グラッドストーン、のちの首相W・E・グラッドストーンの父親である。一八三八年にカルカッタから四〇〇人強の労働者が、二隻の船で英領カリブへと向かった。そのうちの「ヘスペラス号」に乗船した医師の日記が出版されている。これによると、船は二月四日にカルカッタを出発し、喜望峰での補給を試みたが、嵐に阻まれてしまう。そのためセント・ヘレナへの寄港を目差したが、同島を通過してしまったため、アセンション島で補給し、五月五日にガイアナのデメララに到着している。(5)

こうしてみると、東インド航路のなかで培われた奴隷などの労働力の移動が、徐々に新大陸の労働力調達に活用されていったといえる。十八世紀後半に急拡大した新大陸の奴隷需要は、アフリカ大西洋岸だけでは満たせず、供給源はインド洋へと拡大した。さらに十九世紀の大西洋側の奴隷制廃止の動きのなかで、奴隷以外の労働力移動も、東インド航路を通じておこなわれるようになった。アジア系労働者の新大陸への流入が、その草創期においては、太平洋ではなく、東インド航路経由であったことは確認しておきたい。(6)

五、解体される東インド航路

しかし、東インド航路が大西洋の労働力供給を担う時代は、「東インド」という概念が力を失う時代でもある。原因のひとつは、アジアとしての「オリエント」の台頭である。「オリエント」は元来ローマ帝国の東部地域を指す表現であり、同地域のイスラーム化によって、イスラームとの結びつきが強くなった観念である。このオリエントの基礎に、ヨーロッパでの古典文献学や考古学などの制度化された学術知があったことは、エドワード・サイードが分析したとおりである。十八世紀末以降、このオリエントが東へと膨張する。背景には、サンスクリットなどの南アジアの古典語に対する評価の高まりがあり、フランスの文筆家レーモン・シュワブはこれを「オリエントのルネッサンス」と呼んだ。(7) さらに、その対象は東南アジアや東アジアの古典へと拡大する。東インド航路は商業的関心で構築されたものだが、そこで移動する人びとが知の仲介者となることで、東アジアにおよぶオリエント学が姿を現してくるのである（橋本論文を参照）。

東インド観念を揺るがすもうひとつの地殻変動は、交通の領域で生じている。具体的には、スエズルートと蒸気船の登場である。スエズ運河の完成は一八六九年であるが、それ以前からスエズ地峡には、運河だけでなく鉄道の建設がはじまっており、ラクダの隊商による運搬と組み合わせることで、地中海と紅海の連絡は比較的簡単になっていた。すでに一八三〇年代には、イギリス政府は、インドとの政府文書のやりとりにスエズルートを利用するようになっており、スペインなど他のヨーロッパ勢力もこれに追随している。

さらに、蒸気船の導入も追い打ちをかけた。海上交通手段としての蒸気船の登場は一八一〇年代であるが、東インド航路にとって特に重要なのは、一八五〇年代にイギリスからインドまで無寄港で航行する蒸気船が造船されたことである。以降、東インド航路の寄港地としてのアフリカの意義は急速に失われたと言ってよい。二十世紀にはいると、飛行機の誕生により、ヨーロッパとアジアを結ぶ交通や、そこから立ち現れる関係はさらに変化をとげていく。

こうして東インド航路が解体するなかで、ケープなどの寄港地の役割もまた変貌していくのである。

注

（1）*Japanese Travellers in Sixteenth-Century Europe: A Dialogue Concerning the Mission of the Japanese Ambassadors to the Roman Curia,*（1590）, Taylor & Francis, 2012, pp.92-106.

（2）C. R. Boxer. “The Principal Ports of Call in the Carreira da India,” *Luso-Brazilian Review*, summer, Vol.8, no.1, 1971, pp.3-29; Christian Koninckx. “The maritime routes of the Swedish East India company during its first and second charter（1731-1766）,” *Scandinavian Economic History Review*, 26:1, 1978, pp.36-65; Susan E. Schopp. *Sino-French Trade at Canton, 1698-1842*. Hong Kong University Press, 2020, p.64.

（3）Vijaya Teelock & Abdul Sheriff. “Slavery and the Slave Trade in the Indian Ocean,” in Abdul Sheriff. et. al. *Transition from Slavery in Zanzibar and Mauritius*, Dakar: Cordesia, 2016, pp.27-34.

（4）Walton Look Lao. *The Chinese in the West Indies 1806-1995. A Documentary History*. The Press UWI, pp.22-46.

（5）Dwarka Nath. *A History of Indians in British Guiana*. London: Nelson, 1950, pp.8-31; Theophilus Richmond. *The First Crossing*. Guyana:The Caribbean Press, 2010, pp.87-97.

（6）英領カリブ以外でも、例えばキューバへの中国系労働者の導入は、まず一八三〇年代に在フィリピン華人からはじまったとされるが、最初は東インド航路が使われた。一八六〇年代からは、太平洋経由で横断し、ゴールドラッシュのカリフォルニアで働いた後、キューバに移る流れが拡大している。Kathleen López. *Chinese Cubans: A Transnational History*. Chapel Hill: University of North Carolina Press, pp.21-26.

（7）Raymond Schwab. *Oriental Renaissance: Europe's rediscovery of India and the East, 1680-1880*. New York: Columbia University Press, 1984.

ケープ・ルートの多様化とオランダ東インド会社のケープ居留地建設

和田郁子

わだ・いくこ——岡山大学大学院社会文化科学研究科准教授。専門は南アジア・インド洋の歴史。主な著書・論文に『他者との邂逅は何をもたらすのか——「異文化接触」を再考する』（小石かつらと共編、昭和堂、二〇一七年）、「「境界」を考える——前近代インド社会における婚姻と集団意識」（水井万里子ほか編『女性から描く世界史——17〜20世紀への新しいアプローチ』勉誠出版、二〇一六年）、「「植民地港市」ナーガパッティナムの形成——近世コロマンデル海岸と南インド内陸社会」（弘末雅士編『海と陸の織りなす世界史——港市と内陸社会』春風社、二〇一八年）などがある。

喜望峰回りの東インド航路は、ヴァスコ・ダ・ガマの航海以来十九世紀後半に至るまで、ヨーロッパとアジアを直接結ぶ主な航路として利用された。本稿では、この航路がとくにインド洋側で次第に多様化した背景と、その変化がアフリカにおける中継基地の発展と深く関わっていたことを、先発のポルトガルと後発のオランダの事例を通して見ていく。

はじめに

本書の主題に挙げられている「東インド航路」とは、一般にアジアとヨーロッパの間を全て海路で結ぶルートを指す。その利用がディアス（Bartolomeu Dias）の喜望峰到達（一四八八年）と、ヴァスコ・ダ・ガマ（Vasco da Gama）のインド南西岸（マラバール海岸）到達（一四九八年）を経て始まったこと、以後およそ一〇〇年の間、ヨーロッパからはもっぱらポルトガル船がこの航路を使うアジア交易に従事していたことは、世界史上広く知られた話である。この航路でヨーロッパからアジア方面に向かう船団は、大西洋を南下した後、アフリカ大陸南端を回ってインド洋に入る。これらの二つの大洋にまたがる航路は喜望峰（Cape of Good Hope）を越えるルートであるということで、しばしば「ケープ・ルート（Cape route）」とも呼ばれる。

十六世紀末以降にオランダとイギリスの船団が相次いでアジアとの直接交易に加わったとき、これらの後続の国々もポ

写真　ヴァスコ・ダ・ガマ記念塔（ケニア、マリンディ）（著者撮影）

ルトガルと同様に喜望峰を越える航路を利用した。しかし、当時のヨーロッパ各国船団の動きを具体的に見てみると、実際の航路は決して一通りではなかったことが分かる。確かに、スエズ運河開通（一八六九年）より前の時代、大西洋とインド洋をまたぐ航海ではアフリカ大陸南端を回る必要があり、その点ではいずれの国の船もケープ・ルートを利用していたといえる。他方で、対アジア交易をめぐる競争・競合や、ヨーロッパの政治地図上で複雑に変化する国家間関係を背景に、十六世紀以降のヨーロッパ各国は、現地の航海者から伝えられた情報や、みずからの実地の経験を通して徐々に獲得していった知識を基に、より安全かつ効率的な航海を行うため、最適のルートを探求し続けていた。その過程において、これらの各国が大西洋〜インド洋の広大な海域に確保した補給基地や交易拠点もそれぞれ異なる地点に置かれ、それらを結ぶ航路もまた多様化していった。当時のケープ・ルートとは、喜望峰回りのヨーロッパ―アジア間航路という共通点を持ちながらも、実際には複数のパターンを含んでいたのである。

　とくにアジア地域と直接つながるケープ以東のインド洋を渡る際に、インドを直接目指したガマ以来のポルトガルと、それとは異なる戦略をとった後発のオランダ東インド会社とでは、主たる航路に大きな違いが生まれた。以下では、ポルトガルとオランダが利用したケープ・ルートのパターン、およびその歴史的背景をそれぞれ検討することにより、航路と中継地の選択とが相互に与えた影響と、オランダ東インド会社がケープに新たな居留地を建設するに至る過程を詳らかにする。

一、ポルトガル船団のケープ・ルート

(1)ヴァスコ・ダ・ガマの航海

一四九八年七月八日にリスボンを発ったガマの船団が、アフリカ大陸西岸を南下して喜望峰に達したのは、同年十一月下旬のことである。その十年前、初めてディアスが到達したときは「嵐の岬」と呼んだという喜望峰だが、ガマの船団は海上で風向きが変わるのを数日待った末にここを越えることに成功した。インド洋に入ってからは、東アフリカ沿岸をゆっくりと北上し、三月上旬にモサンビーク島を訪れた。さらに、キルワ沖を過ぎてモンバサ、マリンディへと移動したガマたちは、ここに約一週間滞在する。そして、その間にインド洋を渡るための水先案内人を得て、四月二十四日にインドを目指して出帆し、約一か月の航海を経てカリカットに到着した。(1)

ヨーロッパから初めて喜望峰回りでインドに達したとして有名なガマの船団だが、上述のようにそのルートは東アフリカのスワヒリ海岸経由であった。スワヒリは、その語源が「海岸」を意味するアラビア語の複数形サワーヒル（sawāhil）とされることにも表れているように、西アジア、南アジアの各地との間で接触・交流を保ち、インド洋の交易ネットワークの一部を成してきた長い歴史をもつ。(2) また、スワヒリの住民は遅くとも十世紀までにはイスラームを受容していたと考えられている。スワヒリからマラバールへの航海でガマの船団が利用したのは、そのようなインド洋沿岸の人々が古

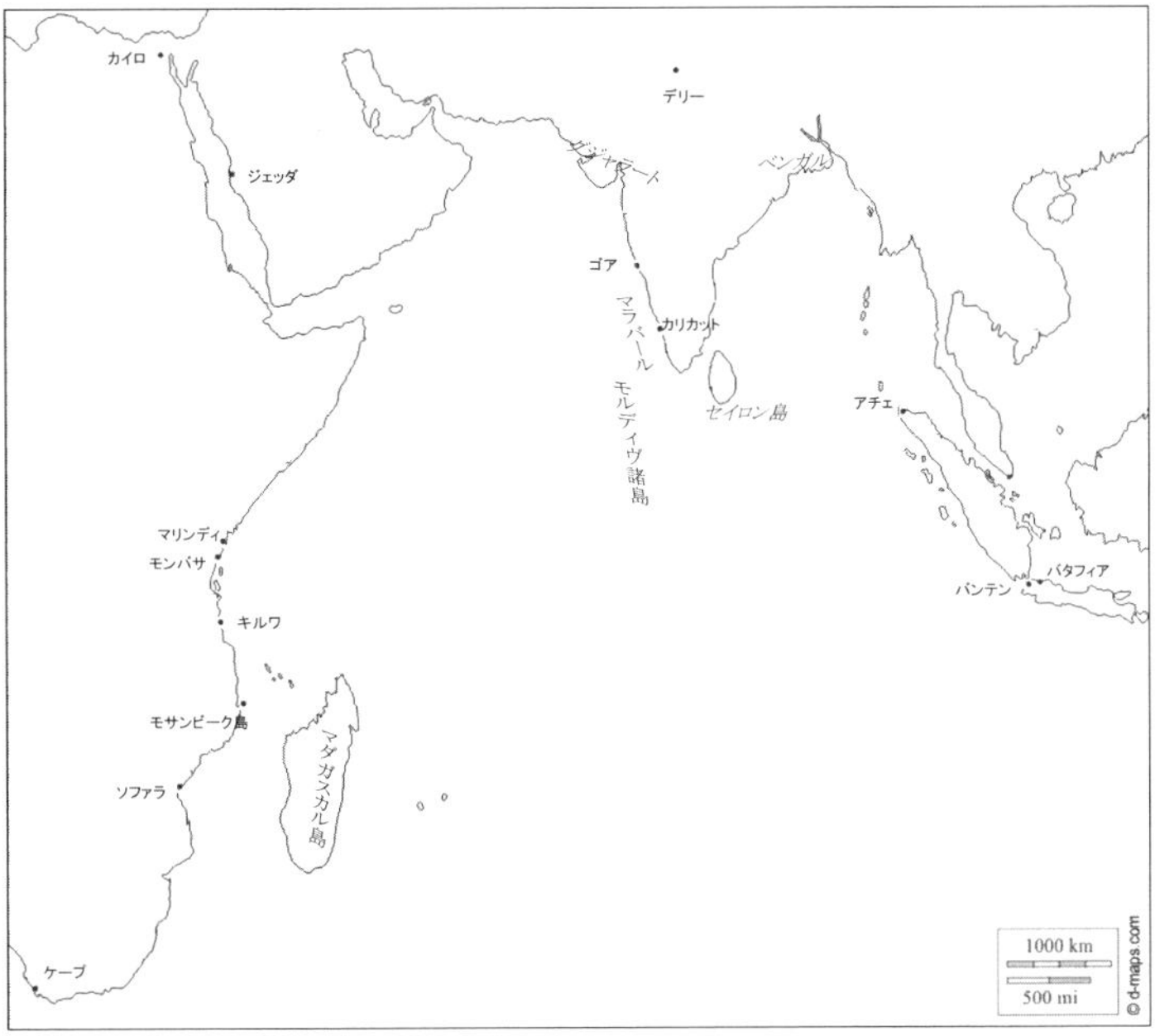

図1　インド洋海域

くから発展させてきた航路のひとつであった。
その後、スワヒリ経由ルートはインドに向かうポルトガル船が利用する基本航路となる。とくに初期の船団はいずれも、ケープを越えるとまず北上してスワヒリ北部からマラバールを目指した。ガマの帰国から半年後にポルトガル王室が送り出したカブラルの船団の場合、インド洋に入った後ソファラ、モサンビーク、キルワを経由してマリンディに至り、やはりそこでグジャラート人の水先案内人を得てからカリカットに向かっている。[3] また、ガマの二度目の航海(一五〇二～〇三年)でもモサンビークからキルワ、マリンディとスワヒリ諸港を南から北へ移動し、マラバールへと渡る航路が取られた。[4] ガマが見出したケープ・ルートは、実のところアフリカ東岸で既存のインド洋航路に接続し、それを組み込んだケープ―スワヒリ北部―マラバール・ルートであった。

(2)「インディア領」および「インディア航路」とモサンビーク島

一五〇五年、ポルトガル王マヌエル一世は、アジア海域での活動について王自身に代わって統括する全権を委譲した「副王(visorey)」を派遣することを決定した。ポルトガルが獲得した商館や、その防衛のために建設された要塞は、以後、副王の下で「インディア領(Estado da Índia)」と呼ばれる組織にまとめられることになる。東アフリカは、インディア領の構想当初から、その中に組み込むべき要地と見なされていた。

上述のように、最初期のポルトガル船団はスワヒリ北部からインド洋を渡るルートを利用していたが、ほどなくしてスワヒリ南部のモサンビーク島が東アフリカにおけるポルトガルの主要拠点として台頭してくる。ポルトガルは本国とインディア領を結ぶ航路を「インディア航路(crreira da Índia)」と呼んだが、モサンビーク島は一五一五年までにはこの航路のインド洋側で最も重要な中継地となった。それに伴い、リスボンを出た船団は、ヴェルデ岬諸島のサンチャゴ島に寄港した後モサンビーク島を目指すルートが一般的になっていった。これらの船団が、ヴェルデ岬諸島からの長い航海の途上で、ケープやセント・ヘレナ島に寄ろうとすることは稀であった。[5]

ポルトガルは一五一〇年にゴアを占領し、一五三〇年以降ここを副王の駐在地、すなわちインディア領の「首都」と位置づけた。これに伴い、リスボン―モサンビーク―ゴアを基軸とするインディア航路が確立していく。インド洋のモンスーンは北半球の夏に南西、冬に北東と方向を変えるが、モサンビークには、ゴアとの間を往路も復路も一季のモンスーンで航海できるという利点があった。[6]

ポルトガル本国とインドを結ぶ中継基地としてのモサン

ビークには、インドをはじめとするアジア各地に置かれた、主として交易のための商館や要塞とは異なる役割が期待された。本国からの長い航海の船上では、しばしば疫病が発生したうえ、南大西洋で発生する嵐に遭って、修理の必要な状態でたどりつく船も多かった。そのため傷病人治療のための病院や、船を改修するドックなどの施設が建設された。また、食糧や水、あるいは死亡したり病気で下船したりした乗員の不足を補う必要からアフリカ人奴隷が求められた。しかし、モサンビーク島そのものはスワヒリ海岸南端の沖合に浮かぶ小島にすぎず、食糧や船の改修のための材料、労働力としての奴隷など、島内で賄うことができないものも多かった。それらの一部は、この島の対岸など大陸沿岸部各地に入植したポルトガル人やその（多くは混血の）子孫によって調達された。しかし、より重要な役割を果たしたのは在地の人々の経済活動であった。とくに初期のポルトガルは、必要な品々を入手するため、既にムスリム商人がスワヒリ南部に形成していた交易網に大きく依存していた。[7]

以上のように、ポルトガルはインド洋において、まずスワヒリ北部―マラバール間を渡る航路を利用し、次いでスワヒリ南部のモサンビーク―ゴア間を結ぶインディア航路を確立させていった。ポルトガルにとって、ケープは本国とアジア海域との航海に際し必ず越えなければならない場所ではあるが、中継地として重視されていたのは当初よりスワヒリであった。その意味で、ポルトガルが利用したケープ・ルートは基本的にスワヒリ経由ルートであったと言える。

二、オランダ東インド会社のケープ・ルート

(1) リンスホーテンの情報とハウトマンの航海

一五九五年から翌年にかけて、通称『イティネラリオ』三部作と呼ばれる著作がアムステルダムで出版された。その著者リンスホーテン（Jan Huyghen van Linschoten）は、オランダ北部ハーレムの生まれだが、一五八〇年代に約五年間ゴアの大司教の書記を務め、その前後足掛け一二年にわたってインドや大西洋上の島々を含む海外で過ごした。その経験に基づく見聞録を整理し、当代のヨーロッパ知識人の著作も参照して纏め上げたのが『イティネラリオ』である。[8] この三部作は、アジア、アフリカにおけるポルトガルの活動や、各地の地理、商業関係・航海関係の叙述などから成り、ポルトガルが約一世紀にわたり機密として守ってきた多くの情報を含んでいた。その情報は、折しもアジア交易への参入を狙って航路開拓に取り組んでいたオランダの商人たちがまさに求めていたものであった。

一五九五年四月、オランダ北部のテクセル島から四隻の船団が出航し、翌年六月にスマトラ島、次いで船団の目的地であるジャワ島に到達した。オランダからケープ・ルートを利用して初めてアジア海域への航海に成功したこの船団は、「遠国会社（Compagnie van Verre）」という航海会社によって用意された。アムステルダムの有力商人を主たる出資者とするこの会社は事前に、船団の事実上の司令官となるハウトマン（Cornelis de Houtman）をリスボンに送るなどして情報収集に努めていたようだが、実際の航海に際し最も重要な情報源となったのは、『イティネラリオ』であった。とくに第二部『ポルトガル人航海誌（*Reysgheschrift van de navigatien der Portugaloysers*）』はこの船団の出発直前に急ぎ準備され、航海の指針として携行された。(9)

ハウトマンの航海では、海外進出において先行していたポルトガルの知識を利用する一方で、ポルトガルの影響がまだ及んでいない新たな市場や航路を見つけることも企図されていた。例えば、船団の目的地とされたジャワ島は、三部作の第一部にあたる『東方案内記』において、様々なスパイスがきわめて豊かで、とりわけ上等な胡椒を豊富に産する一方で、ポルトガル人が行かないので「この島ではどこで交易しようと、これを妨害する者はあるまい」と伝えられるところであった。(10) 航路も、ポルトガルの従来ルートとは異なるものが選択された。ハウトマンの船団はケープを越えるとマダガスカル島へ向かい、この島の南部と北東部の沿岸数か所に寄ってから、まっすぐスンダ海峡を目指して進んだのである。(11)

ハウトマンの船団は一五九七年夏にテクセル島に帰り着いた。途中で四隻のうち一隻を失い、ジャワ島での交易拠点の設置には至らず、また持ち帰った胡椒等の積荷もわずかであった。しかし、とにかくアジアへの航海が成し遂げられたことにより、その後オランダでは、アムステルダムのみならずロッテルダム、ミデルブルフなど複数の都市において航海会社が設立され、それぞれにアジアへと船団を送り出し始めた。今日一般に「先駆会社（voor-compagnieën）」と一まとめに呼ばれるこれらの航海会社の林立は、オランダ国内における競争の激化を生み、アジアにおける胡椒・スパイスをはじめとする商品の仕入れ価格の高騰と本国市場における販売価格の下落を引き起こした。この事態に、オランダの連邦議会（Staten Generaal）は諸会社を統合して独占的な会社を設立する必要を認めた。様々な利害関係者がいるなかで、構想の実現には時間がかかったが、それでも何とか話がまとまり、一六〇二年に設立されたのがオランダ東インド会社（正式名称「連合東インド会社（Verenigde Oostindische Compagnie）」。以下VO

Cと略記）である。[12]

（2）十七世紀初頭のオランダ船団の航海と航路の探索

先駆会社の時代、オランダの各船団は東南アジア海域の島々を主な目的地として、様々なルートで航海した。例えば、一五九八年には計五つの船団がオランダ各地から送り出されたが、そのうち、アムステルダムの通称「旧会社（Oude Compagnie）」によって送られたファン・ネック（Jacob van Neck）率いる船団は、上述のハウトマンの第一回航海と同じ航路を取って、ジャワ島西部の港市バンテンに至った。そして、折からポルトガル人と交戦中であったバンテン王国を援助して王と友好関係を結び、大量の胡椒を手に入れるなどして莫大な利益をもたらす積荷を持ち帰った。一方、南部ゼーラント州フェーレから送り出された船団は、ケープを越えマダガスカル島を経由してモルディヴ諸島に至り、マラバール海岸沿いを南下してインド南端のコモリン岬を回ってスマトラ島アチェに達した。[13]

ケープを経由しないルートも依然として模索されていた。ロッテルダムの会社によって準備され、南ホラント州フーレーを出発した船団は、マゼラン海峡経由でアジア到達を目指した。しかし、この航海は大失敗に終わった。五隻から成る船団のうちアジア海域までたどり着いたのは二隻のみで、どちらも本国に帰ることはできなかったのである。そのうちの一隻が一六〇〇年四月に日本に漂着したリーフデ（Liefde）号であった。[14] もう一隻のトラウ（Trouw）号は一六〇一年一月にマルク諸島に達したものの、そこでポルトガル人に捕まり、ほぼ全ての乗員が殺されてしまった。[15]

VOC設立後もしばらくの間は、航路の定まらない状態が続いた。一六〇八年、ジャワ島西部のバンテンがVOCのアジアにおける主要拠点として設定されたため、以後ここが本国から派遣されるオランダ船団の目的地となった。しかし、モサンビーク島のような強力な軍事力を備えたポルトガルの拠点を避け、且つ安全で比較的短期間に航行できるルートを見つけることは容易ではなかった。もはやマゼラン海峡経由の西回りルートは取られなかったが、オランダからケープに至るまでの大西洋航路でも、その後のインド洋航路でも、航海の度に記録されるさまざまな地理的データが収集・分析された。

一六一〇年末に送り出されたブラウウェル（Hendrik Brouwer）率いる船団は、それらのデータに基づき新しい航路を試す機会を与えられた。そして、ケープを越えた後、さらに南下してから東を目指す航路を進み、オランダからジャワまでの全行程を八ヶ月足らずで終えた。一六〇〇年代にはオランダからジャワまで十〜十二か月かかることも珍しくなかったため、この航海は大成功だと思われた。とりわけこの航海では、ケープからバンテンまでわずか二か月半しかかからず、大幅に航海日数を短縮することができた。さらに、比較的高緯度を航行するこのルートには、インド洋のサイクロンに遭う危険性が低くなること、食糧が傷みにくく乗船者の体調管理にもよいことなど他にも利点があることが分かった。そのため、VOCは早くも一六一六年にこの航路を取るよう指示するとともに、ケープのテーブル湾を寄港地として指定した。[16] また、一六一九年にVOCは港町ジャカトラをバンテン王国から奪い、バタフィアと改称して会社の主要拠点としたので、以後、ケープを出た船もバンテンに代わってバタフィアを目指すことになった。

(3) オランダ東インド会社の南インド洋ルート

ブラウウェルが見出した航路では、ケープからまず南東方向に進み南半球の偏西風を利用した。引き続きジャワ島へ向かうにはどこかで北に方向転換する必要があるが、当時は未だ正確な経度測定ができなかったため、この方向転換のタイミングを計るのが難しかった。ごく大雑把に言えば、南半球では偏西風帯の北に南東貿易風帯があり、その両者の間に亜熱帯高圧帯と呼ばれる無風帯がある。しかし、インド洋では南東貿易風帯は季節によって変動し、通常三月から半年間は赤道より北に達するが、それ以外の時季には南緯十度を越えることはない。加えて、北に進むとモンスーンの影響もある。ケープから来るVOCの船にとっては、これらの季節による変化も踏まえた上で偏西風帯から南東貿易風帯へうまく乗り換えられるかどうかが航海の成否を握るカギであった。北への方向転換が早すぎると、スマトラ島北岸方面へと流される危険があった。また、四月から九月までの間は、南東貿易風を間切って進むのがスンダ海峡に達する唯一の策だったが、タイミングが遅れて東へ行きすぎてしまうと、オーストラリア西海岸で難破しかねなかった。[17]

このような難しさはあったものの、前述のようにオランダからアジアを目指す船は基本的にケープから南インド洋ルートでバタフィアに向かうようになった。インドなどの商館に行く船も、バタフィア経由で送られた。やがてVOCは一六六四年にセイロン島からポルトガル勢力を駆逐し、以後ここをバタフィアに次ぐ重要拠点と位置づけた。それに伴い、セイロン島が本国発の船団の最終目的地に加えられ、ケープから直接船が来るようになるが、これらの船は季節により異なるルートを取った。すなわち、八月から一月までの間にケープを出発する場合は南下して偏西風を使って東航し、ジャワに行くときより手前で北上してセイロン島を目指すが、二月から七月に出帆する場合はスワヒリ経由で——モンスーンを利用して——向かうとされたのである。[18]

ＶＯＣのアジア方面からの帰国船団もポルトガルとは異なる航路を使うようになった。バタフィアから出た船は、スンダ海峡を抜けてからさらに南下して南東貿易風と南赤道海流を利用すれば、西航してケープに達することができた。十七世紀半ば過ぎまでほぼバタフィアからの出発に限られたＶＯ

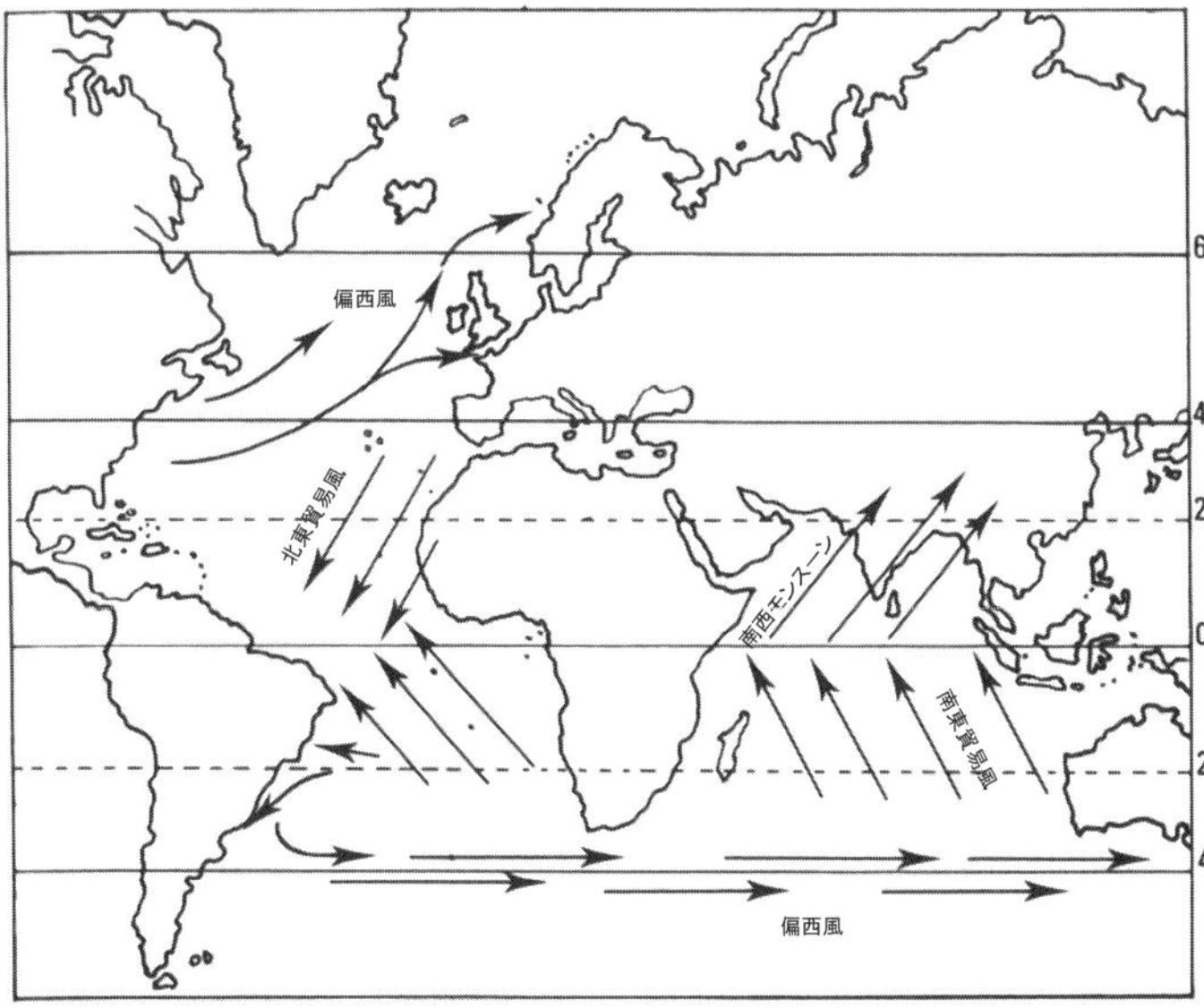

図2　7月頃の卓越風（Bruijn, Gaastra and Schöffer, *Dutch-Asiatic Shipping*, v.1より）

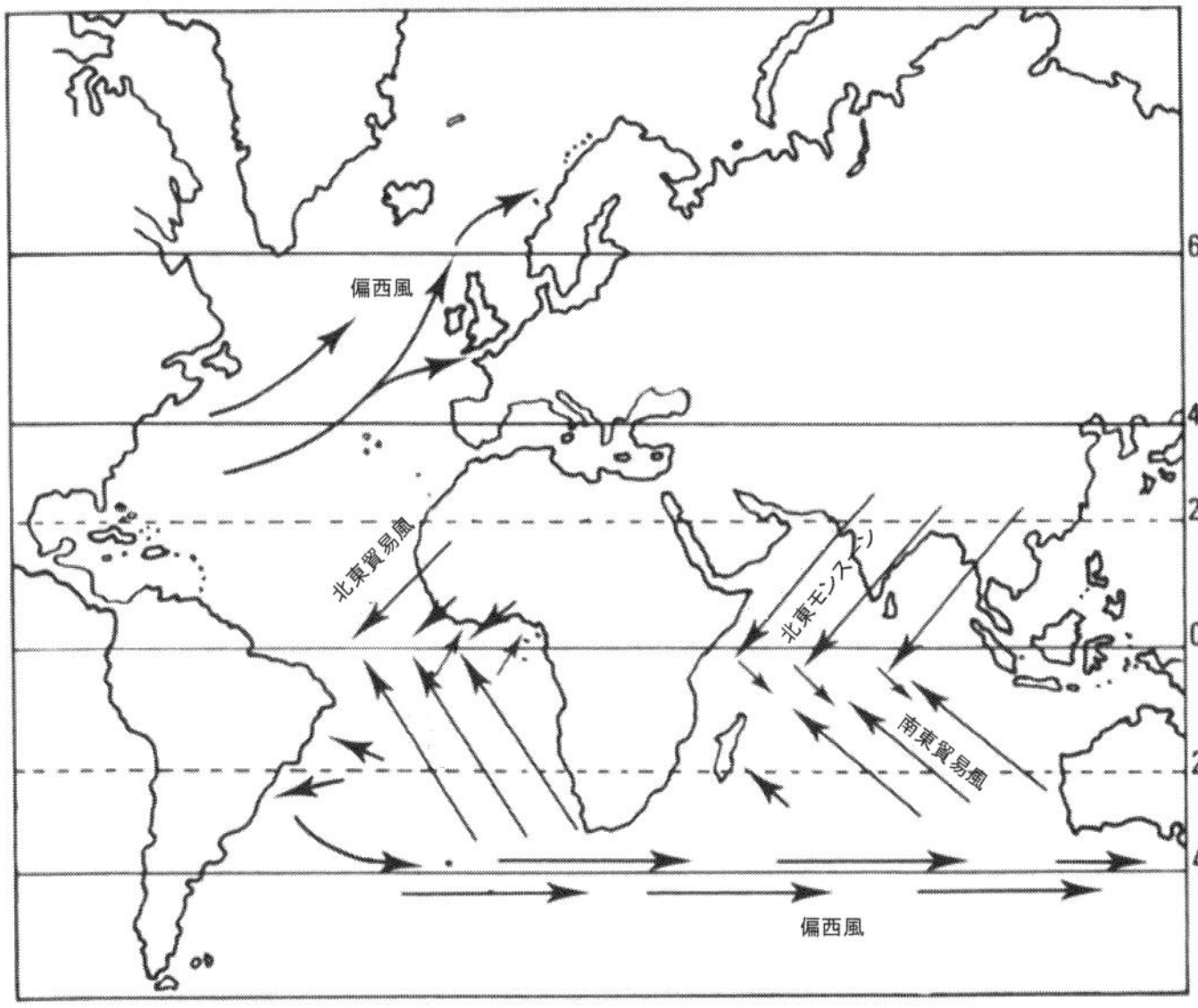

図3　1月頃の卓越風（Bruijn, Gaastra and Schöffer, *Dutch-Asiatic Shipping*, v.1より）

Cの帰国船団は、基本的にこの航路を辿った。その後、帰国船団の出発地として、一六六五年以降にはセイロン島、一七三〇年代になると本国市場でのベンガル産繊維品の需要の高まりを受けて、ベンガルが加わった。これらの拠点から帰国する船団も、やはり南下してから南東貿易風でケープを目指す航路を取った。ただし、ジャワからの船団がほぼ季節に関わらずスンダ海峡を抜けて西航することができたのに対し、セイロンやベンガルからの船は、インド洋を南下するため北東モンスーンの季節に出発する必要があった。[19]

以上のように、ジャワ島に主要拠点を置いたオランダは、ケープ以東の航海において、インド洋の南部海域を東西に移動する航路を重視した。このケープ―南インド洋ルートでは、年間を通じて基本的に方向が変化しない偏西風や南東貿易風が使われた。この点は、ポルトガルや、ポルトガルの参入前からの伝統的なインド洋交易ルートが、いずれもインド洋北部海域で卓越し、季節によって変化するモンスーンを利用することと大きく異なっていた。

三、南インド洋ルートの中継基地としてのケープ居留地建設

上述のように、VOCは一六一六年に南インド洋ルートを採用した際に、併せてテーブル湾を唯一寄港すべき地点として指定した。この航路を進めば以前に比べ航海日数を短縮できるようになったとはいえ、それでもケープからバタフィアまで平均二~三か月かかっていた当時、インド洋に乗り出す前の最後の寄港地として、真水や肉などを補給できるケープの重要性は自ずから高まることになった。しかし、VOCは直ちにケープに常駐する人員を配したわけではなかった。そのため、当初オランダ船の人々は後続の船に何か情報を伝えるにも、ただ印をつけた石の下に手紙を残したり、在地の人々に預けたりしていた。その一方で、会社の指示に従わず、ケープ以外の場所に寄港する船も少なからず見られた。[20]

ケープにおける永続的な拠点形成の構想がVOCの内部で現実味を帯び始めるのは、十七世紀半ばになってからのことである。一六四七年三月、ハーレム(Haarlem)号という船が帰国途上にテーブル湾で座礁し、下級商務員ヤンス(Leendert Jansz)ら約六十名がケープに留まることを余儀なくされた。一年後にバタフィアから来た船団に救われて帰国したヤンスは、テーブル湾に居留地としての可能性が十分にあることを文書に記し、会社に提出した。これが契機となって、一六五二年にケープでの居留地建設が始まった。[21]

当時のケープには、アジア各地に置かれた他のVOCの拠

点とは異なる役割が期待された。アジアでは、例えばスパイスや胡椒や綿布のような商品の獲得を目的としていたため、それらの商品の産地の近くや、既に活発な交易活動が行われている港市などの取引に有利な場所が選ばれた。しかし、ケープはそのような商品の産地ではなく、現地の人々が活動する港町でもなかった。アジアにおける拠点が基本的に交易のための商館であったのに対して、ケープは何よりも、本国とアジア海域の拠点を結ぶ航路上の中継基地ないし補給基地として位置付けられていた。一六五二年以降、本国とアジアの間を往復するVOC船団はケープ寄港を義務付けられたが、当初この指示は現場の船長たちには歓迎されなかった。テーブル湾は冬季にはしばしば強い北風にさらされ、停泊地として適当ではないと思われていたうえ、その頃のケープは未だ補給基地として十分に機能しておらず、むしろ到着した船の方が穀物や豆などの食糧をケープの駐屯部隊に供給したり、船員が要塞建設を手伝わなければならなかったりしたためである。しかし、やがてケープが補給基地として役割を果たせるようになると、状況は逆転する。航海をなるべく短時日で終わらせたい会社は、水や生鮮食料品などの供給には八日あれば十分と考え、ケープでの滞在日数に制限をかけたが、それを越えて長く留まる船が続出したのである。現代の研究によれば、アジアに行くVOCの船が実際にケープに滞在した日数は、十七〜十八世紀を通じて平均二十七日間に及んだという。(22)

航路上の中継基地としてのケープには、要塞の他に、病院や船の補修用のドックなどの施設が建てられた。ただし、ケープでは本格的な改修を行えるほどの設備はなく、到着した時点で補修では対応できないほど傷んでいる船もあった。それ以上の航海は不可能と判断された場合、その船の積み荷は降ろされ、目的地に応じて別の船に積み替えられた。また、同時期に複数の船が停泊するケープでは乗員の配置換えも行われた。病気や怪我、あるいは死亡によって生じた欠員の補充のためだけでなく、例えば険悪な間柄になった乗員同士を引き離すために配置換えが行われることなどもあった。(23)

航路上の基地として、ちょうどポルトガルのインディア航路におけるモサンビークと同じような役割がケープにも求められたわけだが、さらにVOCは補給に必要な食糧をケープで生産・供給する体制も作ろうとした。野菜や果物はまず会社の農園で栽培された。会社は農民として定住する植民者を増やそうとしたが、他方でケープの重要性はあくまでも補給基地としての機能であると見なしていた。十分な食糧生産がケープで行われるようになるには数十年を要したが、十七世紀末にはワイン、パン、肉といった食糧をＶＯＣのみならず他国の船にも供給できるまでになった。[24] ケープでは植民者による農業社会の形成もまた、この地の航路上の重要性と深く結びついていた。

おわりに

以上見てきたように、一五〇〇年前後からヨーロッパ船が盛んに利用したいわゆるケープ・ルートには、実際には複数のパターンがあった。主要航路とされたのは、ポルトガル船の場合はケープから北上するスワヒリ経由ルートであったのに対し、オランダ船では逆に南下して南インド洋を進むルートであった。それぞれのルートには時期により、またアジア側の目的地（帰国船の場合は出発地）によりヴァリエーションがあったが、一旦主要な中継基地の場所が定まると、今度はそこを経由するルートが重視される傾向が見られた。例えば、十六世紀末になるとポルトガルはモンバサに要塞を築きスワヒリ北部にも拠点を得るが、その後もインディア航路の基軸としてのモサンビーク―ゴア・ルートは維持された。また、上述のように、セイロンやベンガルから直接送られるようになったＶＯＣの帰国船団は、古来南アジアとアフリカを結んでいたスワヒリ経由ではなく、主に南インド洋ルートでケープを目指した。

中継地に選ばれる場所は、航路の選択と深く関わっていた。ＶＯＣが一六一六年に南インド洋ルートと寄港地としてのテーブル湾を同時に指定したことは、そのことを明確に示している。古代におけるインドネシア海域の島々と東アフリカ、とりわけマダガスカル島との接触については多くの研究があり、その際に利用されたルートについても複数の説がある。[25] そのため、厳密には、ＶＯＣが利用した南インド洋ルートが「新航路」であったと言い切ることはできない。しかし、少なくともポルトガルや、彼らの進出前からインド洋交易の主役であった沿岸各地の人々とは異なり、南インド洋ルートにＶＯＣが目をつけ、ケープという場所に航路上の新たな位置づけを見出したことが、その後のケープと周辺地域を大きく変貌させていくきっかけになったことは確かであろう。

注

（1） *Em nome de Deus: The Journal of the First Voyage of Vasco da Gama to India 1497-1499*, Glenn J. Ames (tr.), London & Boston: Brill, 2009, pp. 38-70. マリンディでガマの船団が得た水先案内人について、最近の研究では、アラブ人（あるいは有名なイブン・マージド）ではなくグジャラート人ムスリムであったとする説が有力である。Sanjay Subrahmanyam, *The Career and Legend of Vasco da Gama*, Cambridge: Cambridge University Press, 1997, pp.

121-128.

（2）ポルトガル進出前のインド洋海域に関しては、家島彦一『海が創る文明――インド洋海域世界の歴史』（朝日新聞社、一九九三年）および『海域から見た歴史――インド洋と地中海を結ぶ交流史』（名古屋大学出版会、二〇〇六年）などを参照。

（3）Malyn Newitt, *A History of Portuguese Overseas Expansion, 1400-1668*, London and New York: Routledge, 2005, p. 65. カブラルの航海についてより詳しくは、*The Voyage of Pedro Alvares Cabral to Brazil and India*, W.B. Greenlee（tr.）, London: Hakluyt Society, 1938を参照。

（4）Subrahmanyam, *The Career and Legend of Vasco da Gama*, pp. 195-210.

（5）Newitt, *A History of Portuguese Overseas Expansion*, p. 111.

（6）Pearsonはこの他にも、モサンビーク島の位置が、ポルトガルが敵視したムスリム商人が金取引のためソファラに行くのを妨害するのに好都合であったことなどを指摘している。Michael N. Pearson, *Port Cities and Intruders: The Swahili Coast, India, and Portugal in the Early Modern Era*, Baltimore: The Johns Hopkins University Press, 1998, pp. 132-133.

（7）Newitt, *A History of Portuguese Overseas Expansion*, pp. 111-112. この時期のスワヒリ南部の港市と内陸部、またムスリムとポルトガルの関係については、Pearson, *Port Cities and Intruders*, pp. 95-98を参照。

（8）この三部作のうち第一部については邦訳がある。リンスホーテン『東方案内記』（岩生成一・渋沢元則・中村孝志訳、岩波書店、一九六八年）。

（9）J.C.M. Warnsinck（ed.）, *Itinerario: Voyage ofte schipvaert van Jan Huygen van Linschoten naer Oost ofte Portugaels Indien 1579-1592*, 4de en 5de delen, 's-Gravenhage: Martinus Nijhoff, 1939.

（10）J.R. Bruijn, F.S. Gaastra and I.Schöffer, *Dutch-Asiatic Shipping in the 17th and 18th Centuries*, v.1, The Hague: Martinus Nijhoff, 1987, p. 59; リンスホーテン『東方案内記』二〇〇―二〇一頁。

（11）このハウトマンの航海ならびに後述するファン・ネックの航海については、ハウトマン、ファン・ネック『東インド諸島への航海』（渋沢元則訳、生田滋注、岩波書店、一九八一年）参照。

（12）VOC設立の経緯については、永積昭『オランダ東インド会社』（講談社学術文庫、二〇〇〇年）六一―七〇頁、羽田正『東インド会社とアジアの海』（講談社、二〇〇七年）七四―七七、八二―八六頁。

（13）ハウトマンの二度目のアジア行航海でもあったこの航海に関する記録として、W.S. Unger（ed.）, *De oudste reizen van de Zeeuwen naar Oost-Indië, 1598-1604*, 's-Gravenhage: Martinus Nijhoff, 1948, pp. 19-112がある。

（14）ウィレム・レメリンク「リーフデ号の航海」レオナルド・ブリュッセイ、ウィレム・レメリンク、イフォ・スミッツ編『日蘭交流四〇〇年の歴史と展望』（財団法人日蘭学会、二〇〇〇年）二〇―二一頁。

（15）J.R. Bruijn, F.S. Gaastra, I. Schöffer（eds.）, *Dutch-Asiatic Shipping in the 17th and 18th Centuries*, no. 0018-0023.（http://resources.huygens.knaw.nl/das）.

（16）Bruijn, Gaastra and Schöffer, *Dutch-Asiatic Shipping*, v.1, p.70.

（17）Bruijn, Gaastra and Schöffer, *Dutch-Asiatic Shipping*, v.1, pp. 70-72.

（18）ただし、後者のルートは十八世紀後半には利用されなくなった。Bruijn, Gaastra and Schöffer, *Dutch-Asiatic Shipping*, v.1, pp. 72-74; *Pieter van Dam's Beschrijvinge van de Oostindische Compagnie 1639-1701*, F. W. Stapel (ed.), 1ste boek deel 1, 's-Gravenhage: Martinus Nijhoff, 1927, p. 666.

（19） Bruijn, Gaastra and Schöffer, *Dutch-Asiatic Shipping*, v.1, pp. 77-81.

（20） Bruijn, Gaastra and Schöffer, *Dutch-Asiatic Shipping*, v.1, p. 107.

（21） Bruijn, Gaastra and Schöffer, *Dutch-Asiatic Shipping*, v.1, p. 109.

（22） Bruijn, Gaastra and Schöffer, *Dutch-Asiatic Shipping*, v.1, pp.66-70; 110-113.

（23） Bruijn, Gaastra and Schöffer, *Dutch-Asiatic Shipping*, v.1, pp. 113-116.

（24） R.J Ross and P. C. van Duin, *The Economy of the Cape Colony in the Eighteenth Century*, Leiden: Centre for the History of European Expansion, 1987, pp. 12-13. それに伴い生じた在地の人々との関係や、環境に及ぼした影響などの変化については、Nigel Worden, Elizabeth van Heyningen and Vivian Bickfort-Smith, *Cpae Town: The Making of a City*, Claremont: Verloren, 1998, pp. 15-83.

（25） Michael Pearson, *The Indian Ocean*, London and New York: Routledge, 2003, pp. 60-61.

EAST ASIA
東亜 No. 649 July 2021 7

一般財団法人 霞山会
〒107-0052 東京都港区赤坂2-17-47
(財) 霞山会 文化事業部
TEL 03-5575-6301 FAX 03-5575-6306
https://www.kazankai.org/
一般財団法人霞山会

特集 — 米中接近50年の功罪を問う

日米間の重大な齟齬 春名 幹男
米中対立の遠景としての国連における台湾問題 加治 宏基
——キッシンジャーからの“宿題”をどう解くか——
戻らぬ「振り子」——米中関係の新たな構図 増田 雅之

ASIA STREAM
中国の動向 濱本 良一 台湾の動向 門間 理良 朝鮮半島の動向 小針 進

COMPASS 古谷 浩一・村野 将・高口 康太・遠藤 環
Briefing Room 国家の威信か人の命か——先の見えないインドの現在—— 飯田 玲子
CHINA SCOPE 外国人の医療ケア——米中の体験から 泉 京鹿
滄海中国 中国で考える (3) ——安東不二雄と原田藤一郎 樋泉 克夫
連載 厳しさを増す台湾の安全保障環境 (4)
台湾の安全保障をめぐる日台関係の方向性 黄 偉修

お得な定期購読は富士山マガジンサービスからどうぞ
①PCサイトから http://fujisan.co.jp/toa ②携帯電話から http://223223.jp/m/toa

【I 長距離航路からみる世界】

近代中国学の誕生とロバート・モリソン

橋本真吾

はしもと・しんご――東京工業大学リベラルアーツ研究教育院研究員。専門は東西交流史・近世日本の対外認識。主な論文に「初期プロテスタント海外伝道による東アジア秩序への影響――信仰覚醒運動からロバート・モリソンまで」（岩下哲典他『東アジアの秩序を考える』春風社、二〇一七年）、「近世後期における対米観の形成――大槻玄沢から箕作省吾『坤輿図識』まで」（『洋学』第二五号、洋学史学会、二〇一八年）、「カピル・ラジ著『近代科学のリロケーション：南アジアとヨーロッパにおける知の循環と構築』を読む：「世界史」としての蘭学・洋学研究への視座」（『洋学』第二六号、洋学史学会、二〇一九年）などがある。

近代中国学は、世界史の動態と深くかかわって誕生した。本稿は、従来注目されてきたプロテスタント宣教師ロバート・モリソンの活躍にとどまらず、海洋進出をすすめるイギリスの動向や、『華英・英華字典』編纂の背景にある中国人との協業、さらにはヨーロッパと中国との「知」の循環を成り立たせた相互交流に注目しながら、近代中国学誕生の物語を叙述する。

はじめに

（1）ヨーロッパ中国学の系譜

ヨーロッパにおける近代中国学の起源は、どこに求めることができるのだろうか。その祖型を形作った時代と成立した条件について、東インド航路の人と情報の移動という視点から、一人のプロテスタント宣教師に焦点を当てて考察したい。

十八世紀のヨーロッパで中国学に関して最初に新たな地平を開いたのは、フランスだった。これにはローマ・カトリックのフランス人イエズス会士が、北京で活動し同時に中国について研究してきたことが背景にある。イエズス会士らの学問上の関心は、中国というキリスト教文明とは異なる巨大文明をどう解釈するかにあった。彼らの活動によって中国学は、天文学、自然学、地理学、さらには言語学において発展をとげてきていた。フランスは十九世紀に入ると皇帝ナポレオン一世が、中国語字典の出版を計画するほどの関心を中国に寄せていた。[1] ドイツやスペイン、イタリアなどにも中国への関心を示す資料はみられるが、後にレミュザなど有名なシノロジストを輩出するフランスは、ヨーロッパ中国学の中心的存在であったといえる。(2)

ローマ・カトリックを背景にしたフランスと対照的な国であったのが、プロテスタントのイギリスであった。イギリスでは十八世紀末頃まで中国に対して貿易以外関心が払われず、中国語の研究もほとんどされなかった。

ところが、十九世紀に入るとこの流れに変化が起こる。その変化とは、宣教師ロバート・モリソンらプロテスタント海外伝道の活動に起因して起こった。モリソンをきっかけに、イギリスの中国学は急速に発展し、近代における中国学の重要な位置を占めるまでに成長する。イギリス中国学成立の背景で注目されることは、東インド会社からの支援やモリソンの高い語学力もさることながら、ヨーロッパと中国との「知」の循環を成り立たせた中国人との相互交流があった。

(2) 本稿の課題

イギリスにとって、十八世紀後半から十九世紀はじめにかけては、世界に冠たる海の帝国、大英帝国となる濫觴期にあたる。モリソンが中国に渡った一八〇七年は、自由貿易論が盛んであったイギリスが、中国に対して門戸を開くよう本格的な進出を図る段階であった。

十九世紀イギリスのアジアへの海洋進出とモリソンの海外伝道との連関について触れた研究は多いが、近代中国学が創出される文脈において様々な出来事が連動する歴史の動態を、俯瞰的に叙述したものは少ない。(3)

この点については現状、いくつか整理・検討すべき課題がある。第一に、イギリス中国学と大英帝国の胎動とは、どのように関係し合っていたのか。第二に、モリソンの中国研究に対して、「接触領域(contact zone)」ともいえる中国(広東)の人々との協業はどのようなものであったのか。そして最後に、近代中国学の誕生によって世界史はどのように変化したのかである。本稿はこれらの課題を検討し、東インド航路の移動史研究において新たな視点を探っていきたい。

一、イギリス東インド会社と中国学

(1) EICと中国

EICのアジア展開

イギリスの海洋進出に貢献した組織として知られるのが、イギリス東インド会社(East India Company：EIC)である。EICは、イギリスの海外貿易を担う商事会社という役にとどまらず、イギリス海軍という強力な軍事力を背景に、勢力範囲を広げていた。十八世紀中期のイギリスは、インドへの進出が本格的にすすみ、さらなるアジア展開への地盤を築きつつあった。

イギリスのアジア進出に追い風となったのが、イギリスで起こった機械化であり後の産業革命であった。イギリスは、アメリカ綿花から大量かつ安価なイギリス織物を生産することに成功していた。十八世紀が終わる頃には、海外ではイギリス織物の需要が増加し、対アジア貿易の輸出入のバランスが逆転しはじめる。[4] 後にアヘン戦争の元となるアヘンの生産は、EICがインドの綿織物に代わる新商品として中国茶に目をつけたことにはじまる。EICがアヘン貿易をはじめるきっかけは、中国茶を買付る際に銀の代替物として用いたことであった。EICは、一七七三年以来インド領でアヘンの独占的な生産を許可されている。こうして、イギリス・インド・中国間の三角貿易体制は完成し、十九世紀に活発となった。[5]

一七五七年、乾隆帝時代の清朝中国はヨーロッパ船(のちにアメリカ船も含む)による貿易を広州一港に限定し、一八四〇年代まで続く、「カントン・システム」と呼ばれる管理貿易体制を敷いた。この措置の目的は、中国国内で危険視されてきたキリスト教宣教師の隔離と排除をにあったとされる。[6]

清朝におけるキリスト教への対抗措置は、雍正帝が出した天主教禁止令に始まる。雍正帝は前代の康熙帝と異なり、西洋の事物に対してほとんど興味を示さない皇帝だった。雍正帝は、満洲人が中国支配を永続することを天の与えた至上命令と考え、満洲人が天主教に入信することを容認しなかった。対する子の乾隆帝は、ヨーロッパ文明には関心をもちつつも、雍正帝よりさらに厳しい禁令を敷き、天主教徒たちを迫害・殉教へと導いた。[7] 清朝によるこうした禁令は、十九世紀に渡来したプロテスタント宣教師、とりわけその草分けであったロバート・モリソンを悩ませることとなった。

(2) イギリス中国学の揺籃期

中国とヨーロッパとの貿易は、「カントン・システム」によって制限がかけられるはずだった。しかし、十八世紀後半になると貿易量は年々拡大の一途をたどっていった。中でもイギリスは、対中国貿易で第一位を占める存在感をみせていた。[8]

一七九三年、イギリス政府は、より制限の少ない貿易制度の要求から、ジョージ・マカートニーを大使とする使節団を乾隆帝のもとに派遣する。しかし、イギリス政府からの要求条項に関しては、いずれも中国としては実行不可能であり、実施しても無益であると退けられた。

マッカートニー使節団の使命は失敗に終わったが、イギリスにとって、中国内地の状況を直に観察する経験が得られたことは、大きな意味をもった。当時の随員の記録は三種類報告されたが、これらは出版され公にされた。報告書を著した人物の一人に、ジョージ・L・ストーントン卿(Sir George Leonor Staunton)がいる。ストーントン卿には息子がおり、マカートニー使節団にも同行していた。その息子が、中国語に通じ、後に王立協会をはじめイギリス議会議員も務めたジョージ・T・ストーントン卿(Sir George Thomas Staunton)である。

一八〇〇年、息子のストーントン卿は、父を引き継いでEIC広東商館に配属された。ストーントンの『回顧録』に収録されている、イギリスの重役会に提出された広東商館特別委員会の報告書には、ストーントン卿が中国語の語学力を買われ、清朝政府との交渉役として大いに期待されている旨が記されている。[9] こうした資料からうかがえるのは、マカートニー使節団派遣後のEICが中国語を使える人材を求めていたことが見えてくる。

『回顧録』によれば、ストーントン卿は中国語を、十二歳の頃マカートニー使節団に同行した際の船上で習い始めている。すぐに外交文書の写しを作成できるまでになっていたということから、吸収ははやかったようである。[10] マカートニー使節団では、中国人との会話する際に、彼を同行すると会話ができるとして重宝された。十代後半には中国語にも自信がつき、一七九八年にEIC広東商館の書記官職に応募し、任命を受けている。ストーントン卿がどのように中国語を学んだのか、詳しく示す資料は見られないが、当時のイギリス人のあいだで、ストーントン卿の中国語がすぐれていたことが理解される。

しかし、数年経った一八〇七年、ストーントン卿が『回顧録』の中で「(卿自身より)はるかに高い(中国語の)運用能力まで完璧に到達した」[11]と賞する人物が現れる。ストーントン卿は、出会いから生涯を通じてその人物を支え続けた有力者の一人であった。[12] その人物が、ロバート・モリソンである。

二、ロバート・モリソン——移動する「仲介者」

(1)ロバート・モリソンの中国学

プロテスタント宣教師という「仲介者」

プロテスタントによる海外伝道は十八世紀、福音主義者たちが展開した信仰覚醒運動(リバイバル)を背景に、ヨーロッパや北アメリカなどの植民地を中心に行われてきた。アジアを含む「異教徒」への伝道が始められたのは、奇しくもマカートニー使節団の派遣と同年の一七九三年、イギリス人ウィリアム・ケアリらバプティスト伝道協会のインド・ベンガル地方への宣教師の派遣であった。今日から考えれば実に驚くべきことであるが、当初彼らの活動を支えていたのは産業資本などに支えられた資金力ではなく、伝道への強い熱意と、現地言語の習得への飽くなき執念であった。[13] 伝道協会発足当時の運営資金は、宣教師の行動に共鳴し動かされた人々の寄付によって賄われていたとされる。

プロテスタント海外伝道とアジアへの海洋進出を展開するイギリスおよびEICとの関係には興味深いものがある。イギリスはプロテスタントを支持する国でありながら、EICは異教徒が多い貿易相手国とのトラブルを避けるために、宗教色を抑え貿易に徹するように努めた。そのため、インドではケアリら宣教師の渡来はベンガル総督府にいたイギリス人からは歓迎されなかった。EICはキリスト教宣教師を、異国との貿易を妨害する厄介な存在と認識していたとされる。後述するモリソンも、この例外ではなかった。

ところが彼らが目にした宣教師たちはどうであったか。まず、宣教師は語学力に長け、現地の言語を英語に翻訳することができた。そして次に、宣教師は臆せずローカルな社会に入り込み、様々な情報を取ってくる情報屋であった。さらには、ヨーロッパの科学や医療を用いた宣教師の伝道法が、ヨーロッパの先進性を伝える宣伝そのものであった。宣教師が培ったこれらの能力は、植民地統治や貿易交渉に従事する者たちにとって、魅力的に見えた。プロテスタント宣教師は巧みな戦略で回心者を増やす努力をしていたが、期せずして「翻訳」、「情報」、「宣伝」に関わる「仲介者（go-between）」としてEICと、インドなどの現地とのあいだに入って活躍することとなった。

このようにしてプロテスタント海外伝道とイギリスのアジア展開との関係を見るならば、イギリス人宣教師たちは単に母国の帝国支配に手を貸した「手先」とうつるかもしれない。しかし、実際には伝道協会はイギリス政府やEICのような巨大な貿易会社からの資金には敏感であり、受取に関しては慎重であるなど、姿勢や対応はケースバイケースであった。国民国家という枠組みがまだ曖昧であった十九世紀はじめの当時において、同じイギリス人という理由で、EICとプロテスタント海外伝道を帝国主義の下統合されたアクターと読むことは、この時点ではまだ難しいだろう。

ところで、宣教師がこのように異国の地で活躍できた理由を、宣教師が知的にすぐれていたからとする議論があるとすれば、それは事象の一側面を捉えたに過ぎない。複雑に絡み合った事象を説明するためには、科学史家のカピル・ラジがいみじくも指摘した通り、現地の知識人たちも参加し、協業が行われていたことを叙述していかなければならない。それが後の帝国支配やそのイデオロギーによって歴史の叙述が偏ってなされ、対称性が見えづらくなっているということであれば、問題といえよう。[14]

(2) ロバート・モリソン

ロバート・モリソンの中国学の創出には、まさにそのような現地の人々との「協業(cooperation)」ということが、キーワードになってくる。

モリソン(Robert Morrison)を中国へ派遣する最初の宣教師に選んだのは、カルヴァン派と会衆派が中心となって創設した「ロンドン伝道協会(London Missionary Society, 略:LMS)」であった。派遣先が中国に決まったことを受けてモリソンは、敬虔なキリスト教徒らしく聖書の一部を引用して中国を「救い主が定める支配圏」の一部であるとする認識を手記に残している。[15]

モリソンは、未知の言語である中国語を学ぶことにすすんで取り組んだ。当時ロンドンで英語を学んでいた広東出身の容三徳(Yong Sam-tak)という青年を紹介してもらい、中国語の字の特徴を覚えた。漢字が書けるようになると、次に大英博物館に展示されていた『四史攸編』(「四福音書」「使徒行伝」「パウロの手紙」の新約聖書のみを収録)を熱心に写しとったという。準備期間の約二年間で、モリソンの中国語は相当なレベルに達していたと考えられよう。

ところが一八〇七年、中国・広東に到着すると、モリソンは人々が話している言語を理解できなかった。イギリスで勉強してきた中国語とは別の性質を持つ言語が話されていることに気づいたモリソンは、その時の観察を次のように書き残している。

礼儀のある広東の人は田舎の人(下働き労働に従事する者たち)の話す言葉が理解できないという。(中略)北京語も、美文も、大半の人々には理解されていない。貧しい人々の数は計り知れない。[16]

モリソンは現地の中国語の特性を捉えた上で、中国語の多様性について考えを巡らせている。このような観察やモリソンが現地人から学び得た実践的な「知」こそ、近代中国学の金字塔ともいえる『華英・英華字典』へとつながる伏線をなすものとなる。

一八一五年から一八二三年にかけて出版された『華英・英華字典』(『字典』)は、モリソンという「仲介者」の知のイメージと、中国人たちとの協業について知ることができる、重要な資料といえる。『字典』の出版に際して、モリソンの中国語の勉強に協力した中国人は、カトリック信者や商人、中には子供もいたとされる。[17] 中でも注目されるのは、本格的にモリソンに中国の古典を教え、『字典』の大部分の編纂に協力した陳先生（Chin sëen-sang）[18] という中国人学者である。陳先生は、モリソンの中国語教師を九年弱務めたとされ、『字典』に豊富に含まれた中国古典の知識は、陳先生からの手ほどきがあったと考えられている。[19] モリソンの中国に関する知識は、「他のヨーロッパ人よりはるかに昇華していた」との評価があるが、モリソンが、モリソン以前の中国学者たちをはるかに凌ぐ中国学研究者になれたのも、陳先生との協業があってこその成果であった。[20]

表1　モリソン、ミルンの移動についての年表

年（西暦）	モリソン（モ）ミルン（ミ）の移動先
1807	アメリカ（ニューヨーク）、マカオ、広東（モ）
1813	マカオ（ミ）
1814	東南アジア旅行（ミ）
1815	イギリス（モ） マラッカ（ミ）
1816	北京（モ）
1817	マカオ（ミ）
1818	マラッカ（ミ）
1823	マラッカ、シンガポール、マラッカ、マカオ（モ）
1824	イギリス（モ）
1826	広東（モ）

もう一つ忘れてはならないのは、ストーントン卿らＥＩＣからの支援無くしては、この大業は成しえることはなかったという点である。ストーントン卿は、さらにイギリスに帰国してから後も国王ジョージ四世の謁見を準備するなど、公私にわたってモリソンの活躍と、イギリス中国学の展開に貢献している。[21] 宣教史家のケネス・ラトゥーレットは、十九世紀をプロテスタントにとって「偉大なる世紀」と位置づけたが、歴史的な活躍の背景にある協力者たちの関わりについても、積極的に評価が行われるべきといえよう。

(3) 複数の「接触領域」

移動する「仲介者」

海外伝道を目的に中国へ来たものの、モリソンは官憲の監視の的となり、思うような身動きがとれずにいた。そこでモリソンは他の宣教師と協力しながら、東アジアから東南アジアへと活動領域の拡大を企図した。その際にモリソンが頼りにした人物の一人に、ジャワ総督を務め、後にシンガポール

を建設し、東南アジアと世界をつなげたトーマス・スタムフォード・ラッフルズ卿（Thomas Stamford Raffles）がいた。

ここに示す簡易年表（**表1**）は、モリソンとＬＭＳから派遣された第二の宣教師ミルン（William Milne）の移動に焦点をあてて時代順に並べたものである。

中国での伝道開始当初の計画は、広東を拠点に「ガンジス川以東（Ultra-Ganges）」地域への伝道を行うことが構想されていた。中国の事情によって伝道が遅れていることを憂慮し、拠点を別の場所にも設けるべきと考えていたモリソンは、ミルンに東南アジアを巡って適当な拠点を見つけるよう依頼した。この際に、ミルンはジャワでラッフルズ卿と会っている。モリソンがこの時期にＥＩＣのネットワークを駆使して東南アジアの海を往来できたのも、強力な海軍をもっていたイギリスの影響が中国の近海にまで及んでいたことの証左と見ることができよう。そして、新たな拠点として見いだされた地は、海域東南アジア世界の中心ともいえる、マレー半島の港市、マラッカだった。

（4）新拠点・マラッカ

十八世紀末のマラッカは元々オランダ領であったが、一七九五年にイギリス海軍による東南アジアの遠征で、イギリスによって占領されていた。ジャワのラッフルズ卿とも面談しマラッカを選んだところから、ミルンは交通が盛んな、イギリスの影響が及ぶ比較的安全な場所に決めたということが理解されよう。

モリソンとミルンは一八一八年、マラッカの地に英華書院（Anglo-Chinese College）を創設する。モリソンは中国に渡来して間もなく現地の人々への教育について関心を持っており[22]、モリソンにとってはようやく、「中国文化とヨーロッパ文化の間の人的交流」の足がかりとなる学寮ができたと喜んだことであろう。[23]さらに英華書院をつくることの裏には、もう一つモリソンが期待したことがあった。それは、伝道活動のための「強いエンジン」、すなわち出版物を印刷する拠点としての役割であった。[24]

マラッカの地で印刷された代表的な印刷物には、『新約聖書』と『旧約聖書』を合わせた力作『神天聖書』の他、ミルンが中国語で執筆した情報誌『察世俗毎月統記伝』、さらには英語の情報誌Indo-Chinese Gleanerがあった。これら出版物は中国にも送られたが、東南アジア、イギリス、ヨーロッパ各地、そしてアメリカ、一部日本に流通するものもあった。英華書院は、モリソンを筆頭とする中国学の拠点となり、東・東南アジアのネットワークにヨーロッパとアメリカを巻き込み発展する「近代中国学」の素地を作り上げたのであっ

た。(25)

そして後にこの素地の上に、バタフィアで活躍するメドハースト（ＬＭＳ）、タイやシンガポール、中国沿岸部で伝道を実施したギュツラフ（オランダ伝道協会、のちＬＭＳに転向）、さらにはアメリカのＡＢＣＦＭ（American Board of Commissioners for Foreign Missions）から派遣されたブリッジマン、アベールなどの宣教師が続々と加わっていった。英華書院の創設を含むモリソンの活動は、ヨーロッパと中国文化圏との間にとどまらず、グローバルな近代世界において人材と知が循環する結節点を創造したといえよう。

むすびにかえて

本稿では、イギリス人のプロテスタント宣教師ロバート・モリソンがイギリスの海洋支配を背景に中国学を創出するプロセスを論じてきた。モリソンの近代中国学を特徴づけたのは、中国人との協業による知の生成、東・東南アジアを拠点にした人材育成に加え、グローバル規模で流通した大量の出版物、そしてその結果生まれたグローバルな「知」の循環にあった。近代中国学の誕生のプロセスは、宣教師という「仲介者」を経由しつつ、ヨーロッパとアジアとの連動によって生じた、一つの物語であったことが理解されよう。

さらなる疑問点はつきない。例えば、なぜ人材の循環が広東やマラッカといった異文化との接触領域においてのみなされたのか。換言すれば、なぜアジアからヨーロッパへの人材の移動は行われなかったのか、という点になる。一つの視点として、「留学生」を考えることはできるかもしれない。学問の誕生および発展に関する留学の役割を考えることは、グローバル空間の中で移動する「知」についての対称性をはらむ問題といえるだろう。「留学」の歴史は古くからあるが、中国文化圏とアメリカを含むヨーロッパのあいだの留学となるとやや時代は下り、容閎《ようこう》らがアメリカのイェール大学へと渡った一八四〇年代からのこととなる。中国学の発展と、留学生制度とはどのように連動しながら発達したのか。今後、検討をすすめるべきテーマといえる。

最後に本稿では言及できなかった、「近代中国学」の誕生に貢献した、アメリカの役割について触れたい。アメリカは、モリソンが最初に中国に渡る際に経由した地であると同時に、広東でのモリソンの住まいを提供するなど、モリソンの移動を支えた役割が注目される。

十九世紀はじめのアメリカは、建国してから三十年弱の発展途上ではあったが、建国当初から対中国貿易に高い関心をもっていたことが知られている。(26) 中国へ向かった最初の「エンプレス・オブ・チャイナ号」は、一七八三年のパリ条約によってアメリカが国際的に認められてからわずか一年後の一七八四年に出航している。出航した港は、モリソンが経由した場所と同じ、ニューヨークであった。ニューヨークは、ボストンやフィラデルフィアと並びアメリカ北部最大の港町の一つであり、キリスト教との関連も深かった。モリソンも、アメリカ滞在中に福音主義者らを中心に交流し、モリソンの中国での活動を遠方から支援する同胞を得ていた。

太平洋航路が十分開拓されていなかった当時において、アメリカの船もＥＩＣと同じ東インド航路を使って中国まで来ていた。国力としては発展途上の段階であったとはいえ、アメリカの存在が、大西洋・東インド航路でどのような影響力を持ったかについて叙述することも、今後取り組むべき課題の一つといえよう。

注

（1）平野日出雄「ナポレオン大帝勅版『漢仏羅書』の出版をめぐる人々の物語」（『葵』（静岡県立中央図書館報）第一八号、一九八四年）。

（2）宮崎市定責任編集『中国文明の歴史 九 清帝国の繁栄』（中央公論新社、二〇〇〇年）、二八九―二九〇頁。

（3）本稿との関わりで以下の文献を参照した。石田幹之助『欧米に於ける支那研究』（創元社、一九四二年）、浅田實『東インド会社――巨大商業資本の盛衰』（講談社、一九八九年）、吉田寅「中国プロテスタント布教文書」（『立正史学』六八号、一九九〇年）、矢沢利彦「欧米の東洋学 六 ロバート・モリソン」（『月刊しにか』五十四号、大修館書店、一九九四年）、白石隆『海の帝国――アジアをどう考えるか』（中央公論新社、二〇〇〇年）、松原真沙子「十九世紀初期の中国におけるプロテスタント宣教師――ロバート・モリソンの役割」（『アジア太平洋討究』第三号、早稲田大学アジア太平洋研究センター、二〇〇一年）。

（4）羽田正『興亡の世界史 十五 東インド会社とアジアの海』（講談社、二〇一七年［初出：二〇〇七年］）二八二―二八四頁。

（5）前掲、三三五頁。

（6）村尾進「乾隆己卯――都市広州と澳門がつくる辺疆」（『東洋史研究』六五―四、二〇〇七年）。

（7）宮崎（二〇〇〇）二七三―二七五頁。

（8）前掲、三四〇―三四一頁。

（9）George Thomas Staunton. *Memoirs of the chief incidents of the public life of Sir George Thomas Staunton, Bart., hon. D.C.L. of Oxford : one of the King's commissioners to the Court of Pekin, and afterwards for some time member of Parliament for South Hampshire, and for the Borough of Portsmouth*, London : L. Booth, 1856, p.28.

（10）Ibid., p.15.

（11）Ibid., p.37.（ ）内は引用者注。

（12）Ibid., p.36

（13）橋本真吾「初期プロテスタント海外伝道による東アジア秩序への影響――信仰覚醒運動からロバート・モリソンまで」（岩下哲典他『東アジアの秩序を考える――歴史・経済・言語』春風社、二〇一七年）参照。

（14）水谷智・水井万里子・大澤広晃共訳『近代科学のリロケーション――南アジアとヨーロッパにおける知の循環と構築』（名古屋大学出版会、二〇一六年）[=Kapil Raj. *Relocating Modern Science: Circulation and the Construction of Knowledge in South Asia and Europe, 1650-1900*. Palgrave Macmillan UK, 2007.]、第五章参照。

（15）Eliza, A. Morrison. *Memoirs of the Life and Labours of Robert Morrison, D.D., vol.1*, London: Longman, 1839, p.66. 旧約聖書『イザヤ書』四九章一二節の「シニムの地（the land of Sinain）」を比して述べている。『欽定英訳聖書（King James Version：KJV）』では「シニム」の表記は“Sinim”であるが、本文では回顧録表記に準じる形を採用した。当該箇所はモリソン以外にも、中国内地伝道の草分け的役割を果たしたカール・ギュツラフ（Karl F.A. Gützlaff）の中国伝道のモットーとして用いられた有名な箇所といえる。Jessie Gregory Luts. *Opening China: Karl F.A. Gützlaff and Sino-Western Relations, 1827-1852*, Michigan: Wm. B. Eerdmans Publishing Co., 2008, p.222.

（16）Eliza (1839), p.163.

（17）朱鳳「モリソンの日誌を通して見る東西文化交流」（『中国語研究』第五四号、白帝社、二〇一二年）八八頁。

（18）表記はAlexander Wylie. *Memorials of Protestant missionaries to the Chinese: giving a list of their publications, and obituary notices of the deceased with copious indexes*, Shanghae: American Presbyterian Mission Press, 1867, p.7に拠る。なお、他に「葛先生（Ko seen-sang）」の表記もある。

（19）朱鳳『モリソンの「華英・英華字典」と東西文化交流』（白帝社、二〇〇九年）二五頁。

（20）前掲、一三二頁。

（21）二〇一九年University of Southamptonが公開した所蔵資料の一部と解説によると、モリソンの『華英・英華字典』を所持していたジョン・ブラーはハンプシャー郡に住んでいた外国聖書協会（Foreign Bible Society）に所属しており、ストーントン卿やモリソンとのつながりから中国語に関心を持っていたのであろう、と述べられている。（https://specialcollectionsuniversityofsouthampton.wordpress.com/2019/03/08/robert-morrison-his-chinese-dictionary-and-hampshire-connections/ Posted on March 8, 2019二〇一九年九月一日閲覧）

（22）朱鳳（二〇一二）一〇〇頁。

（23）Eliza, *vol.1*, p.426.

（24）Ibid., p.355. 宣教師たちの出版は生活費や活動費用を稼ぐという事業的な側面もあった。

（25）また、マラッカに駐在したミルンは印刷工として働く梁阿発を受洗している。彼は英華書院の印刷所で印刷工として働いたのちに、宣教師としても活躍し、この印刷所からいくつもの伝道書を出版している。東南アジアの華人を含む中国人への伝道も、英華書院という拠点創設後に徐々に回心者を増やしていく。

（26）例えばキャリアーン・アケミ・ヨコタの研究があげられる。Kariann Akemi Yokota. *Unbecoming British: How Revolutionary America Became a Postcolonial Nation*. New York: Oxford University Press, 2014. Chapter 3.

植民地をつなぎなおす
――スペインとポルトガルの帝国再編

伏見岳志

一七七七年のサン・イルデフォンソ条約でスペインは赤道ギニアの島々、ポルトガルはブラジル南部リオ・グランジ・ド・スル地方を獲得した。この交換の背景には、両国が十八世紀に目指していた帝国経済を再編する試みがある。数世紀にわたる両帝国の変容のなかで、この交換が持った意味とその行く末を探る。

一、破綻するトルデシリャス条約

スペイン領赤道ギニア

赤道ギニア共和国をご存じだろうか。アフリカ大陸の西側で、赤道直下にある国だ。大陸の東西に長くのびる海岸が湾曲して南に向かう一帯、すなわちギニア湾に位置しており、島嶼部と大陸部から成る。国土面積は二万八〇〇〇平方キロほどで、日本の十分の一にも満たない。人口約一二〇万人の小さな国である。首都マラボは、カメルーンの沖合およそ四〇キロのビオコ島にある。

一九六八年に共和国として独立するまで、この地域はスペイン領ギニアと呼ばれていた。サハラ砂漠以南のアフリカでは、唯一のスペイン領であった。

スペインがギニア地域で領有権を得たのは一七七七年、ポルトガルとの間に締結されたサン・イルデフォンソ条約による。引き換えに、ポルトガルはブラジル南部リオ・グランジ・ド・スルを獲得した。この条約締結の背景を調べていくと、スペインとポルトガルの両国が、この時期に世界各地に持っていた植民地を、従来とは異なるやり方でつなげようとしていたことが見えてくる。それは、両国が利用してきた長距離航路の役割の変容も意味していた。

本稿では、サン・イルデフォンソ条約を軸に、十八世紀後半の両国の帝国再編について検討してみたい。

トルデシリャス条約とブラジル

一七七七年にスペインとポルトガルが締結したサン・イルデフォンソ条約は、あまり知られていないが、たいへん重要な意義を持っている。両国が、三世紀近く前の一四九四年に締結したトルデシリャス条約の失効を認めた条約だからである。

トルデシリャス条約では、西アフリカ沖のカーボベルデ諸島の西方三七〇レグアの大西洋上に南北の線を引き、その西側の土地をスペイン、東側をポルトガルが領有することが取り決められた。おおまかには、のちに南北アメリカと呼ばれる地域がスペインに属し、アフリカはポルトガルに所属することになった（アフリカ沖のカナリア諸島は、当時スペインが征服を進めていたため、例外的にスペイン領）[1]。

ところが、その後のポルトガルの海外進出によって、この条約にそぐわない場所が登場する。ブラジルである。

周知のとおり、ポルトガルのブラジル領有は、カブラル率いるインド遠征艦隊が、一五〇〇年に南米大陸の東岸に到着したことにはじまる。当初は、この土地は島であり、しかもトルデシリャス分割線の東側に位置すると目されていた。しかし、この土地が南米大陸の一部であることがまもなく明らかになると、ポルトガルが分割線を越え境界侵犯をする可能性が生じたのである。

ただし、ポルトガルとスペインの境界問題はすぐには表面化しなかった。十六世紀初頭のポルトガルの関心はアジア、当時の表現では東インドとの貿易にあり、ブラジルの意義は微々たるものであった。

表面化するブラジル問題

ところが、それから一世紀半の間に、ポルトガル帝国の地域バランスは大きく変化する。まず、アジアの比重が減少する。これは、旧来の貿易勢力であるイタリア諸都市やオスマントルコ、さらには新興のイギリス・オランダとの競争にさらされたためである。特に一五八〇年にスペイン国王がポルトガル王位を継承して以降、ポルトガルの海外拠点はオランダによって次々と攻略されていく。一六四〇年にポルトガルがスペインとの同君連合に叛旗を翻し、一六六八年のリスボン条約でその離脱が承認される頃には、アジア貿易は劇的に落ちこんでいた[2]。

いっぽうブラジルは、十六世紀末からのサトウキビ栽培ブームで、経済的重要性が急速に増していた。オランダに占領されたブラジル北東部やアフリカ・アンゴラ地域を十七世紀半ばに奪還したあとは、奴隷をもちいたサトウキビ生産と貿易の収入が、ポルトガル経済を支える大黒柱となった。やがて、サトウキビ生産がカリブ海地域との競争にさらされると、収入源の多様化がはかられ、ブラジル南東部で一六九〇年代に金鉱、一七二〇年代にダイアモンド鉱脈が発見される。こうしてブラジルは、ポルトガル帝国の最重要地域へと変貌するのである。[3]

ブラジルが重要になるにつれて、スペイン領との境界争いが生じるようになる。焦点となったのは、ラプラタ川地域である。ポルトガルは、一六八〇年にスペイン領ブエノスアイレスの対岸に、コロニア・ド・サクラメントを設置する。これに対してスペイン側は、同地への反撃や、モンテビデオの建設、さらに北方に位置するポルトガルの拠点を占領した。こうして、一世紀近くにわたり、この地域（ラプラタ東岸地域Banda Orientalと呼ばれる）は、両国にとって断続的な係争地となった。

二、サン・イルデフォンソ条約と赤道ギニア

条約に付帯された秘密条項

一七七七年のサン・イルデフォンソ条約は、この長期の係争の解決をはかるものであった。一七三〇年代から両国の王室が婚姻によって紐帯を強化し、関係改善をはかったことも大きい。同条約は、トルデシリャスのような地図上の理念的な分割線ではなく、国際法における占有物所有の原則（*uti possidetis* いわゆる実効支配）に基づく。正式名称は「南アメリカでスペインとポルトガル王室に帰属する土地の境界に関する予備的条約」であり、翌年締結されるエル・パルド条約の準備条約にあたる。二十五条からなる条約本文の大半は、ポルトガル領ブラジルとスペイン領ラプラタ地域の境界記述に割かれている。この条文で、係争となったラプラタ東岸地域のうち、北半分にあたる現在のリオ・グランヂ・ド・スルがポルトガル領として認められた。[4]

さて、この条約にはもうひとつ注目すべき要素がある。それが、トルデシリャス分割線の東側におけるスペインの領土である。条約本文とは別に用意された付帯条項に、ポルトガルが領有する赤道ギニア地域の一部を、スペインに割譲する

ことが記載されている。具体的には、フェルナンド・ポー（現ビオコ）およびアノボンの二島がスペインに帰属するとされた。

両島の位置について確認しよう。ギニア湾が最も湾曲する部分に、フェルナンド・ポー島はある。そこから南西に向かう斜線上に、ポルトガル領プリンシペ、その先にサン・トメ島が位置する。アノボン島は、さらにこの斜線を延長した地点にある。四島のうち、大陸に最も近い島と最も遠い島が、スペインに割譲されたのである。

さらに、付帯条項には、近隣の大陸部、具体的にはガボン河口からニジェール・デルタのフェルモーソ岬に至る一帯でのスペイン船の貿易と、ポルトガル領サン・トメ島とプリンシペ島への寄港が認められた。(5)

サハラ以南のアフリカでスペインの領有が認められたのは、この条項がはじめてである。南米でのポルトガルの領有拡大がだいぶ前から既成事実であったことを考えれば、はるかに革新的な内容といってよい。そのため、アフリカに利権を持つイギリスやオランダからの反発を招くことが予想された。とりわけ、フェルナンド・ポー島は大陸部に近く、奴隷貿易基地として魅力的であるため、イギリスが関心を示し、友好国ポルトガルに購入を申し出ていた。そういう状況を考慮して、同条約では、赤道ギニアの譲渡を含む付帯条項は、翌年のエル・パルド条約まで非公開とされた。条項の秘匿は徹底しており、赤道ギニア領有のための遠征隊でも、上層部の数名以外は途中まで目的地を知らなかった。イギリスなどに察知される前に領有する必要があったからである。(6)

奴隷貿易と東インド貿易の結節点

スペインが赤道ギニアの領有を目指したのは、なぜだろうか。条約締結時に、植民地行政を統括するインディアス顧問会議の議長だったガルベスが、初代ラプラタ副王セバーリョスに宛てた内密の指示書によれば、その理由は二点ある。ひとつは奴隷の獲得、もうひとつはフィリピンと往復する船舶の休息地の確保である。いずれも、スペイン帝国の仕組みを大きく変更するものである。

まず、奴隷獲得について検討しよう。十五世紀以来スペインは、サハラ以南の奴隷供給地に拠点を持たなかった。一六四〇年の同君連合破綻まではポルトガル商人、それ以降はジェノヴァを皮切りに、オランダ、フランス、イギリスの貿易商や会社に奴隷供給を依存してきた。しかし、その供給は不安定であるうえに、取引価格や付随する貿易枠などでスペインに不満な契約条件も多かった。

そこで、一七五〇年にイギリスの南海会社との供給契約が終結すると、方針転換が図られ、自国民による奴隷貿易が模索される。一七六五年に王室と契約を結んだのは、スペイン南部カディスに拠点をおく会社であった。しかし、奴隷貿易の経験やアフリカに拠点がない組織のため、供給量が確保できない。結局、外国の奴隷貿易商に依存するが、それでも利益が出せずに、同社は一七七二年に破産してしまう。そのため、アフリカに奴隷貿易拠点を確保することは、スペインにとって喫緊の課題となった。

並行して、フィリピンとの貿易にも改革が施される。スペインのフィリピン貿易は、十六世紀以来、まず大西洋を渡って北米メキシコに行き、陸路で大陸を横断したあと、今度はアカプルコから太平洋を横断するマニラ＝ガレオン船によって実現されていた。つまり、スペイン本国とフィリピンを結ぶ直接航路は存在しなかったのである。本国の貿易商や官僚からすると、この仕組みはメキシコ市の貿易商の力が強くて統制がきかず、メキシコ産銀のアジアへの大規模な流出を招いていた。

そこで、十八世紀になると、メキシコを迂回して、スペイン本国からフィリピンに直接おもむく貿易ルートが模索される。具体的には、アフリカの喜望峰を回りインド洋を横断する東インド航路と、南米ホーン岬を回る南太平洋航路である。このうち、東インド航路には探検船が一七六五年から派遣されるようになった。さらに、一七八五年には王立フィリピン会社が設立され、スペインとフィリピンを結ぶ直接貿易も具現化しつつあった。

この直接航路のうち、喜望峰ルートで問題となったのが、寄港地点の確保である。オランダやイギリスは、トルデシリャス条約分割線の東側でスペインが権益を持つことに反対である。そのため、アフリカや東インドの両国の拠点に、スペイン船が寄港するのは難しい。たとえば、重要な中継点であるケープは利用できない。そこで、代案として、インド洋ではフランス領イル・ド・フランス（現モーリシャス島）が寄港地に選ばれた。そして、大西洋側の寄港地として有力な候補になったのが、ギニア湾の島々であった。しかも、フィリピンからもたらされるアジア商品が奴隷購入の対価になるので、貿易の観点からもフィリピン船の寄港は望ましい。

以上が、インディアス枢機会議長ガルベスの指示書に記載された、ギニアの領有目的である。(7) つまり、ギニアは、フィリピンとスペイン本国を直接つなぐ東インド航路を構築し、それを大西洋の奴隷貿易と連結しようという構想において、重要な結節点だったといえる。

三、ギニア領有とラプラタ地域

重視されるラプラタ地域

ところで、ガルベス構想には、もうひとつ重要な特徴がある。ギニア領有が、南米ラプラタ副王領を起点に実施された点である。背景には、短期的な理由と長期的な理由がある。前者は、占領を迅速に実現することである。スペイン本国から赤道ギニアに向かう場合、西アフリカ沿岸でイギリス船に発見され、占領が妨害される可能性は高い。いっぽう、ラプラタからブラジル北東部まで北上し、そこから大西洋を横断すると、アフリカ沿岸の航海は不要であり、横断距離も短いため、発見されにくい。しかも、サン・イルデフォンソ条約締結の時点で、ラプラタ地域にはスペイン本国から艦隊が派遣されていたから、その一部を活用すればよい。南米発のほうが、赤道ギニア占領が成功する可能性は高かった。

より長期的な配慮は、赤道ギニアのラプラタ副王領経営にとっての重要性である。同副王領は、条約締結の前年一七七六年に創設された。ポルトガル勢力のラプラタ地域への侵入をゆるした主原因は、同地域をスペインが等閑視してきたことにある。そこで、同地域を副王領に昇格させ、軍事・行財政面で強化をはかる。そのために先述の艦隊が組織され、初代副王に任命されたセバーリョが部隊とともに派遣された。さらに、同地域への移住が奨励され、スペインのガリシア地方やカナリア諸島から家族単位での入植がおこなわれた。(8)

一連の支配強化策のなかで重要になったのが、奴隷供給の確保である。ラプラタ地域の農牧場では、アフリカ系奴隷が主たる労働力であった。その供給は、外国船に依存していたが、これには密貿易がともなった。ポルトガルがラプラタ東岸地域に進出した理由のひとつは、スペイン人植民者から奴隷と引換に銀を入手するためだったとされる。この銀流出を抑制する策が、ギニアからラプラタへの自前での奴隷供給だった。ギニアを同副王領の管轄下におけば、船舶の往来や同じ貨幣の流通によって、奴隷取引は活発になる。

以上のように、ギニア領有は、いくつもの思惑が重なったうえで成立した計画だった。

挫折する領有計画

ところが、この領有計画は失敗に終わる。一七七八年四月十七日にモンテビデオを出発した三隻の艦隊（総勢一五七名）は、六月三〇日にポルトガル領プリンシペ島に到着。二島の割譲を要求するものの、ポルトガル側の割譲担当者が到着しておらず、条約を知らない現地総督は引き渡しに応じない。到着を待つ間、病気になる乗組員が続出し、船体は傷み、食糧も底をつき、その調達などへの出費もかさむ。しかも、プリンシペ島には、各国の奴隷船が補給に訪れるので、スペイン船来港の目的も知れわたる。八月九日には、サン・トメ島に停泊するスペイン船の出港が、イギリス船に妨害される事件もおきた。

十月四日にポルトガルの担当者が到着し、十月二十四日にようやくフェルナンド・ポー島で委譲のセレモニーが執行された。しかし、同島に住むブビ人（Bubis）は内陸に避難し、姿を現さない。ブビ人は、ポルトガル到来以前より近隣の大陸部から逃亡してきた多様な奴隷民を祖先とする。十七世紀には、活発化する奴隷貿易に対して、内陸部に抵抗拠点を築き、敵対的態度をとっていた。そのため、ポルトガル人は同島に拠点を作れず、給水や食糧補給に立ち寄る程度であった。住民はポルトガル語を解さず、キリスト教も信仰しない。ポルトガル領とは名ばかりの島だったのである。(9)

続くアノボン島の領有作業には、さらなる困難がともなった。まず、島へ向かう洋上で、遠征隊長のアルヘレホス伯爵が病没する。さらに、島の住民が、スペインの主権を拒絶し、礼拝堂に立てこもったため、委譲セレモニーも実施できなかった。同島では十六世紀から、ポルトガル人入植者が大陸部から奴隷労働力を導入し、綿花栽培をおこなっていた。しかし、十七世紀後半までに入植者は撤退し、主人のいない奴隷たちと、カトリック修道士だけが暮らしていた。彼らは、スペイン人の到来により、再奴隷化されることを危惧したのである。

こうした状況をうけて、新たに遠征隊長となったプリモ・デ・リベラは、(10)本国に増援を要請する。しかし、当時のスペインはアメリカ合衆国の独立戦争に参戦しており、敵対するイギリスの妨害もあって、十分な増援ができなかった。そこで、フェルナンド・ポー島に港湾および居留地の建設するための労働力は、サン・トメ島での奴隷購入によって確保することが試みられた。しかし、苛酷な気候や労働、ブビ人の攻撃により、遠征隊や奴隷はその数を減じ、建設作業は遅々として進まない。ついに、一七八〇年九月に疲弊した遠征隊員が叛乱して、隊長プリモ・デ・リベラを拘禁する。フェルナンド・ポーは放棄され、全員がサン・トメに撤退した。翌八一年末に隊長は南米ラプラタへの帰途につき、赤道ギニア遠征は失敗に終わる。(11)

その後も、ガルベス構想が実現することはなかった。遠征隊の報告書によれば、そもそも赤道ギニアは、フィリピンからスペインに向かうルートから北に外れているうえに、航行を妨げる南西風が強いので寄港地に適さない。実際、一七八五年に誕生する王立フィリピン会社は、赤道ギニアをアジアとの中継地として利用していない。奴隷貿易についても、同社はイギリスの奴隷商の助力をえて数年ほど試みたものの、利益が出せないまま撤退を決めている。(12)スペイン帝国の再編構想のなかで意義を失った赤道ギニアの処遇は、十九世紀後半に至るまで、迷走するのである（詳細は次の八嶋論文を参照）。

四、ポルトガルのブラジル南部獲得が持つ意味

ポルトガル領ギニアの意義の低下

ポルトガルに眼を転じよう。赤道ギニアの二島と引き換えに、ブラジル南部を獲得する取引は、同国にとってどんな意味を持っていただろうか。

まず、ギニア湾の二島を割譲することは、ポルトガルにとって大きな喪失ではなかったはずである。二島が実効支配できていないことに加えて、ギニア地域全体が一世紀以上も前から、帝国全体のなかで位置を失っていたからである。

ポルトガルが、サン・トメとプリンシペも含めたギニア湾の四島を発見したのは、一四七〇年代である。十六世紀になるとアンゴラから導入した奴隷をもちいたサトウキビ栽培がサン・トメ島で急拡大し、ポルトガル王室の大きな収入源となった。しかし、一五九〇年代には、ブラジルでの砂糖生産に価格でも量でも対抗できなくなり、奴隷反乱や他国の攻撃も相次いだため、栽培地は放棄された。(13)

十七世紀後半以降、これらの島々は、近隣の大陸沿岸部で奴隷を獲得した船が、ブラジル北東部バイア地方に向かう前に立ち寄る場所となっていた。しかし、ポルトガルの奴隷取引の中心はずっと南のアンゴラにあるため、寄港地としての役割も限定的であった。

成長するブラジル南東部のプランテーション経済

いっぽう、ブラジル最南部リオ・グランジ・ド・スルの獲得は、帝国再生を模索するポルトガルにとって大きな意味を持った。先述のとおり、十七世紀末からのポルトガル帝国は、ブラジル南東部の金鉱採掘を主軸に編成されていた。ポルトガル本国の同盟国イギリスに対する貿易赤字を相殺したのも、このブラジル産の金である。しかし、十八世紀半ばには金の採掘量は減少し、五五年のリスボン大地震もあって、この仕組みは立ちゆかなくなる。当時の宰相ポンバル侯爵は、帝国再生のために多岐にわたる改革をおこなっているが、商品作物の増産もそのひとつであった。

十八世紀前半のゴールドラッシュの頃から、鉱脈の集中するミナス・ジェライスに近接する地域では、サンパウロやリ

オ・デ・ジャネイロなどの都市が発達するだけでなく、鉱山開発を支える食料生産も拡大していた。金採掘量が落ちこむ中で、こうした新興の農業地域では輸出向け商品作物の栽培が促進されたのである。主軸となったのは、おもに北東部で生産されていたサトウキビであるが、やがてタバコや綿、コーヒーなどの栽培も拡大した。一七六三年にブラジル植民地の首府となったリオ・デ・ジャネイロからの輸出も増加し、一七九〇年代にはポルトガル本国の対英貿易は黒字に転じるほどに息を吹き返した。(14)

新たな商品作物ブームにともなって、ブラジル最南部リオ・グランジの風景も大きく変貌する。この地域は、ラプラタの広大なパンパ平原に連なっているため、ガウショと呼ばれるカウボーイが活躍するウシの放牧が成長したのである。牧畜業の発達は、もともと牛革のヨーロッパ輸出を主目的としていた。ところが、商品作物ブームによって、ブラジル各地で農場の労働力となる奴隷の輸入が拡大すると、彼らの基礎食糧として乾燥肉(シャルキ:英語だとジャーキー)にも脚光が当たる。こうしてリオ・グランジは、辺境の軍事拠点からプランテーション経済を支える食糧基地へその姿を変えた。(15)

五、帝国再編のなかのブラジル

拡大する奴隷貿易

さらに、リオ・グランジ獲得の持つ意味は、インドやアフリカにおよぶポルトガルの世界帝国の再編のなかに位置づける必要もある。まず、ブラジルでのプランテーション拡大は、それまで以上に奴隷需要を喚起した。とくに、リオ・デ・ジャネイロをはじめるとするブラジル南東部の奴隷輸入量は、十八世紀初頭の年平均五〇〇〇人弱から、世紀末には一万五〇〇〇人まで拡大した。

リオ・デ・ジャネイロの奴隷貿易は、北東部バイアのサルバドールの場合と同じく、アフリカの奴隷供給地とを往復するシャトル貿易であった。よく知られているとおり、奴隷購入には多様な商品が必要である。そのなかにはタバコや蒸留酒、あるいは貴金属のように南米で生産されるものだけでなく、インド産綿布のようなアジア産品も含まれる。この頃リオ・デ・ジャネイロやサルバドールには、インドのゴアからリスボンに向かう貿易船が寄港していたから、現地の奴隷貿易商はアジア産品を入手できた。ポルトガル帝国では、ブラジルが大西洋貿易と東インド貿易が合流する結節点であったことが、奴隷輸入の拡大を後押ししていた。(16)

当時のブラジルにとって、最大の奴隷供給源はアンゴラである。その優位性は、十六世紀末から十九世紀の奴隷貿易廃止に至るまで一貫している。しかし、奴隷需要の拡大にともなって、アンゴラの奴隷価格が上昇したため、十八世紀には供給地の多角化がはかられる。とくに、商品作物ブームの時代に重要になるのが、東アフリカのモザンビーク地域である。

インド洋に進出するブラジルの奴隷貿易商

同地域の中心交易拠点モザンビーク島は十六世紀以来、ポルトガル船がインドに向かう際の寄港地であり、インドとの貿易も活発であった。モザンビークからインドへは主に象牙や奴隷が輸出され、インドからは綿製品が輸入された。十八世紀半ばになると、ポンバル改革の影響がインド洋におよび、ポルトガルの東インド航路を利用した綿貿易は活力を取り戻しつつあり、東アフリカには多様なインド綿製品が流入するようになった。さらに、マダガスカル島の東方にあるフランス領マスカレーニュ（マスカリン）諸島や南アフリカのケープ植民地の成長にともなって、この地域の奴隷に対する需要は大きく拡大する。こうした状況のなかで、ブラジルの奴隷商も喜望峰を越え、モザンビークを訪れるようになったのである。

ブラジルとモザンビークの奴隷貿易の仕組みは、アンゴラの場合とは少し異なる。ブラジルの貿易商は、貴金属やタバコなどを積んでモザンビークに向かう。それをインドのグジャラート商人が持ち込んだ綿布と交換し、その綿布で奴隷を入手する。この綿布を媒介とする点が、モザンビークの奴隷取引の特徴であった。ブラジルの商人たちは、奴隷購入に必要となるアジア産品を、以前はブラジル――さらに時代を遡ればリスボン――で入手していたが、ついにインド洋側で獲得するようになった。インド洋と南大西洋の経済は、いままで以上に密接に連携するようになったのである[17]。

このブラジルとモザンビークを結ぶ奴隷貿易は、ポルトガル王室がリオ・デ・ジャネイロに移転した一八〇八年以降さらに拡大を遂げる。一八二〇年代には、年間一万人を越える奴隷が東アフリカから輸入されるようになった。そうした奴隷のなかには、ブラジル南部リオ・グランジ・ド・スルの牧場や乾燥肉の製造工場で働くものも少なからずいた。

スペインとポルトガルの帝国再編

一七七七年のサン・イルデフォンソ条約に戻ると、スペインはアフリカの赤道ギニアに拠点を持つことで、フィリピンと新大陸の植民地を新しい方法で結びつけようとした。しかし、この試みは挫折し、赤道ギニアの獲得は大きな成果にはつながらなかった。いっぽう、ポルトガルにとって、ブラジル南部リオ・グランジ・ド・スルの獲得は、インド洋と大西洋を結びつけるポルトガルの帝国再編のプロセスにおいて、重要な意味を持っていた。同条約が両国にもたらした効果は、対極的であったといえるかもしれない。

しかし、どちらの国も世界各地に抱える複数の植民地を、いままでとは違うやり方でつなぎなおすことで、帝国の再生を模索していたことは同じである。十八世紀は、両国に限らず、ヨーロッパ各国がそういう帝国再編に取り組んでいた時期であった。

十九世紀になると、新大陸各地の独立や奴隷貿易の廃止によって、こうした十八世紀的な帝国運営は勢いを失う。その先で、非公式帝国やアフリカ分割といった新たな帝国のモードが台頭してくるのである。

注

（1）アジアでの境界画定は、一五二九年のサラゴサ条約による。スペインのフィリピン進出によって、この条約の境界線は侵犯される。スペインのフィリピン領有を認めたのも、サン・イルデフォンソ条約である。

（2）A. R. Disney. *A History of Portugal and the Portuguese Empire*. Vol.1, Cambridge University Press, 2009, ch.10; Malyn Newitt. *A History of Portuguese Overseas Expansion, 1400-1668*. Routledge, 2005, pp.203-234.

（3）J. R. Russell-Wood, "Colonial Brazil: The Gold Cycle, 1690-1750," in Leslie Bethell ed. *Cambridge History of Latin America*, vol.2, Cambridge University Press, 1984, pp.547-600.

（4）正確に言えば、このあたりの境界画定は、ポルトガル王女バルバラを王妃に迎えたフェルナンド六世がスペイン王位を継承した頃に結ばれたマドリッド条約（一七五〇年）に記述されている。その第一条ではトルデシリャス条約の無効が宣言されている。さらに、アマゾンやイエズス会のグアラニー布教地域もポルトガルに譲られ、これが同地域へのスペイン・ポルトガル軍の侵攻へとつながった。ただし、この条約は七年戦争で、両国が交戦状態となったため破棄されてしまう。サン・イルデフォンソ条約は、マドリッド条約の内容を確認し、境界をより細かく規定した条約であった。

（5）Manuel Cencillo de Pineda. *El Brigadier Conde de Argalejo y su expredición militar a Fernando Poo en 1778*. Madrid: Instituto de Estudios Africanos, 1948, pp.65-70.

（6）Mariano de Castro. *España en Guinea. Construcción del desencuentro: 1778-1968*. Edición Sequitur, 1998, pp.3-4; 14-15.

（7）Cencillo de Pineda. *El Brigadier...*, pp.87-164.

（8）Mariana Pérez. "From Spain to the River Plate: Migratory Strategies of Spaniards in the Eighteenth Century," *Early American Studies*, Vol.11, No.1, 2013, pp.55-71.

（9）Fernando Ballano Gonzalo. *Aquel negrito del África tropical. El colonialismo español en Guinea* (*1778-1968*). Barcelona: Sial/ Casa de África, 2014, pp.49-60.

（10）ホアキン・プリモ・デ・リベラ。一九二〇年代にスペインでクーデターによって独裁政権を樹立したミゲル・プリモ・デ・リベラの曾祖父にあたる。

（11） Cencillo de Pineda. *El Brigadier…*, pp.87-164.
（12） Mariano de Castro. *España en Guinea…*, pp.30-38.
（13） Luis da Cunha Pinheiro. “A produção açucareira em São Tomé ao longo de Quinhentos,” *Actas do Colóquio Internacional São Tomé e Príncipe numa perspectiva interdisciplinar*, Lisboa: Instituto Universitário de Lisboa, 2012, pp.27-46.
（14） A. R. Disney. *A History of Portugal…*, ch.14.
（15） Rudy Bauss. “Rio Grande do Sul in the Portuguese Empire: The Formative Years, 1777-1808,” *The Americas*, Vol.39, No.4, 1983, pp.519-535; J.R. Russell-Wood. *The Portuguese Empire, 1415-1808. A World on the Move.* Johns Hopkins University, 1998.
（16） Roquinaldo Ferreira. *Cross-Cultural Exchange in the Atlantic World: Angola and Brazil during the Era of the Slave Trade*. Cambridge University Press, 2012; Herbert. K. Klein and Ben III Vinson. *African Slavery in Latin America and the Caribbean*. Oxford University Press, 2007, ch.4.
（17） Pedro Machado. *Ocean of Trade: South Asian Merchants, Africa and the Indian Ocean, c.1750-1850*. Cambridge University Press, 2014, pp.211-246.

勉誠出版
千代田区神田三崎町 2-18-4 電話 03(5215)9021
FAX 03(5215)9025 WebSite=https://bensei.jp

描かれたマカオ
ダーウェント・コレクションにみる
東西交流の歴史
貴志俊彦・朱益宜・黄淑薇［編］

失われたマカオの極彩色の姿が
フルカラーでよみがえる

ポルトガルの植民地、東西貿易の継承地、キリスト教布教の拠点として栄え、
いまや教会や歴史遺産、カジノやモータースポーツで
世界的観光地となったマカオ。
アヘン戦争などによって世界史がおおきく揺れた
18～19世紀のマカオを描く版画・水彩画・写真などから
当時のマカオの光と影を読み解くとともに、
その未来像を探る。

本体22,000円(+税)
A4判・上製 238頁
ISBN978-4-585-22262-0

スペインとキューバ、アフリカをつなぐ非合法奴隷貿易のネットワーク

八嶋由香利

十九世紀前半、奴隷貿易が合法から非合法へと変化し、イギリス海軍による監視が強化されるなか、スペイン、キューバ、そしてアフリカを結びつける奴隷貿易ネットワークはどのような特質をもっていたのか、また（奴隷）労働力の獲得を狙うスペインが、赤道付近のフェルナンド・ポー島へいかに進出していったのかを検討する。

一、大西洋奴隷貿易：合法から非合法へ

十九世紀におけるスペインのアフリカ（北アフリカを除く）への進出は、キューバというスペインにとって最も重要な植民地の存在を抜きにしては語れない。スペインの最大の関心は奴隷労働力の確保にあり、それは何よりもキューバの製糖産業のためであった。しかし、スペインが他のヨーロッパ諸国と少し異なるのは、奴隷貿易が合法とされていた十八世紀まで、アメリカへの奴隷供給をほぼ外国商人（イギリス、ポルトガルなど）にまかせて、みずからはほとんど関与しなかったことである。直接参入するようになったのは、他の国々で奴隷貿易・奴隷制廃止の気運が盛り上がり、相次いで奴隷貿易禁止措置が打ち出され始めた十八世紀末から十九世紀初頭である。キューバへの奴隷供給が滞るのではという危機感からであった。

本稿では、奴隷貿易をめぐる国際環境が変化し、イギリスによる奴隷貿易への監視が強化されるなか、イベリア半島、キューバそしてアフリカ各地の間で構築された奴隷貿易

やしま・ゆかり――慶応義塾大学経済学部教授。専門はスペイン近現代史、とくにカタルーニャとキューバの関係史。主な著書・論文に『近代都市バルセロナの形成――都市空間・芸術家・パトロン』（山道佳子・鳥居徳敏・木下亮と共著、慶応義塾大学出版会二〇〇九年）、「都市空間に刻まれる意匠――シフレー・イ・カザスの富と芸術」（木下亮編『バルセロナ――カタルーニャ文化の再生と展開』竹林舎、西洋近代の都市と芸術⑥、二〇一七年）、「19世紀スペイン統治下のキューバとカタルーニャの移民ネットワーク――《インディアーノ》ホセ・シフレー・イ・カサスの場合」（『スペイン史研究』第31号、二〇一八年二月）などがある。

のネットワークがどのように変容していったのか、また（奴隷）労働力獲得を狙うスペインが赤道付近のフェルナンド・ポー島への進出をどのように企てたのか、史料を挙げながら検討したい。

二、奴隷船操舵士の手記

一九九九年に公開された「環大西洋奴隷貿易データベース」によると、一五〇〇年からのおよそ三五〇年間に約一、二五二万人の奴隷がアフリカから海を渡ったとされる。そのうち一六パーセントにあたる一九九万七、一〇〇人が一八二六年以降、つまり奴隷貿易が非合法となった時期以降に運ばれたのだが、その中でキューバに向かうスペイン船がかなりのシェアを占めていた。[1] それでは違法行為の実態を知るには、どのような史料があるのだろうか。スペインの商業関連文書（会計帳簿や公証人文書など）において、商人や船主、出資者などが違法交易に関わった痕跡を見出すことはなかなか難しい。アフリカは「C（costa海岸）」、奴隷も「象牙」、「炭袋」といった符号や隠語で記録され、奴隷売買という「恥ずべき行為」をできるだけ隠そうとしたからである。

しかし、稀に直接加担した者が記録を残すことがある。例えば、ハバナのホセ・マルティ国立図書館には、エストラーダという奴隷船操舵士による『キューバの奴隷商アフリカのリオ・ポンゴへ行く』という手記が残されている。[2] 彼は一八三三年、キューバのマタンサスから上ギニアのリオ・ポンゴに向かった。短い手記であるが、複雑な水路をたどって森の中に隠されたファクトリー（奴隷船に積載するまで奴隷を保管する場所）にたどり着く方法、武器に身を固めた首長たちとの交渉、どのような商品が好んで交換されるか、そして熱病や蚊の襲来から身を守りつつ、英監視艇を息をひそめてやり過ごす日々など、体験者ならではの興味深い記述が並ぶ。当初ハバナの雑誌に掲載される予定であったが、その内容から出版を差し止められたらしい。奴隷貿易に比較的寛容な土地柄のキューバでさえ、こうした記録を世に出すのはためらわれたのである。

非合法活動の実態を知るためには、スペインにとって「敵」であるイギリス側の文書を探る方がむしろ有効かもしれない。イギリスはシエラレオネに西アフリカ艦艇を常駐させ、周辺海域でのパトロールを展開していた。そこに参加した海軍将校、拿捕した奴隷船を裁くために設置された法廷のコミッショナー、[3] 及びキューバやブラジル各港で監視活動をする英領事らから本国に送られる報告や記録などから、非合法活動の実態をうかがうことができる。英国議会文書（UK

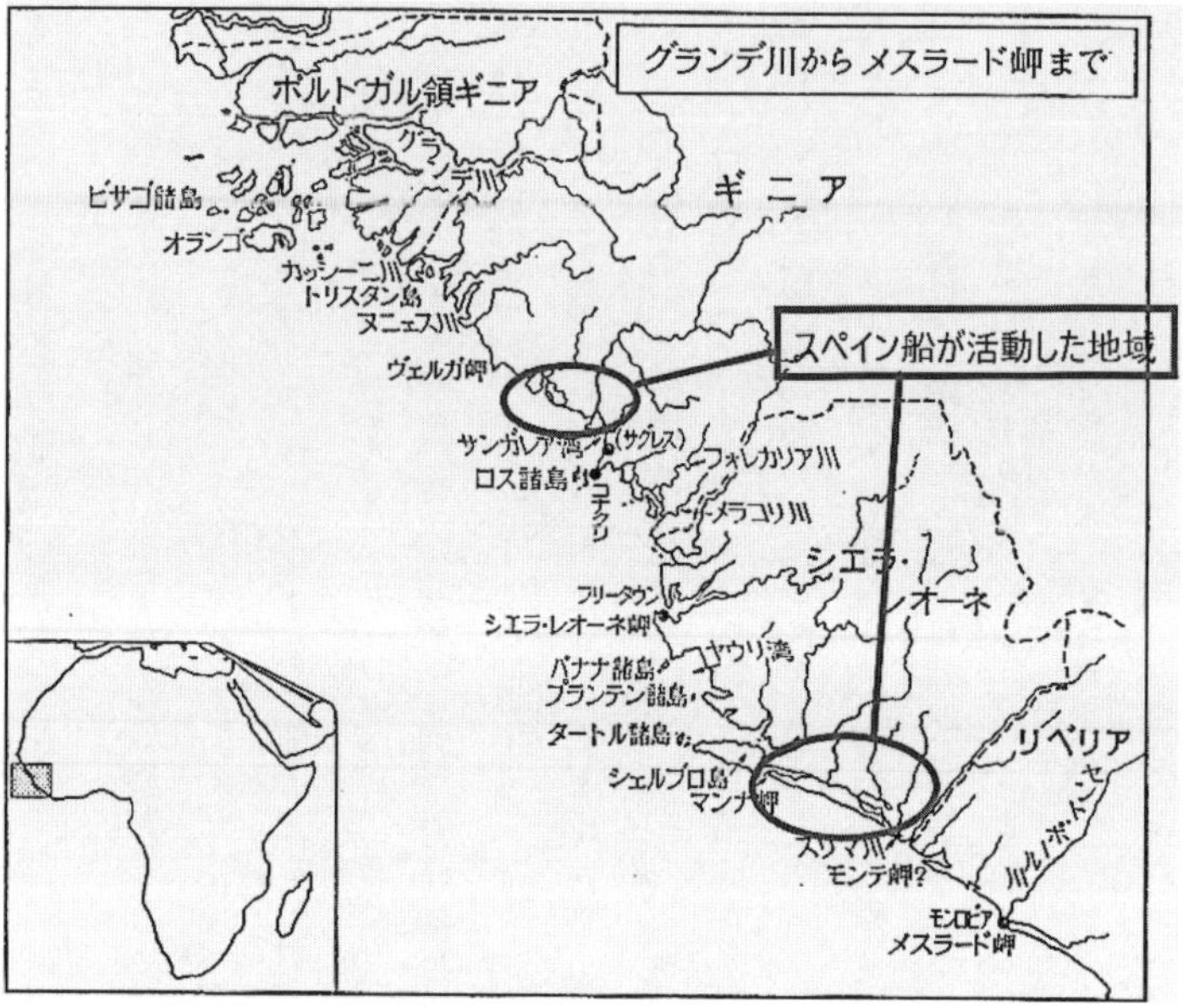

図1　スペイン船が主に活動した地域（地図）（アズララ、カダモスト著／河島英昭（他）訳『西アフリカ航海の記録』大航海時代叢書2．岩波書店,1967（p.598の地図を加工）

Parlamentary Papers）はウェブ上で閲覧が可能であるが、国立公文書館に所蔵されている外交文書は現地で閲覧しなければならない。

三、カタルーニャ人の貿易ネットワーク

十九世紀前半、ハバナなどキューバの港町では、スペインのカタルーニャ地方出身者が政治・経済で重要な役割を果たしていた。[4]彼らの多くはイベリア半島とカリブ海域やアメリカ合衆国南部との商業活動に従事していた。カタルーニャ産農産物や雑貨類など様々な商品を取り扱ったが、中でも奴隷売買が最も利益の上がる商売だと考えられていた。ここでは、キューバを中心に展開されたカタルーニャ商人のネットワークを例に挙げながら、非合法貿易の特質を見ていこう。

奴隷貿易が合法であった時代、その取引は通常の商業活動の一環として行われていた。しかし、非合法となってからは誰にでも簡単に手出しできるものではなくなり、徐々に一部の専門的な商人たちへ特化が進んでいった。奴隷船に乗り込む船長や操舵士たちのリクルートも慎重に行われた。船長は経験豊富で技能優秀な人物が選ばれ、航海前に指南書が渡された。そこには取るべき航海ルート、補給や停泊地点、交渉相手との取引上の注意、航海中の商品や奴隷の取り扱い、キューバ島への接近ルート、停泊地や合図の仕方、奴隷の陸揚げ方法などが事細かに書かれていた。時には証拠隠滅のため、奴隷を陸揚げした後すぐに船を焼き払い海に沈めること

han de eje-
ría Isabel,
n de un pa-
vio Héroe,
ocurrir des-
nstructores
iterarse de
ajo el con-
26 del cor-
a á la ho-
roeeder al
r. Habana
—Francisco

Escmo. Sr.
ndente ge-
Hacienda,
sejero Ase-
que en tres
nsecutivos,
e en la jun-
se ha de ce-
e, se ha de
lo Sto. To-
ido de Gua-
caballerías
as, negros,
tal ha sido
s, 7½ rs. pa-
acer postu-
ajo los por-
intendencia,
. Habana y
rancisco Jo-
8—24

Escmo. Sr.
endente ge-
l Hacienda,

de la Amargura casa número 3, impondrá su portero.

Se alquila la casa calle de la Merced número 79: en la de la Obrapia número 105 darán razon. 3--24

Se vende una negra recien parida, propia para criandera, de 30 años de edad, general, sana y sin tachas coartada en 550 pesos: la cria se tratará de su ajuste, que será con proporcion: en Jesus del Monte, en la tienda de Miranda darán razon. 4—24

En la calle de la Amargura última cuadra para el Cristo, casa N. 44 se alquila un salon alto bien ventilado, con balcon a la calle y dos ventanas, y la entrada bien cómoda: á hombres solos: igualmente se vende una buena volante de última moda hecha á todo costo, y todo gusto. 4—24

En la calle de la Economía estramuros barrio de Jesus María frente á la estacada de las puertas de Tierra y Nueva, en la tabaquería que hace esquina, se alquilan buenos caballos de buen paso y marcha, aperados con sillas ó albardas, con toda equidad para cualquier punto de la Isla: igualmente volantes con parejas ó trios.

Esta caballeriza es la que esta-

y habitacion. 4—21

Se vende sin la cria una escelente criandera, de un mes de parida, con buena y abundante leche, de edad de 25 años buena lavandera y cocinera, sana y sin tachas, por su ajuste: en la calle de Neptuno número 4. 4—22

Se fugó de la casa de su ama doña Andrea Bizozo, el dia 18 de enero una negra criolla llamada María de los Angeles, alta y flaca, con el pelo de atras postizo y los dientes muy separados; lleva puesto un túnico blanco con dos vuelos por abajo, y un pañuelo grande amarillo con flores en el centro que le sirve de manta; advirtiendo que el que la retuviere en su casa, pagará los daños y perjuicios que se originaren: en la calle de Escobar estramuros barrio de S. Lázaro impondrán. 4—22

Se venden dos negros de campo propios para cafetal, y se tratarán por azúcar ó café: en la calle del Campanario Viejo de la Salud, casa que hace esquina á la zanja impondrán. 4—22

En el nuevo almacen de víveres de Rusich, calle de S. Ignacio esquina á la de Acosta N. 56 se han recibido por los últimos buques llegados de Francia y otros puntos diferentes los efectos siguientes.—Tasajo del Nor-

図2　キューバの新聞広告（1833年）
ハバナの「ディアリオ・デ・ラ・アバーナ」紙には、家畜や家などと同様に奴隷の売買に関する広告が連日掲載されていた。

もあった。彼らは同乗者の身分や本当の名前を明かすことに慎重であった。固有の言語（カタラン）を話すカタルーニャ人は、秘密保持という点からも家族・親族・同郷者のネットワークを最大限利用した。

アフリカへの航海では、航海日誌の偽造など英海軍の監視をすり抜けるために様々な工作が行われた。たとえば、ハバナ出港時には、目的地がヴァージン諸島（デンマーク領の島）やベルデ諸島（アフリカ沖のポルトガル領）であるのに、そこに立ち寄った後、本当の目的地アフリカへ密かに向かうのである。船が掲げる国旗も、アメリカ合衆国やポルトガルなどの旗がよく利用された。英艦艇はアメリカ船を臨検することはなく、またポルトガル船は奴隷が積まれていなければ拿捕されなかったからである。

英艦艇に拿捕されそうになると、航海日誌が海中へ捨てられた。そのため、裁判でも船名や船員が誰なのかを明らかにすることは難しかった。スペインとイギリスの間で最初に結ばれた一八一七年の取り決めでは、船に奴隷を積んでいなければ英艦艇の摘発を免れることができた。しかし、一八三五年に改正された協定では、たとえ奴隷を積んでいなくても、奴隷船であると判断されれば拿捕が可能になった。奴隷船は船員の数がやたら多く、必要以上に大量の水・食糧を積み込み、また奴隷を閉じ込める特殊な構造を持ち、足鎖などの拘束具類を装備していたので、他の商船との区別が容易についたのである。

一八四〇年代からは、英監視艇の追跡を振り切って逃げるため、喫水が浅く川を上流まで遡行できる北米建造のクリッパー船が盛んに利用された。西アフリカを管轄した英コミッショナーは、大砲を装備した英軍艦は河口を封鎖して待ち伏せすることには適しているが、長時間の追跡には向かないと

語っている。(5)

四、アフリカ各地のモンゴたち

アフリカ沿岸には「モンゴ」と呼ばれる奴隷仲介業者が活動していた。奴隷船のヨーロッパ人と地元の首長や権力者との間で奴隷取引を成立させる役割をもつ。モンゴはヨーロッパ人だけでなく、あらゆる種類のクリオーリョ(混血)から構成されていた。なかでもペドロ・ブランコ(マラガ出身のスペイン人)やフランシスコ・フェリックス・ソウザ(ブラジル出身のムラート)などは有名で、後に小説のモデルにも取り上げられた。(6) ブランコはキューバ総督やその側近の有力奴隷商らと親しい関係をもち、自身のファクトリーが英艦艇によって焼き払われた後、シエラレオネから離れた赤道付近のフェルナンド・ポーへの関心を高めていった。ソウザは強大なダホメ王と協力関係にあったので、英海軍もなかなか手が出せなかった。

イギリス艦艇の監視が始まると、それまで沿岸部に設置されていたファクトリーは、川やラグーンの奥深くへ隠れるように移動した。スペイン船が主に出入りしたのは、(一)シエラレオネ南部に位置するガジーナスや現コナクリの北にあるリオ・ポンゴなど、(二)ウィダやラゴス、オールド・カラバル、ボニーなど、ベニン湾からビアフラ湾へかけての沿岸部(三)ポルトガル領サン・トメ島やスペインがフランスと領有を争うコリスコ島など、(四)カビンダなど西中央アフリカのコンゴ川河口である。

とくにガジーナスやリオ・ポンゴのある上ギニアは、キューバ島からそれほど遠くなく、複雑な入江と密林に覆われ、違法活動にうってつけであった。取引は地元のバイ族やバガ族との間で行われた。ガジーナスのファクトリーは、一八四〇年、ジョセフ・デンマン率いる英艦艇によって全て焼き払われた。

奴隷の供給が一気に行われることは難しかったので、英艦艇の動きを気にしつつ、奴隷商は船を満杯にするまで長時間待ち続けなければならなかった。また、一か所で十分な奴隷数を確保できないときは、各地を回りながら購入していった。喜望峰を回りモザンビークまで足を延ばさなければならない場合もあった。

五、シエラレオネの法廷

英艦艇に拿捕された奴隷船は、各地に設置された混合委員会法廷(一八一七年の英・西間の取り決めで設置が義務づけられた)に連行された。スペイン船が最も多く裁かれたのは、シエラレオネ（フリータウン）の法廷である。(7)カタルーニャの歴史研究者フラデーラによると、一八二一〜四五年の二四年間に二三三隻のスペイン船が拿捕され裁判にかけられた。そのうち約四分の一にあたる五六隻がカタルーニャで登録された船で、カタルーニャ人（とおぼしき）船長五六名のほとんどに有罪判決が下されている。(8)

法廷はイギリス側から二名、スペイン側から二名が出席して裁判を構成することになってる。しかし、スペイン政府にとって法廷の設置そのものが不本意であったため、一八一九年に派遣された初代コミッショナーが去ってからは、何十年もの間誰一人スペインから派遣されなかった。その間、法廷の審理はもっぱら英コミッショナーの下で行われ、拿捕されたスペイン船にとって不利な判決が続いた。

法廷はスペインの船と積荷を押収できたが、船長や船員を処罰をする権限は持っていなかった。彼らは母国に引き渡されるか、当時ヨーロッパ人から「白人の墓場」と呼ばれていたフリータウンにそのまま放置された。それでも途中どこかの浜辺に置き去りにされるよりはましだった。彼らに救済の手が差し伸べられることはなく、一八六〇年代にシエラレオネのスペイン領事を務めたスアレスは「裸同然で、深刻な病を患い、弱った自分の命を保つ食物もない」(9)と彼らの様子を記している。また、黒人との喧嘩も絶えず、街の治安にはやっかいな存在だったらしい。

押収された船や積荷は競売にかけらた。それはフリータウンで最もセンセーショナルなイベントとして、多数の人が詰めかけた。しかし、英コミッショナーによると、船も積荷も奴隷商の代理人が落札し、再び彼らの手に渡ることが多かった。(10)

スペインでも、自国の船舶や乗組員、商品などに対する被害が増えると、英艦艇の監視や臨検は行き過ぎで、スペインの商業利益を損なうという不満の声が出はじめる。特にキューバと経済的結びつきの強いカタルーニャやバレンシアでは、商人や船主が連名でイサベル二世に嘆願書を提出し、イギリスとの協定見直しを求めた。一八四五年、こうした要請に応えて政府も重い腰をあげ、再びスペイン人コミッショナーをシエラレオネに派遣した。

六、ガジーナスからフェルナンド・ポーへ

一八四〇年にガジーナスのファクトリーが英艦艇によって焼き払われたことで、奴隷商人はシエラレオネから離れた赤道付近に位置するフェルナンド・ポー島（現ビオコ島）に関心を向けはじめた。対岸には奴隷取引の盛んなニジェール・

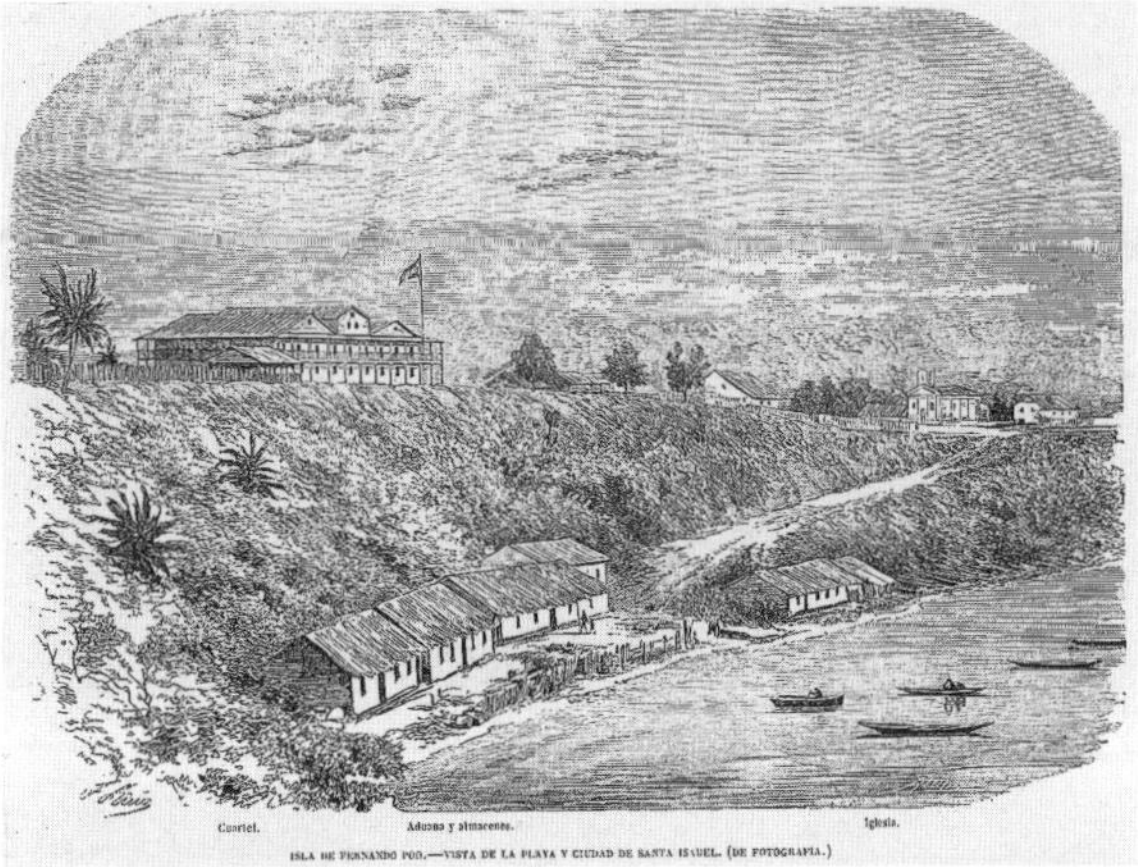

図3　19世紀半ばのサンタ・イサベル（フェルナンド・ポー）（*El Museo Universal* VIII(21): 165. (22 May 1864)
（Wikipedia Commons：https://www.despertaferro-ediciones.com/2020/isla-fernando-poo-colonia-penitenciaria/）

デルタがひかえていた。

スペインは十八世紀にポルトガルからこの島を譲り受けていたが、ほとんど関心を払ってこなかった。島に最初に入ってきたのはイギリスで、奴隷取り締まり本部（海軍と海事裁判所）を置き、一八二八年にはオーエン司令官の下でポート・クラランス（後にサンタ・イサベルと改称）の建設が行なわれた。島の行政官もスペイン人が来るまでは、イギリスの有力商人が代行していた。住民の多くはシエラレオネやアフリカ各地から移り住んだ解放奴隷で、彼らの多くは英語を話し、プロテスタントで、イギリス風の習慣も身につけていた。イギリスはここに混合委員会の法廷を置くつもりだったが、やがて海軍の拠点をシエラレオネに移し、島から撤退した。入れ替わるように、スペイン政府は派遣隊を送り込み、本格的な植民地化に乗り出していく。

奴隷貿易への批判が国際的に高まるなか、スペインが狙ったのは、大陸からこの島に奴隷を連れこみ、そこで「解放」を宣言し、短期間の「順化」後に自由な契約労働者としてキューバへ運ぶことであった。イギリスが奴隷船から解放した人々を契約労働者として、シエラレオネからカリブ海の英領植民地へ送りだしていたのを、スペインも模倣しようとしたのだ。また、スペインという一国内の移動であると主張すれば、イギリスの介入を回避することが容易になると思ったらしい。ところが英海軍は、奴隷はもちろんのこと、解放奴隷や契約労働者を載せている（と主張する）船に対してさえ臨検を行い、シエラレオネへ連行した。

一八六〇年代前半に勃発したアメリカ南北戦争における南部諸州の敗北、そして一八六八年から始まったキューバ独立戦争は、スペインの奴隷貿易に決定的な打撃を与えた。またヨーロッパ市場では甜菜糖がキューバ産砂糖と競合しはじめていた。奴隷労働力による砂糖生産の衰退は、キューバの奴隷商人たちに、自分たちの非合法貿易の終わりが近づいているということを感じさせた。アフリカへ向かう奴隷船は減少し、それに伴って英海軍の監視活動も縮小されていく。一八七一年にはシエラレオネ法廷が正式に閉鎖され、一八八六年にはキューバでも奴隷制が廃止された。

七、行政官と宣教師の記録

スペインによって遅ればせながら植民地化が進められた、フェルナンド・ポー及びその周辺域に関する史料にはどのようなものがあるのだろうか。イギリス人探検家リチャード・バートンは、一八六一年にサンタ・イサベルの英国領事に任命され、シエラレオネからダホメ王国、アクラやラゴスに立ち寄り、フェルナンドポーへ赴いた。旅行中の見聞を五つの記録に残している。[11] ちょうど彼と同じ船に乗り合わせたスペイン国王徴税官ホセ・ムニョス・ガビリア（サン・ハビエル子爵）は『フェルナンド・ポーの三年間』を残している。その中で、島の先住民ブビ族について、「世の中でこれほど怠惰でものぐさな人間はいない。お金も甘言も体罰でさえ、彼らを働かせることはできない」と述べている。[12] 彼はブビ族やクルマーン人を撮影したが、その写真は当時の島の様子を知るための貴重な資料となっている。

布教のために来島したカトリック宣教師たちの記録としては、ウセラ司祭の『フェルナンド・ポー島についての回顧録』（マドリード、一八四八年）、五〇年代に来島したミゲル・マルティネス・サンス神父による『ギニア湾のフェルナンド・ポーに関する要覧』（マドリード、一八五九年）、イエズス会士ホセ・イリサーリの手記（一八五九年）などがある。[13] 興味深いのは、イギリスによって建設されたサンタ・イサベルの住民が、スペイン（人）に対して不信感や冷淡な態度を示し続けたことである。彼らにスペイン語やカトリックを教えることの難しさ、そして自分たちがおかれた物質的な窮乏状態について、スペイン人宣教師たちは不平や不満をつづっている。

八、クラレチアン宣教団とコミーリャス家

イエズス会士らが島を去った後、一八八〇年代に入ってきたのはクラレチアン宣教団である。カタルーニャ人アントニオ・マリア・クラレーによって一八四九年に設立されたカトリック系教団である。クラレーはハバナの大司教を務め、その後イサベル二世の聴罪師にもなった。教団は保守・反動的

な性格が強く、厳しい戒律の下での生活が求められた。一八八三〜一九一一年の間、二三一名というかなりの数の布教者をフェルナンド・ポーに送り込んだが、そのほぼ半数がカタルーニャ人で、女性も含まれていた。

クラレチアン宣教団がなぜこの時期、フェルナンド・ポーに対する関心を強めたのか、その理由の一つと考えられるのが、支援者の一人であったクラウディオ・ロペス（第二代コミーリャス侯爵）の存在である。父親のアントニオ・ロペスはキューバの奴隷取引で財を成した富豪で、バルセロナに本部を置く「大西洋横断社」を設立していた。この会社はスペインの植民地経営と密接につながっており、キューバ独立戦争期にはスペインから大量の兵士をキューバ島に運搬することで、膨大な利益を得た。後を継いだクラウディオは、アフリカ進出への意欲をもっていた。コミーリャス家は「フィリピン・タバコ会社」も所有していたので、アジアと本国を結ぶ中継地として、アフリカの島々を考えていたのかもしれない。フェルナンド・ポーとスペイン本国を結ぶ定期航路も、「大西洋横断社」によって一八八七年から運行が開始された。それまでは、信じられないことに全ての通信をイギリス航路に頼っていたのである。クラウディオは篤信家として有名で、クラレチアン宣教団にも支援を行っていた。(14) 宣教師たちは森の中で伝統的な暮らしを守ってきたブビ族に対し、積極的な布教活動を展開する。そしてスペイン語と規律ある労働生活とを教え込み、「大西洋横断社」や自らが経営するカカオ農園などに彼らの労働力を投入しようとした。

おわりに

フェルナンド・ポーとその周辺域の植民地化は、結局のところ期待されたほどの成果を上げることができなかった。パーム油やその他の有望な商取引は英商人によってほぼ独占され、スペイン商船が入り込む余地は限られていた。スペイン人の島への入植も何度か試みられたが、風土病への感染や政府の約束不履行などによって、計画はことごとく失敗した。そもそも主たる目的であった労働力確保が困難な状況では、島の領有は財政窮乏に苦しむスペイン政府にとって、むしろ「お荷物」でしかなかったといえる。一時は島をイギリスに売却する案も取りざたされたほどである。この地域に割かれる予算はキューバの国庫からねん出されていたので、キューバ領有そのものが展望を見通せなくなるなか、フェルナンド・ポーへの植民地政策は一貫性を欠くものとなった。

しかし、スペインは「国家的威信」という理由から、赤道ギニアを手離すことはなかった。そして一八六〇年代以降、スペインやキューバの政情不安が高まると、フェルナンド・ポーは「流刑地」としての役割を付与されるようになる。イベリア半島からは、体制に批判的な兵士や教員、農民らがここに追放された。また、独立運動が活発化したキューバでも、住民に対する締め付けが厳しくなり、反乱謀議に関わった（とされた）者、武器の携帯・酩酊・不敬罪などで逮捕された者、手に職をもたない高齢の解放奴隷たちがフェルナンド・ポーに送られていった。彼らの島での暮らしやその後については、キューバ人フランシスコ・ハビエル・バルマセダが『フェルナンド・ポーへの流罪人とギニアへの旅の印象記』（ニューヨーク、一八六九年）を残している。[15] 彼自身革命的な知識人であり、一八六九年に島へ追放された。フェルナンド・ポーの行政官はこうした囚人の流入に難色を示したが、政府から顧みられることはほとんどなかった。

　十九世紀におけるスペインのアフリカへの進出は、キューバの製糖産業に投入する（奴隷）労働力を確保することに主眼が置かれていた。しかし、イギリスの圧倒的な海軍力の下ではその達成は困難であり、また商業などそれ以外の領域でも、英国商人の独占に対抗できるだけの経済力をスペインはもっていなかった。結局、赤道ギニアは「流刑地」というあまり好ましくない役割を担わされたのであるが、それも最も重要な植民地キューバの利害に従属する形で進められていったのである。

注

（1）デイヴィッド・エルティス、デイヴィッド・リチャードソン（増井志津代訳）『環大西洋奴隷貿易歴史地図』（東洋書林、二〇一二年）に掲載された数値（二三、八九頁）から筆者が算出した。最新の情報はウェブサイト『航海Voyages』で無料閲覧ができる（http://www.slavevoyages.or）。

（2）Biblioteca Nacional José Martí, La Habana, Colección Cubana, Manuscritos, Bachiller, n.417.［García Martínez, O., Zeuske, M., *La sublevación esclava en la goleta Amistad: Ramón Ferrer y las redes de contrabando en el mundo Atlántico*,La Habana, Unión, 2013,Anexo No.1］

（3）混合委員会法廷はシエラレオネ、ハバナ、リオ・デ・ジャネイロなどに設置された。

（4）西領アメリカの大半がスペインから独立した後、カタルーニャの交易活動は残された植民地キューバやプエルトリコに集中した。おりしもキューバでは製糖産業が急成長し、その富に魅かれるように、カタルーニャ沿岸地域から貧しい若者たちが移住した。

（5）"Report from the Select committee on the West Coast of Africa:Together with the minutes of evidence, appendix, and index. Ordered by the House of Commons to be printed, 5 August 1842",University of Minesota.［以下Report,1842と略記］

（6）Lino Novás Calvo, *El negrero*, Madrid, Espasa Calpe,1933. Bruce Chatwin, *The Viceroy of Uidah*, UK,Jonathan Cape,1980. 後者は芹沢

高志・芹沢真理子による邦訳『ウィダの総督』（めるくまーる社、一九八九年）がある。

（7）ハバナにも混合委員会が設置されたが、そもそもスペイン政府やキューバ総督府は奴隷貿易の取り締まりに消極的で、スペイン海軍による摘発も活発とは言えなかった。

（8）Josep María Fradera,"La participació catalana en el tràfic d'esclau (1789-1845)", *Recerques*, no.16, 1984, QuadreV.

（9）Arturo Arnalte, *Los últimos esclavos de Cuba*, 2001, Madrid, Alianza Editorial, p.152.

（10）Report, 1842.

（11）*Wanderings in West Africa*（1863）, *Abeokuta and the Mountains of Cameroon*（1863）, *Mission to Gelele, King of Dahome*（1864）, *Two Trips to Gorilla Land and The Cataracts of Congo*（1876）, *Wit and Wisdom from West Africa*（1865）.

（12）*Tres años en Fernando Poo: viaje a África por el Vizconde de San Javier*, Madrid, Urbano Manini, 1871, p.168.

（13）Jerónimo de M. Usera y Alarcón, *Memoria de la Isla de Fernando Poo*, Madrid, Imprenta de D. Tomás Aguado, 1848. Miguel Martínez Sanz, *Breves apuntes sobre la isla de Fernando Poo en el Golfo de Guinea*, Madrid, Imprenta de Higinio Reneses, 1859. P.José Irisarri, *Misión de Fernando Poo*, 1859, ed., intr. y notas de J. Creus y Maria A. Brunat, Vic, Ceiba, 1998.

（14）Martín Rodrigo y Alharilla, *Los Marqueses de Comillas, 1817-1925, Antonio y Caludio López*, Madrid, LID Editorial, 2001, p.191.

（15）Francisco Javier Balmaseda, *Los confinados a Fernando Poo e impresiones de un viaje a Guinea*, Nueva York, Imprenta de la Revolución, 1869.

世界史のなかの女性たち

水井万里子・杉浦未樹・伏見岳志・松井洋子［編］

世界史叙述の中で十分には取り上げられてこなかった女性たち。

しかし、女性たちのあり方は、世界の歴史変動や価値変動に影響される一方で、その大きな歴史潮流もまた彼女たちの生き方の「束」から作用を受けてきた。

女性のライフイベントを軸として、歴史のなかの女性たちの生き方・価値観を見直し、彼女たちと歴史的文脈のインタラクティブな関係性を描き出す。

本体2,500円(+税)

A5判・並製・264頁
【アジア遊学186号】
ISBN978-4-585-22652-9

勉誠出版
千代田区神田三崎町 2-18-4 電話 03(5215)9021
FAX 03(5215)9025 WebSite=https://bensei.jp

文書館史料を通じて人と出会う

——マダガスカル史研究史料としてのオランダ東インド会社文書

イヴェト・ランジェヴァ・ラベタフィカ、ルネ・バーシュウ、ナタリー・エファーツ（訳・末永信義）

Yvette Ranjeva Rabetafika——マダガスカル前ユネスコ大使。René Baesjou——ライデン大学IGEER元研究員。Natalie Everts——歴史家。エファーツ氏の業績にはオランダ文書館史料を利用した共編史料集 *The Formosan Encounter, Notes on Formosan's Aboriginal Society*, 4 vols, Shung Ye Museum of Formosan Aborigines, 2000-2011. がある。

一九九八年にハーグのオランダ国立文書館所蔵のオランダ東インド会社文書のうち、マダガスカル関連の十七・十八世紀文書の暫定的な目録作成を目標とするプロジェクトが立ち上げられた。この史料群には、VOC従業員(Company employees)と在地の支配者(local rulers)との間の相互関係、マダガスカルの沿岸地域社会、当時の奴隷貿易の重要性、奴隷とされた人々自身に関する記述が残されている。長距離航路を移動する人々の残した国際商業関連の史料は、マダガスカルを中心とした接触領域で生きる人々の関係性をどのように記したのか、本論の視点はその後の移動史料の研究に大きな示唆を与える。

一七五二年七月、オランダ東インド会社船スハイレンブルフ号（*Schuylenburch*）が「大きな島」（'The Great Island'）マダガスカル南西岸サントーギュスタン湾（Saint Augustin's Bay）の停泊地へ到着した。その二日後、同船の下級商務員の二名フィリップ・ボームハールト（Philip Boomgaard）とディルク・ヴェステルホフ（Dirk Westerhoff）は、オランダ語史料でラマンラッセと呼ばれる王ラツィマンヂェシ（Ratsimandresy）王の居所へ向かった。二人は商業問題の責任者として、東インド会社の交易任務についていた。王の居所への途上、「トゥリエ」（'Toulier'）（トゥリアラ Toliara）から内陸に二マイルほど入ったところで、彼らはラマンラッセの息子「レヴェヌエ皇太子」（'crownprince Revenoe'）に迎えられた。[1] 二人は王の息子に持参した贈物をいくつか差し出した。しかしレヴェヌエはその贈物を吟味するや見下したように一連のビーズを地面に投げ捨て、「オランダ人など人身売買業者にすぎぬ」と言った。「彼は、オランダ人が来れば、父の宮廷を頻繁に訪れるイギリス人やフランス人がよく持参するような、ふさわしい贈物をもらえるものと期待していたのだ。[2]」

ボームハールトとヴェステルホーフは大変気分を害したが、本心を見せぬように必死でこらえた。奴隷を購入するためどのような機会も逃がさぬように、いかなる犠牲を払ってもマダガスカル人の商売相手と友好的な関係を維持しなければならない、ということを完璧に理解していたのである。レヴェヌエを宥めるために、彼らは良質のケープ産ワインをグラスに入れて差し出した。そうして二人の下級商務員はようやく宮廷に着くと、ラマンラッセに会社の名前で様々な品物を贈った。ところが、贈物が受け入れられた直後に、王が最近二隻のイギリス船に五十人以上の奴隷を提供したばかりであることを知らされ、彼らは失望することになる。その結果、購入可能な奴隷はこの時点で残っておらず、彼らは空手で出立せざるを得なかった。スハイレンブルフ号は沿岸地域のほかの場所で運試しをするはめになったのである。[3]

レヴェヌエ皇太子の侮蔑的な言葉と、それに対する二人の東インド会社従業員の慎重な対応の仕方は、マダガスカル海岸地域の支配者たちと交易会社の間に確立された独特な商取引の進め方を垣間見せてくれる。先の文章は、取引関係における贈物の重要性を示すのみならず、マダガスカルの複雑な商業ネットワークへの参加者として会社が果たしていた役割が、やや周辺的なものであったということを示している。とはいえ、この事例からは、船の航海日誌(logbooks)の記録者が、航海中に出くわした事柄を通常報告する際に用いた入念な手法も読み取れる。つまり、この場合は幾分断片的なデータであるとはいえ、航海日誌とはきわめて重要な様々な情報を研究者に提供してくれるものなのである。

オランダ東インド会社(VOC)がマダガスカルで果たしていた役割が比較的小さいものだったこともあり、他の諸言語による大規模な資料群と比べて、マダガスカル人(the Malagasy people)——あるいは、一部の学者や政治家が「大きな島」とその周辺諸島の多様な地域を取り扱うときにしているように、マダガスカルの多様な民族(peoples)と言うべきだろうか——の歴史のための史料として、VOCの文書はそれほど大きな注意を払われていなかった。[4]

しかし、VOC史料の情報を使って二本の素晴らしい論文を書いた[5]ジェームス・C・アームストロング(James C. Armstrong)がすでに指摘しているように、特にオランダによるマダガスカル奴隷貿易については、他の国々の奴隷貿易と比べてむしろ豊富な記録がある。グランディディエ（Grandidier）らによりフランス語訳された一連史料集「マダガスカルに関する古の著述」（*Collection des ouvrages anciens concernant Madagascar*）[6]は、VOC史料を断片的に利用しやすく採録してはいるものの、アームストロングによれば、あまりにも長い間マダガスカル史家たちによって、必要十分な資料集として扱われてきた。VOC史料全体のほんの一部しか収録していないにもかかわらずである。[7]こうした状況の中、南アフリカの歴史家ジェイムズ・J・ラヴェル（James J. Ravell）の素晴らしいが、残念なことに刊行されていない論文「オランダ東インド会社によるケープ・タウン＝マダガスカル間奴隷貿易」（'The VOC Slave Trade Between Cape Town and Madagascar'）は唯一の例外であったといえる。[8]やや時代を下り一九九四年にはオランダのライデン大学において、マダガスカルに関する国際会議という貴重なイベントが開催された。ここでは、参加者のうち三人がそれぞれVOC史料を利用して報告を行い、初期（すなわち十七世紀）のオランダによるマダガスカル貿易の多様な局面について論じたのである。[9]

一九九八年には、とくにオランダ語に馴染みのない研究者にも、マダガスカルに関連するVOC史料についてより幅広く知ってもらうために、一つのプロジェクトが立ち上げられた。このプロジェクトは、ハーグのオランダ国立文書館（General State Archive［Algemeen Rijksarchief］ARA）【現在Nationaal Archief：NAに改称されている】所蔵のオランダ東インド会社文書（Archives of the Dutch East India Company【De archieven van de Verenigde Oostindische Compagnie, 1602-1795】）のうちマダガスカルに関連する十七・十八世紀の文書の暫定的な目録を作成することを目標としていた。[10]

本稿はこれらの史料の内容と、そこから得られる情報についてイメージしてもらえるようにすることを意図している。（バタヴィアの本部とその他の海外における）VOCの組織と、その文書がどのように構成されているかを概観した後、まず会社の上層部に由来する史料について扱う。その一部が既に刊行されている『一般政務報告書』（*Generale Missiven*: GM）を利用することで、マダガスカル海域における貿易の点から見たとき、会社の組織的政策はどのように読み直すことができるかを示そうと考えている。この史料はマダガスカルにおける会社の関心をより詳細に扱う未刊行史料を研究するための手がかり且つ指針として役立てることができるものである。[11]

我々の論文の第二部と第三部では、日誌（*Dagregisters*）から採られた幾つかの事例が検討される。この史料は、十七・十八世紀にマダガスカルへの貿易航海を行った船の乗組員によって書かれた航海日誌（journals）と報告書（reports）である。まず我々は、帳簿（account）がつけられていた方法やヨーロッパ人とその取引相手であるマダガスカル人との間の取引をめぐる習慣についての知見を得るために、フォールハウト号という船の航海の事例を詳しく検討する。そのうえで、我々は十八世紀に行われたいくつかの航海に注目する。それは、社会史家にとってもVOC史料が重要であることを示すためである。【この史料群から得られる情報としては】例えば、VOC従業員（Company employees）と在地の支配者（local rulers）との間の相互関係、マダガスカルの沿岸地域社会、奴隷貿易の重要性、そしてこれが一番大切だが、奴隷にされた人々自身に関するものが挙げられよう。

一、史料

この論文の冒頭に示した、一七五二年七月に始まる商取引の実践と人間的な反応をめぐるエピソードは、十八世紀のヨーロッパ人とマダガスカル人の間で行われていた奴隷貿易を背景に生じたものだった。当時、オランダ東インド会社がマダガスカルへの関心を持っていた最大の理由は、まさにこの種の貿易にあった。会社によって残された文書は実際にこのことをよく表している。(12) 本稿の主題は貿易それ自体ではない。すでに述べたように、我々の唯一の目標は、選ばれた文書の中にいかなる種類の情報が見出されうるかを示すことである。

これらの史料は、大まかに言って、会社の商業上の利益一般に関する報告と、特定の地域における奴隷貿易への会社の関与という二つのレベルの報告から成る。上のレベルの史料が政府の指示を含むのに対し、下のレベルの方はいわば「現場の人間」による通信の記録から成り立っている。もう少し具体的に言えば、この論文で検討される史料とは、【前者が】バタヴィア政庁（Hoge Regering）の報告書、すなわち『一般政務報告書』であり、【後者が】奴隷貿易に使われた船の航海日誌（*Dagregisters*）である。

アジアにおけるVOCの全ての商館（喜望峰のそれを含む）は、バタヴィア（現ジャカルタ）の会社司令部にとされたバタヴィア政庁、すなわち総督とインド参事会の下にあった。オランダ共和国の重役会（Board of Directors）つまり十七人会（*Heren XVII*）と、アジア各地（the Indies）の貿易拠点との間の連絡は、かなりの場合バタヴィア政庁経由で行われていた。十七人会やアムステルダム・カーメル（kamer Amsterdam）宛のバタヴィアの行政府からの書翰は、アジア各地の拠点から直接共和国に送られた文書類ともども、「東インドよりの到着文書集」（*Overgekomen Brieven en Papieren*:OBP）としてまとめて保管されている。このコレクションは一六〇七年から一七九四年までにアジアから十七人会およびアムステルダム・カーメルが受け取った書翰・文書群である。ＯＢＰはアムステルダム・カーメルの記録文書に収められているが、（一六八〇年以降のものは）さらにゼーラント・カーメルの記録文書にも見出せる。ＯＢＰの中には、通信文や報告書などが年ごとにまとめて収められている。『一般政務報告書』もそのうちの史料のひとつである。この書翰集は、実際にはバタヴィア総督およびインド参事会がアムステルダムにあるその上部組織向けに作成した、会社の様々な拠点の現地事情に関する年次報告書である。[13] ＶＯＣ文書のうちのある特定のセクション、すなわち「喜望峰発十七人会及びアムステルダム・カーメル宛到着文書集：一六五一～一七九四年」（*Overgekomen Brieven en Papieren uit Kaap de Goede Hoop aan de Heren XVII en de Kamer Amsterdam* (Letters and Papers sent over from the Cape of Good Hope to the Company Board of Directors and the Amsterdam Chamber 1651-1794)）のなかに、マダガスカルへの貿易航海の航海日誌の大半が見出される。この文書群には、近代以前のマダガスカル海岸地域に関わる幅広い主題についての知識を我々に提供してくれる詳細な報告書が含まれているのである。[14]

二、『一般政務報告書』

発見と幻滅

ヘラルト・レインスト（Gerald Reynst）[15]――彼は総督としては二通の公式書翰にしか署名していないのだが――は、一六一五年十月二十六日付の書翰で、オランダ人労働者よりも奴隷が優れているという点について注目すべき見解を記した。「私は、我らが同国人が二人ないしはそれ以上の人数でなしうるよりも多くの仕事を一人の奴隷がやってのける、ということに既に気づいている」[16]。彼は、大西洋を横断して何千人もの黒人たちが輸送される理由に気がついた最初の人物ではなかった。もし奴隷一人あたりの労働でオランダ人二倍以上の利益が得られるなら、奴隷労働の利用は確かに「正当化されうる」[17]。この書翰においてレインストは、さらにその問題について詳述し、低地諸州からマダガスカルへ航海する船が辿るべき航路について適切で実際的な助言をしている。その上で、彼はサダ（Sada）とマンゲラジェ（Mangeladge）という二つの地名に言及する。後者は、天然資源だけでなく、商品としての人間（human merchandise）が数多く、また安価に獲得できることから停泊地として理想的な港であると述べられている。「[…]それからサダと名付けられた場所[…]あるいは、マンゲラジェと名付けられたもう一つの場所を探すのだ。そこには良質な食糧や適切な錨泊地が見つかるだろう。しかも非常に安価に購入できる奴隷も豊富だ。[18]」

しかし三十年後、一六四五年七月九日付の、別の総督の署名のある書翰を見ると、そこには幻滅が感じられる。総督コルネリス・ファン・デル・レイン（Cornelis van der Lijn）[19]は、マダガスカル人奴隷の所有者たちが、奴隷が不潔で怠惰だと不満たらたらだと伝えているのである。奴隷の中に航海の厳しさに耐えられない者が出て、そのために、訓練して上達させる機会もなくなり、ひいては損失をもたらすようになるにつれ、失望はより大きくなった。「マダガスカル出身［奴隷］は［…］とても汚く怠惰な人々だ。［…］彼らは訓練によって進歩するものと期待されていたが、多くの者が輸送途上で死んでしまい、その結果、所有者たちは不満を募らせていた。[20]」

それでも、その貿易は放棄されることはなかった。総督マーツァイケル（Maetsuyker）によって署名された二通の書翰によって確認されるように、シリダ（Sillida（スマトラ島西部海岸））などの金銀鉱山で労働力が必要だったので何年にもわたって継続したのである。[21]一六七七年二月十三日付の書翰で、彼はマダガスカルからそれら鉱山への奴隷の輸送について記した。[22]それから少し後の同年十一月二十四日の書翰では、五月二十四日のフォールハウト号（*Voorhout*）とクァルテル号（*Quartel*）という二隻の船の遠征について記している。それによるとこれらの二隻は、マダガスカルで奴隷を購入し、モザンビーク海岸沿いに探検航海を実施することとなっていた。ケープへ戻る前に、そこでより多くの奴隷が品物と交換できるかどうかを確認するためである。[23]

これらの書翰の日付は、マダガスカルでの奴隷貿易に言及している文章の短さとともに、ほぼ十七世紀を通じて、奴隷貿易が総督の重大な関心事ではなかったことを示している。刊行されている『一般政務報告書』に基づくなら、我々が取り上げた書翰からオランダ東インド会社司令部では、この島におけるこの種の貿易に対して、およそ三十年に一度くらいの頻度で関心が惹起されていたことがわかる。それらはそれぞれ一六一五年、一六四五年、一六七七年に書かれていたからである。それほど長く任に就いていたわけではないレインストとファン・デル・レインが、その問題に多くの時間を割かなかったことは理解できる。しかし驚くべきことは、在任期間の長かったマーツァイケルもまた、彼の数多くの書翰や報告書の中でそうしなかったことである。彼はその主題の詳細に踏み込む労を避けたのだろうか？それともそれは抜粋して刊行された史料に起因する印象にすぎないのだろうか？

貿易の加速

しかし十七世紀の終わりごろには、より多くの注意がマダガスカル人奴隷貿易に向けられている。総督ファン・フーンス（Van Goens）[24]の一六七九年二月十三日付書翰の論調は、マダガスカルでの奴隷購入に差し迫った必要性があることを強調しているようだ。[25]この問題に関しては同年送られたその後二通の書翰でも言及されている。我々は再び次のような印象――全ての手稿史料を精査することで否定されるかもしれないが――を受ける。つまりファン・フーンスが彼の前任者たちよりも十七人会に報告するのに熱心で、それゆえにより頻繁に書翰を出していたという印象だ。八月一日付の書翰には数字が記されており、奴隷の数についての正確な情報が得られる。それによると、マダガスカルで購入された六十四人がスマトラ島西岸に送られたが、それとは別に五一人が船上で死亡していたことがわかる。[26]十二月十一日の書翰からは価格という別種の正確な情報が判明する。[27]すなわち男性一人は三十六レアル、女性一人は二十四レアルである。[28]同じ書翰はさらに、航海中の死亡率が高いために、オランダ東インド会社司令部の側に新しく生じた懸念を明示している。高い死亡率の原因を発見したと思った彼らは、損失を減らす手段を工夫しようとした。こうして彼らは新しい輸送ルートと人間という彼らの積荷（human cargo）の新しい扱い方を考え出した。それは、輸送する奴隷をまず喜望峰に送るべきだとするものであった。その理由は以下のように明記されている。つまり、ここは気候がマダガスカル人の出身地とそれほど違わないので、最終目的地に向かう会社の船に再び乗せる前に、新たな奴隷が元気を回復し、病気になった奴隷を回復させるのに都合の良い場所だというのである。[29]一六八一年八月二十七日付書翰で、彼はこの点を繰り返した。[30]その主張はシリダの鉱山におけるマダガスカルからの労働力の必要性によって正当化された。ファン・フーンスのこの書翰はマダガスカルの住民、中でもサントーギュスタン湾地域の住民たちに関する豊富な情報を含んでいる。この地域では地元の支配者達が、毎年のオランダ東インド会社の船の到着を必ずしも歓迎していたわけではないようであり、彼らは信頼すべき人々ではないと思われていた。[31]それにもかかわらず、その地域は奴隷の数が多かったので、奴隷の安定した価格、安全な輸送条件、海上輸送中の十分な配慮が得られるように予め策が講じられるならば、売買に適した場所だと考えられた。[32]

この最後の配慮は確かに必要であった。というのも一六八三年三月十九日に総督スペールマン（Speelman）[33]の書翰が、マダガスカルからバタヴィアに直接向かったシリダ号

(*Silida*)によって運ばれた一三九人の奴隷が、一六八二年二月七日に鉱山近くの町パダン(Padang)に到着したことに言及しているからである。彼が記すには、数カ月の寄港の後、シリダ号が七月二九日にスマトラ島を出てバタヴィアに向かったときには、連れてこられた奴隷の半数しか生存していなかったという。それゆえ、彼は、ケープに立ち寄り、新しい奴隷たちが環境に適応できるようにしばらくそこに滞在することを推奨したのである。(34) 総督スペールマンは、同様に数字に注意を払いながら、一六八三年末に以下のように報告している。それによると、一月二十四日にエームラント号(*Eemlandt*)が五十二人の男性、一三九人の女性、二十九人の子どもをマダガスカルからパダンに届けてきたが(もともと乗船した人数は、それぞれ八十六人、一五九人、二十九人だった)、これには八三九五フルデン九スタイフェル三ペニングの経費がかかったということである。(35)

組織

スペールマンの後を継いだ総督カンプハイス(Camphuys)(36)は同じように正確に記録する方法を取った。一六八四年十一月三十日付書翰において、彼は、二七四人の奴隷の内一〇八人しか過酷な航海を生き残ることができなかったと記している。(37) カンプハイスは、彼の前任者同様、ケープ・タウンに立ち寄ることの利点を強調している。マダガスカルからケープへ奴隷を連れてくることは長い航海を一度中断し、彼らの健康を取り戻すのに役立つであろう、と。彼らの中には、農業労働に関する彼らの技術が【ケープの自由】市民(burgers)にとって大いに助けとなるような場所にとどまる者もあるだろうし、その一方で、プランテーションで働くためにモーリシャスへ送られる者もあるであろう。【しかし、】大多数はバタヴィアへ向かう途上の船に乗せられることになるだろう、と。(38) この三つめの案については、もう一つの利点があるとされている。すなわち、彼らはよい船乗りを生んできた集団の出身であるため、航海の間に船の乗員としての訓練を容易に積ませることができる者もいるだろうというのである。(39)

彼の書翰を読んで、カンプハイス総督がマダガスカルに関して入念な報告をすることに最も心を砕いた総督府関係者であると考え、その理由をもっと知りたいと思う人もいるかもしれない。理由の一つは、おそらくその地域における海上交通と通商の成長だろう。マダガスカル島の様々な地域での取引に従事する船の名前がより多く挙げられるようになると、この島の地理やその地域の航海、取引について価値ある情報が得られるようになる。例えば、二一八六四フルデン相当の荷を積んでケープからマダガスカルとモーリシャスへ航海したヴェステルヴェイク号（*Westerwijk*）の動向が、一六八六年三月八日の報告で言及されているが、この積荷の大半は奴隷購入のためのレアル貨であった。(40) 次いで送られた一六八六年十二月十三日付の書翰で、総督カンプハイスは再びヴェステルヴェイク号に触れている。それによると、この船は十七人会によって特にマダガスカルでの奴隷貿易用に艤装され送り出されたものだったのだが、同島の東海岸沖でイギリスの海賊による攻撃を受けたという。(41) しかしながら、同じ報告書の先行する一節を考慮するなら、その船は、その分野で特に活発に活動していたようなので、ジャンビ号（*Djambi*）だったはずだ。報告書によれば、その船が奴隷を購入するためにマダガスカルへ向かう途上で立ち寄ったケープを出航したのは一六八六年六月六日であった。(42) その船の動向が明らかにカンプハイスの関心をひいたことは、彼がその動きをかなり執拗に記していることからわかる。一六八七年十二月に書かれた書翰で、彼はその前年の出来事について以下のように記している。それによると、ジャンビ号は、一一六五九フルデンで入手した二一二人の奴隷を載せて、一六八六年十一月十三日にマダガスカルからケープに帰港したという。彼は、価格のほかにこの多数の奴隷の状態についてももう少し情報を残している。すなわち、彼らのうちの四十八人が死亡したこと、そして他の者は、後にはスマトラの西海岸で働くことになったのだが、まずバタヴィアに送られたということである。彼はまた、一六八七年九月に同船がパダンに到着したことにも触れている。その時ジャンビ号は一二三人の男性奴隷と一二二人の女性奴隷を載せて、マダガスカルからスマトラへ直接航海してきたという。(43)

カンプハイスは、同じく入念に、四十三人のマダガスカル人奴隷とヌシ・べ島（Nosy Be）産の若干の琥珀を積んだバールン号（*Baarn*）のケープ到着（一六八七年五月）について報告している。(44) さらに、その長い書翰には別の興味深い点が含まれている。つまり様々な出自の労働者の比較である。そこでは、スマトラ島西岸に位置するニアス（Nias）島出身の人々の方がマダガスカル人より優れているとの観察が見られる。(45) また、オランダの書翰や報告書に必ず現れる問題は、フランスやイギリスとの競争である。一六八七年十二月の書翰の前の方で、カンプハイスはそれら競争相手の奴隷貿易への関心についてほのめかしている。(46)

貿易は多かれ少なかれ注目すべき結果を伴いつつ着実に続けられた。一六九〇年にホーヘルヘースト号（*Hogergeest*）は、年齢が高すぎる二九人のマダガスカル人奴隷と、その時点ではまだ働き口が決まっていなかった別の四十人をパダンに連れてきた。[47] 他方、シリダ号は、当時迅速に会社の要塞建設を終わらせるためコロンボで奴隷の需要が高かったことから、ケープからセイロンへマダガスカル人奴隷を運ぶことになっていた。[48] この時の比較では、マダガスカル人の方がよいとされた。マラバール人労働者が弱いため仕事が遅れているとして、マダガスカル人がコロンボで求められたのである。[49]

十七世紀最後の総督はヴィレム・ファン・アウトホールン（Willem van Outhoorn）であった。[50] 最後の十年間の彼の書輸のうち三通について検討しただけでも、貿易の動きが加速しているのは明白である。彼は官僚的な手法を適用して、以下のように船名と数字を記している。エームラント号は奴隷を購入するためにマダガスカルに向けてバタヴィアを出発した。七二九七フルデン相当の荷を積んで、タンブール号（*Tamboer*）は奴隷を購入するために同じくマダガスカルに送られた。スタントファスティヒヘイト号（*Standvastigheid*）はモーリシャスから三十七人の奴隷を連れて到着したが、そのうち四人が死亡していた。彼らはマダガスカルにおいて二三八四フルデンで購入された者たちであった。[51] ファン・アウトホールンは、前任者たちが書翰の中であまり注意を払っていないように見えた周知の事実に言及している。それは、この地域の奴隷貿易におけるアラブ人の優位性である。[52]

我々は、これまでに刊行されているバタヴィア政庁の公式の書翰と報告書を分析してきたにすぎないので、自分たちが極めて限られた部分的な見解しか得られていないということをよく心得ている。未刊行書翰自体を調べれば、マダガスカルに関する豊富な史料が見出だされるだろう。さらに、記録全体を研究すれば、『一般政務報告書』を書いた人たちの意図にも光があてられることになるだろう。

さしあたり、我々はマダガスカルの土地と民族について若干のデータを手に入れることができる。オランダが占有地を持っていない国に対しては確実に細やかな注意を払うことを意図していないこれらの公的な文書は、逆説的に、多様な分野について不完全ではあるが価値のある情報を提供してくれる。このことは、とりわけオランダ東インド会社司令部の奴隷貿易に関する見解や方法について当てはまる。また、オランダ人とマダガスカルの人々の関係が築かれていった十七世紀の間に進んだ、奴隷貿易の開始や展開についてもそうである。出だしはゆっくり、そして（主にシリダの金鉱山と東インド地域に築かれた会社の他の居留地からの需要が高まった）十七世紀の最後の二十年間にようやく加速するという過程を経た末に、十八世紀にオランダは奴隷貿易を何とか継続することができた。むしろその時期にはケープ居留地に十分な奴隷を提供するべく、ますます盛んに貿易が行われたのである。

三、貿易の複雑さ

一六七六年　フォールハウト号の航海

十七世紀の最初の数十年の間に、すでにVOCはマダガスカルで奴隷を獲得しようと努めていた。(53)しかしヤン・ファン・リーベーク（Jan van Riebeeck）が一六五二年にテーブル湾（Table Bay）に船舶のための補給基地を設置して以来、ケープの居留地が拡大するにつれ労働力と物資の需要が急増した。この需要を満たすため、ケープのVOC当局は武器、布地、西洋の様々な品々と奴隷の交換を目論んで、主として現地の海岸地域の支配者たちとの連絡を確立することに傾注しながら、定期的にマダガスカルへ遠征隊を派遣していた。(54)

そのような遠征隊の一例が、ヤハト船フォールハウト号の航海である。同船は一六七六年五月二十二日にケープ・タウンからマダガスカルへ向けて出帆し、十一月二十九日に、二十七週に及ぶ旅の後に奴隷二五四名を乗せて無事帰港した。フォールハウト号の航海日誌と元帳は、その航海の財務報告とともに、その航海と、マダガスカルおよび隣接するコモロ諸島のアンジュアン島における取引の詳細な記録となっている。(55)明らかにVOCの重役たちは、その航海の結果は成功だったと考えていた。というのも、その翌年再びフォールハウト号はマダガスカルへ向かい、三十・五週（一六七七年五月二十四日から十二月二十七日）の後にケープに帰還したからである。(56)以下では、この最初の航海の財務や商業の側面の一部について手短に論じよう。(57)

積荷

マダガスカルでの奴隷貿易とアンジュアン島での食糧供給に充当されるための積荷の価値は、一六六三四フルデン八スタイフェル一〇ペニングであった。(58)その大部分（七二・二パーセント）は銀貨、すなわち一レアル貨、二分の一レアル貨、四分の一レアル貨を含む四七〇八枚のスペイン・レアルあるいはメキシコ・レアルであり、それは一一八四九フルデン二スタイフェルに相当した。(59)残りの積荷は、バーター取引や販売に充てられたり、マダガスカルの権力者やその臣下の人々に贈物として渡されたりするための様々な品物であった。

これらの品物のかなりの部分、約三〇パーセントは十三種類ものさまざまな織物で、その大半はインド製だった。いわゆるネグロ布（negros cloth）は単価三六スタイフェルで最も安価であったが、(60)他方贈物用の緑色のペルシア・ビロード（Persian velvet）は単品では最も高価で六〇フルデンの価値があった。

次に多くを占めたのが金属であった。銅については、銅線と銅板で六五九ポンド、日本製の飾り輪の形で九〇〇ポンドがもたらされた。[61]飾り輪についてはあまり需要がなく、八八〇ポンドは持ち帰らねばならなかった。同じことが鉄にも当てはまり、二一七九ポンド分の延べ棒と一〇〇四ポンド分のつぼすべてがケープ・タウンに返送された。鞘に入った普通のナイフやユトレヒト製の上等の拳銃、ダマスカス鋼の広刃の剣二振りといった鉄製の道具は大半が贈物に使われた。

積荷には二〇〇マスのガラスビーズ（two hundred *masses* of vitreous beads）および五〇〇マスの紐に通した銅ビーズ（five hundred copper strings of beads）——後者の四九八連が送り返された[62]——と、総額一八二フルデン相当のクローブ【チョウジ（丁子）】、ナツメグ【肉豆蔻】、メース【豆蔻花】、シナモン【桂皮】、コショウのようなスパイスが、量にして一〇〇〇ポンド含まれていた。クローブとナツメグは高い需要があったが、メース、シナモン、コショウの半分以上が、二三〇ポンド分のタバコと二一グロス分のパイプと同じように、返送されることになった。

デルフト陶器一九四ピース——その中には皿、カップ類（取っ手のあるものとないものを含む）、小皿、水瓶、大小の水差しが含まれる——のうち、一二ピースが贈物となり、五個が輸送中に壊れ、残りは持ち帰られた。価値にして五五フルデン一〇スタイフェル相当の大小三八枚の鏡はすべて簡単に片づけられたのだろうが、いくつかは贈物として役立った。最後に、ブランデー六箱（*kelders*）[63]についてだが、そのうち五箱は持ち帰られた。このように、四七八五フルデン七スタイフェルに相当する、積荷リストに記載された全ての品物が航海中にバーター取引に利用されたり、売られたり、贈物として使われたわけではなかった。元帳の収支に基づく価値で計算すると、約六〇パーセント（三〇二八フルデン六スタイフェル）が送り返されていたのである。その一方、火薬、スナップハンス銃（guns[*snaphanen*]）、アラク酒のような贈物として売られたり渡されたりした品物については、全てがそのリストに記録されているわけではないのである。

船長アリアーン・ファン・アスペーレン（Aryaen van Asperen）、商務員（merchant（*commies van de negotie*））ヨハン・コルテン（Johan Corten）、会計係（bookkeeper[boekhouder]）アルナウト・ランベルステン（Arnout Lambersten）の三人がその貿易航海を任されていた。目的地はマダガスカルの北西海岸、ブイニ湾（the bay of Boeny）とブイナ地方のブンベトゥカであった。そこには「マゲラゲ」や「マニンガール」の支配者——ヨーロッパ人によって王と呼ばれた——の領土があった。[64]こ

の両者の領土は互いに約五〇キロメートル離れていた。(65)

マゲラゲの王の方がマニンガールの支配者よりも権威があった。彼はアラブ人の血を引くムスリムであり、大半が出自の入り混じった三〇〇家族以上の人々を支配していた。彼らは主に奴隷貿易で生計を立てていた。この王はアラビア語を話し、ポルトガル語を理解したが、ムスリムではない彼の臣民はマダガスカル語を話した。他方で、マニンガールの王は在地のマダガスカル人であり、奴隷の供給者として重要な、内陸に位置する「トゥンバーレ」（'Tonbale'）の支配者に服属していた。(66)

贈物

優に一カ月を超える航海を経て、六月二十四日、フォールハウト号はブイニ湾近くのマカンビ島（the island of Makamby）沖に錨を降ろした。その翌日、船は湾に係留されたが、船長は取引にはあまりよいタイミングではないことを悟った。というのもマセラゲの王がポルトガル人によって島から追い出されてしまっており、(67) 海岸で彼の民とともに身を潜めていたからである。ポルトガル人を恐れて、奴隷商人たちは奴隷を内陸部へ連れ去ってしまっていた。湾内に来ていた一隻のイギリス船は、ここで購入できる奴隷がほとんどいないことを既に知っていた。そして今、一隻のオランダ船が到着したことで、住民たちは奴隷の価格を二〇パーセントつり上げようとしていた。

フォールハウト号はできる限り速やかに取引を始めたかった。そのため、船長と商務員はポルトガル人にマゲラゲを離れるように仕向けなければならず、イギリス人とは価格を同じ水準に固定するよう話をつけなければならなかった。そのうえ、さらに重要なことには、彼らの上司であるオランダ東インド会社の重役たちからの親愛と祝福の言葉を王に伝えることで、貿易を行う許可を王に求めなければならなかったのである。

まず彼らはポルトガル船を訪れた。フォールハウト号を湾に導いてくれた【ポルトガル船の】副官（the lieutenant）には、オランダのチーズ二つ、ブランデー二本、タバコ二ポンド、パイプ三ダース（全部で一八フルデン一七スタイフェル相当）が贈られた。船長はオランダ人の要求に対して好意的になり、すぐに出発すると約束した。七月一日、その副官は一箱のゴア・ビスケット（a cask of Goa buiscuits）と白米一籠を持参した。そしてフォールハウト号上での、イギリス人の船長も加わった送別夕食会の後に、ポルトガル船は出帆し、両船は礼砲を交わした。

マゲラゲ王との交渉の方はそれほど容易には進まなかっ

た。到着の二日後（六月二十七日）、使節団が上陸して王の居所へ向かったが、そこにはとりわけ商務員とアラブ人通訳シモンが一員として加わっていた。王の屋敷はその地の他の家とそれほど違っているようには見えなかったが、彼らは謁見を願い出た[68]。彼らは最も重要な廷臣であるファキ（Faki）によって出迎えられた。ファキは具合が良くないためとして王の弁明を述べた。慣習的な儀礼の後、代表としてシモンが王への贈物を渡した。その中にはユトレヒト拳銃数挺（一四フルデン相当）、クトニー一反（*a coutenis*）（グジャラート産の最高級絹布、一三フルデン相当）、ムーリー一反（a mouris）（綿布の一種）、大鏡一枚、十二枚の小さい鏡（価値にして一八フルデン）、ルーアン製の赤い婦人帽があった。ファキは五羽の家禽と何本かのサトウキビを見返りに与え、牝牛一頭を送ることを約した。次の日、船長と商務員は、王による謁見を許された。船長はポルトガル語で話した。ポルトガル語を王とファキが良く解したからである。最後に船長は赤のシャルーン織七ヤード分（価値にして二〇フルデン一二スタイフェル）を差し出した。去り際に、ファキは銃一挺とブランデーを要求した。このようにして一週間が過ぎた。取引の問題が話に上げられる前でさえ、オランダ人は贈物に九五フルデン以上使っていた。つまり上述の品々に加えて、銃一挺、ブランデー四本、タバコ二一ポンド、三ダース分のパイプが贈られたのである。

ようやくのことで、彼らは自分たちの商品を王に見せることができるようになり、取引が開始された。取引を成功させるために、最も重要な廷臣であるファキとブバには、ブランデー三本、短剣四本（【全部で】七フルデン一〇スタイフェル）のような贈り物が折に触れて渡された。王の居所の衛兵は二枚の小さな鏡と赤い婦人帽、短剣一本（【全部で】二フルデン一七スタイフェル相当）を受け取った。王が最初の奴隷を引き渡した時には、彼はタバコ四ポンド、パイプ六ダース、息子たちのための十二本の短剣（【全部で】九フルデン五スタイフェル相当）を贈られた。しかし、奴隷の買い付けは遅々として進まず、オランダ人はその間に新たに到着した二隻の船と一隻のアラブ船と競合せねばならなくなってしまった。そこで王を訪ねると、王は彼らに一杯のコーヒーを振舞った。彼らはマニンガールへ移動する許可を求めた。王は同意し、水先案内人一人と廷臣のブバを同行させることを約束した。

その後、オランダ人は王にワランガルのベティル一反（a *Bethilhes d'orinaal*）[69]、アラチャ一反（an *Allegias*）[70]、二振りのダマスカス剣（【全部で】三二フルデン八スタイフェル相当）を提供した。ファキとブバはそれぞれ、一枚の大鏡、ビーズ四連（four masses of beads）、赤い婦人帽、ナツメグ一ポンド、タバコ二ポンド、パイプ三ダース（総額四六フルデン五スタイフェル相当）を受け取り、王の水先案内人は短剣六本、火薬二ポンド、小鏡二枚（四フルデン三スタイフェル相当）を与えられた。

商務員は取引のためにマゲラゲに留まっていた。一方、船長は会計係とともにマニンガールに向かって出帆した。マニンガールでは贈物をして王と価格交渉をするという全ての手続きを再び始めることになった。ある時点で競争は激化した。船五隻が奴隷を買い付けていたからである。八週間で、マニンガールの王は、三度の機会（到着した七月二三日、取引が行われていた八月十日と九月六日）に、二挺の拳銃、一二ポンドの火薬、上質のムーリー二反、クトニー一反、チンツ一反（one chintz）、アラチャ一反、アダティ一反（one *adateis*）[71] スーラト産の毛布一枚、ルーアン製の赤い婦人用帽子三つ、彼の妻と側室のための大鏡二枚及び小鏡一二枚、ロッテルダム製の水差し（Rotterdam Jugs）の大を一、小を二、取っ手なしのカップ四つ、取っ手ありのカップ二つ、バター皿二枚、シナモンを二分の一マン（a half *main* of cinnamon）[72] 王の上の息子のために二レアル、下の息子のために一レアル、そしてブランデー二本を受け取った。これらの総額は、一〇六フルデン九スタイフェルに相当した。

マゲラゲの王もマニンガールの支配者も容易には満足しなかった。マゲラゲの王は真の君主とみなされることを要求し、オランダ人に彼らの政府に代わる正式な書面での信任状を手交するよう求めた。[73] それは実際、後になって発効した。[74] マニンガールの支配者は、彼が受けとった贈物にすぐには満足せず、オランダ人がイギリス人と争い、また逆にイギリス人がオランダ人と争うようけしかけた。彼は奴隷の価格を設定したが、その一方で彼の臣下たちは、ヨーロッパ人がまず支配者たる彼から何人か奴隷を購入するまでは、奴隷を売り渡そうとはしなかったのである。

オランダ人はこれらの支配者たちの機嫌を取ろうとして努力を続けなければならなかった。例えば、河川での輸送手段を提供したり、彼らの親族の葬儀に出席したりといったような活動をすることによってである。一例を挙げると、マゲラゲでは、内陸部から託送されてきた奴隷が到着したと聞いて、商務員がただちに高価なペルシア産ビロード（六〇フルデン相当）を王に送った。【ところが】すべての奴隷が王の下に連れてこられたわけではなかった。内陸部のフヴァ族（the Hova nation）の商人《トレーダー》はマニンガールにいる特定の業者《ディーラー》に奴隷を送ったのであり、その業者は奴隷を自宅で法外な値段で売っていたのである。[75]

オランダ東インド会社がマダガスカルで取引をしていた当時、その奴隷の買い付けを多くの住民が助けていた。【その見返りに】住民たちは贈物として、シナモン、コショウ、バーフタ（*baftas*）[76]やアラチャの端切れのような布地、ビーズ、銅、そして現金を受け取った。それは全体で六八フルデンに相当した。このように、マダガスカルにおいて、またアンジュアン島での食糧積み込みのための短い滞在の間に、フォールハウト号は四八〇フルデン以上を贈物に費やしていたのだ。[77]

取引

その地域で当時ヨーロッパ人がバーターで取引することはほとんど不可能だった。というのもほとんどの取引には重いメキシコ・レアルのような銀貨が必要だったからである。すべての奴隷はこれらのレアルで購入する必要があり、その結果、売り渡される全ての品物の代価としてもレアルが用いられた。

オランダ人が販売用に提示したものであっても、実際にはその全てが売れたわけではなかった。銅には十分な需要があり、銅製品でオランダ人は七〇パーセントの利益を上げていた。布地のなかでは、ギニア・リネン（Guinea linen）が一〇〇パーセント以上という最大の利益をもたらす品物だった。バーフタとアルモザイン（*armosin*）の利益率は約五〇パーセントだった。火薬と拳銃は一〇〇パーセントの利益を生んだ。ビーズだけは詰め合わせの一部にするよりほかなく、約一〇パーセントの損失をもたらした。問題はマゲラゲの王が、積荷リストに記載されているマス（数量）によってではなく、マン（重量）によってそれらを売るように要求したことであった。

しかし、最も利益が上がったのはある種のスパイスであった。例えばシナモンは約二五〇パーセント、クローブは八〇〇パーセント以上の利益があったが、一番はナツメグであり、その利益は一〇〇〇〜三〇〇〇パーセントにも上った。例外はコショウで、その利ざやは九〇パーセント程度に過ぎなかった。全体として、オランダ側は商品の売却によって約五九七レアルを受け取った。これは一五〇七フルデン八スタイフェルに相当した。【つまり】その額の利益部分は大半が贈物の費用で相殺されてしまったと考えることができる。

奴隷はマゲラゲとマニンガールで購入されたが、その一部は王との取引であった。王は時に彼の臣民のための仲介業者として振る舞った。しかし、かなりの数の奴隷は私商人（private traders）から購入されていた。航海日誌によれば、十三週間で、フォールハウト号は二七九人の奴隷と幼児三人を

購入した。その金額は経費も含めて三五四一レアル、つまり八四九一フルデンであった。(78)

全体では、一三五人の男性奴隷と一四四人の女性奴隷が購入された。平均すると一人につき成人男性は三五・五〇フルデン、若い男性は三二フルデン、少年は一九・五〇フルデンであった。女性一人は三二フルデン、若い女性は二九フルデン、少女は一七・五〇フルデンの値がそれぞれ付けられた。少年と少女はまだ小さな子どもだった。男性の価格は女性よりも一〇パーセント程度高かったが、女性の方が男性よりも約一〇パーセント多く買われた。

ケープへの帰路航海のみならず、マダガスカル沿岸部での取引の間にも二十五人の奴隷が失われた。大半は死亡によるが、なんとか逃亡に成功した者も数名いた。元帳によると、フォールハウト号は二五四人の奴隷をケープに運んだという。そのために諸費用（ここまで考慮してこなかったフォールハウト号の乗組員に対する半年分の報酬のための費用除いて）を全て含めると、そのために費やされた額は九二〇六・五〇フルデンであった。(79)すでに述べたように、積荷の価値は一六六三四・五〇フルデンで、内持ち帰り分は合計で七〇九八フルデンであった。内訳は三〇二八・五〇フルデン相当の物品と四〇六九・五〇フルデン相当の現金一六一七レアルであった。従って、奴隷の購入に使われたのは九五三六・五〇フルデンで、奴隷一人当たりに換算すると平均で三七・五〇フルデンであった。(80)

以上の概観は、一隻のオランダ東インド会社船によって一六七六年にマダガスカルに持ちこまれた物品や資金の価値と種類に関してひとつのイメージを示そうとしたものに過ぎない。この事例では、マダガスカルの産品は主に商品としての人間（human merchandise）であった。会社がこれらの奴隷からあげた利益を割り出すことは難しい。おそらく、奴隷は会社の労働力を補うため会社の仕事で使われたからである。いずれにせよ、これらの奴隷がその後第三者に売られたというデータは見出されていない。

さらに以下のようなこともわかる。すなわち、ヨーロッパ人による海岸地域の支配者への特別な贈物の提供は、支配者たちの政治的な権威と権力を認めるということを含意しており、そのためこれらの贈物はむしろ貢物としての性質をもっていたということである。マゲラゲとマニンガールの支配者の収入はかなりの部分が自分の領土内での奴隷貿易の売上からなっていた。これらの海岸地域の支配者たちは彼らの地域の市場を支配していたが、他方で内陸部からの奴隷の供給に依存してもいたのである。

四、人々

十八世紀の喜望峰――マダガスカル間奴隷貿易

東インド地域（例えばスマトラ島の鉱山やバタヴィア）で売られた少数のマダガスカル人奴隷を別にすれば、VOCが十八世紀に「大きな島」で購入した奴隷という積荷の大半は喜望峰に送られた。[81] これが意味するのは、この時期のケープの奴隷人口の相当数がマダガスカルに出自をもつ者だったということである。[82] それゆえマダガスカルに関するVOC史料は南アフリカの初期の歴史に関心をもつ歴史家にとっても大変興味深いものであるだろう。史料から確認できるのは、ケープでの奴隷不足と、この問題を克服しようと苦闘する会社の姿である。マダガスカルへの貿易航海のいくつかの事例から、このことが浮き彫りになるだろう。

一七四〇年十月、ケープ当局は、マダガスカルへのブラック号（the *Brack*［*Brak*］）派遣に先立ち、その乗組員に広範な指示を与えた。これまでの経験から学び、取り得る最善の方法で取引を継続する方法を検討した結果、サントーギュスタン岬（Cape Saint-Augustine）、「ニュー・マサレーフ（'New Masaleeg'）あるいはマサリン（Masaline）」（ブイナ湾の小島ヌシ・アンツヘリブリ［Nosy Antsoheribory］に位置するマサイリ［Massailly］という町）、そして島の西海岸にある「ブンメトゥッケ前のマネガレン川」［Mannegaren River before Bommettocke］（ブンベトゥカ（アンプンビトゥカナ）［Bombetoka (Ampombitokana) Bay］湾へ流れ込んでいるベツィブカ川［Betsiboka River］）の河口近くのそれぞれの首長（headmen）との貿易関係確立に集中することが最も有益であろうということが明らかになっていた。過去には、会社の商務員が現金の代わりに、バーター取引で主に質の悪い商品と奴隷とを交換しようとしたことがあった。その結果、取引はほとんどうまく進まず、予備として船に積んでいたメキシコ・レアルを全額使わざるを得なくなった。それが結局のところ奴隷を獲得する唯一可能な手段だったからである。その時以来、船には拳銃、火薬、弾丸、火打石といった島民に大きな需要のある製品をよりよく組み合わせたものが供給されていた。それでも乗組員に対しては、先に品物を使うよう指示が与えられていた。スペイン・レアルは、どうやっても奴隷を手に入れることができない場合に限り、使うべきだとされていた。加えて、赤い生地で作られた二着の貴重な上下揃いの服が、取引相手となる支配者達への贈り物とするため、ブラック号に積み込まれるよう注意が払われていた。島の出身の会社の奴隷マレ（Marre）が、通訳の役目を果たすために同行することとされた。[83]

その時はまだ商務員の職階を持っていただけだが、後にケープの会社幹部となるオットー・ライデル・ヘメイ（Otto Luyder Hemmij）によって記録された、ブラック号の航海日誌からは、この指示が守られていたことがはっきりわかる。[84]まず、ブラック号はトゥリアラ近くのサントーギュスタン湾に立ち寄り、そこで彼らは王「ラマンラッセ」と取引した。ヘメイは王について生き生きした描写を残している。[85]続いて彼はブンベトゥカ湾の「マレウェイ」（'Marrewey'）（マルヴァイ［Marovoay］）を訪れ、VOC史料に「アンディアン・マヘイニンガリヴエ」（'Andian Maheiningarivoe'）王として登場する、ブイナのサカラヴァ王との交渉に入った。[86]

この航海の結果は、ケープ当局にとっていささか残念なものに終わったが、ブラック号はすぐにまた送り出されて、一七四二年五月にはサントーギュスタン湾を再び訪れた。到着して二日後、商務員たちはラマンラッセの宮廷で暖かい歓迎を受け、王に貢物を贈った。王は、それらを親愛の証としてのみ受け入れるものの、王たる者にふさわしい贈物としてではないと述べた。さらにオランダ人がそれほど「けちではない」ことを示すことができた場合にのみ、十分な数の奴隷を与えようと付け加えた。そうすればオランダの会社の方も、もはや他の場所で苦労する必要はなかろう、と。数週間後、商務員たちは、一〇〇人以上の人間がラマンラッセに代わって奴隷を確保するために内陸部へ送られていたことを知った。十月二十八日、ブラック号は二十八人（十九人の男性、六人の女性、三人の若者）の奴隷とともに出発する準備を整えた。なお、十七人の奴隷が寄港中に逃亡したことが報告されている。[87]

一七四三年四月にブラック号は再びマダガスカルへの航海を行った。このときは商務員D・ラウスレット・ブラウソン（D. Rousselet Brousson）が日報の責任者だった。一七四三年六月十四日、彼はラマンラッセと、トゥリアラから数マイルのところにある王の新しい宮廷で会った。王は、最近の収穫不良と牛の疫病に臣民が苦しんだために古い宮廷を去ったのだと述べた。土の新しい居所のすぐそばには新しい町が作られていた。ラマンラッセはラウスレットに対し、その町も「トゥリエ Toulier」と名付けたこと、そこに住む多くの人々の大半が、戦争で荒廃してしまった故郷を離れたサカラヴァの移民だということを述べた。

数週間後、ブラック号はかねてからなじみのあるブンベトゥカ湾の停泊地に再び錨を降ろした。八月二十三日、「マヘイニンガリヴエ」と呼ばれる王との面会が行われた。今回、ジャワ島に古くから続くマタラム王国の力あるスフナン（Soesoehoenan）とラウスレットが比べているこの王は、自分への贈物にとても満足しているように見えた。だが彼は、商品は不要でレアル貨しか受け付けないと要求してきた。王は、ブラック号がレアルを積んでいるのを知っていたのである。その上、王が出した交渉条件にオランダ側は応じなければならないと断言した。この条件とは、男性奴隷を買いたい場合には、女性も同時に数人含めて取引しなければならないというものであった。ラウスレットは、フランス人もそうしているので、王の希望通りにするほか選択肢はなかったと記している。また、フランスの商人は年に二回、王のもとを訪れ、そのたびに相当数の奴隷の購入に成功していた、という。[88]

一七四〇年十月の指示は、会社が西海岸での取引に集中することになるその後の二十年間の始まりを劃するものだった。研究者は航海日誌によって、民族誌的な詳細[89]を研究することや、当時の西部海岸地域で生じたある種の社会的・政治的な展開を調べることもできるのである。

一七六九年ケープの総督および評議会は政策の変更を決定した。会社の商務員が一般に手に入れることができた奴隷の数は、彼ら自身気づいていたように、あまりにも少なかった。また、人間という積荷（human cargo）を買うために待っている間、【会社の】船がマダガスカルの停泊地で費やさねばならない時間はあまりにも長かった。それゆえ、彼らは試みに、ザンジバル島へ向かうゾン号（*Zon*）に対し、その地で十分な数の奴隷を購入できるかどうかを調べるよう指示した。もし購入できなければ、ゾン号はマダガスカルのブンベトゥカ、ブイナ両湾のいつも取引していた地へ赴くことになっていた。ゾン号は両方の島を訪れた後で、一七七〇年四月二十五日にケープ・タウンに六十八人（内女性が十八名）という期待外れの数の奴隷を連れて帰港した。[90]

（デラゴア湾（マプト）［DelaGoa Bay (Maput)］に向かうことになっていた）VOCのフリゲート艦ヤフトルスト（*Jagtrust*）の上級船員への一七八〇年五月六日付の指示から、マダガスカルとの貿易は、奴隷の不足と上昇を続けるその価格のために、依然としてうまくいっていなかったことが明らかになる。[91] モザンビーク海岸とザンジバルへの奴隷貿易航海の結果もまた、会社の期待に沿うものではなかった。それにもかかわらず、一七八六年以後、マダガスカルとの会社の貿易はかなり唐突に中止されたように見える。現時点ではこのことに説明を加えることは時期尚早かもしれないが、この時期の航海日誌を徹底的に研究すれば、この点について何か明らかにすることができるかもしれない。[92]

奴隷

史料には会社に売られ、奴隷にされた人々に関する情報が散在している。VOC文書中の利用可能な史料を体系的に研究することで、例えば名前、男女比、出身地域、心理状態といった点についての大変興味深い情報がわかってくるだろう。(93)

ラウスレットは、船上にいる間の奴隷の精神状態(disposition)や身体状況に関する陰鬱な様子を描きだしている。一七四三年十月二十日、ブラック号は船倉に鎖でつながれた四六人の男性、六人の女性、八人の少年を載せてケープへの帰路航海のためにマダガスカルの海岸を離れた。十一月二十八日にテーブル湾に到着したときには、航海中に六人が死んでしまっていた。高い死亡率の原因は、人々が耐えなければならなかった「極度の辛苦」にあった、とラウスレットは航海日誌に書きとめている。そのうえ、奴隷のうちの何人かは五カ月以上も鎖につながれていたという事実もあった。ケープ・タウンへ南方ルートで戻る船は荒天や大波に遭遇することが多かった。その結果、奴隷は「疲労し、生きる喜びを失い、彼らの健康はゆっくりと蝕まれていった」。しかしながら、商務員としては船での奴隷の生活環境改善のためのいかなる解決方法も見出すことができなかった。もし奴隷たちをもっと自由に動けるようにしてしまったら、自暴自棄になって反乱を起こしたり、乗組員を殴り殺したりするのではないかと恐れたためである。(94)

ラウスレットの懸念は根拠がないわけでもなかった。十八世紀後半には、集団脱走や船の乗組員に対する蜂起の試みが少なくとも四件起こっていた。一七五二年十一月十六日、ブイナ湾からケープへの帰路航海の途上でスハイレンブルフ号の奴隷たちが起こした反乱は由々しき事態に発展した。なんとか自力で鎖を外すことに成功し、【この蜂起を】扇動した奴隷は、自由を取り戻すため、船の小さなボートを奪って岸へ戻れるなら、ヨーロッパ人を皆殺しにするつもりだったと後になって認めたのである。

スハイレンブルフ号は一七五三年一月二十五日にケープ・タウンに一四〇名の奴隷（男七十五名、女四十六名、少年十一人、少女四人、小さな子ども四人）を載せて到着した。海上で男三十六人と女二人が死亡していた。航海中に死亡した人々の名前は、航海日誌に、その人が会社によって奴隷にされた場所とともに記入された。例えば、一月十二日金曜日の項には、「本日、トゥリエの男奴隷レイバンドゥルエ（Rijbandroe）、マサレーフ（Masaleeg）のフシメケ（Hsimeke）およびフジアエイ（Hziaj）両名、および同じくマサレーフ出身のシャフォンサ（Siavonsa）が死亡」とある。(95)

数人の若者が鎖を壊して奴隷状態から逃げ出そうと二度にわたって試み、いずれも失敗に終わってからまもなく、一七七〇年十一月二十五日にサントーギュスタン湾に錨を降ろしていたゾン号の後部甲板で夕方いつものように体を洗っていた七人の女性の奴隷たちがいっしょに船から海へ飛び降りた。何人かの男が小さなボートで追いかけ、五名をとらえたが、二名は見つからなかった。おそらく女たちは投身自殺を図ったに違いなく、明らかに奴隷であることよりも死を選んだのだった。(96)

死に物狂いで自由を取り戻そうとした数々の事例は、奴隷にされた人々がいかに奴隷状態に甘んじようとしなかったのかを示している。またそれらは、彼らがその故郷でもともとどのような身分であったのかという点について多くの疑問を提起する。実のところ、彼らのかなりの部分は自由民の出だったのだろうか。バルネフェルト号(*Barnevelt*)の船長ヤン・デ・コーニンク(Jan de Konink)によって書かれた、「サディアン・ボン・ポルテ」(サハディア)('Sadian Bon Porte' (Sahadia))【マナンブル川(Manambolo)河口】で取引された奴隷についての報告では、地元のエリートにとっては、彼らが捕えた人々がどの民族に属するかということは重要なことではなかったということが述べられている。戦争によってであれ何であれ、一度捕えられてしまえば、人々は君主や首長の奴隷とみなされ、従順に奉仕することを期待されるものだったという。(97)

先に引用した一七四〇年の決議は、この点で重要である。この決議からは、会社にとって望ましかったのは、だいたい十六歳から二十四歳くらいの若く屈強な男奴隷をできるだけ多く買うことだったのだろうということがわかる。というのも、ケープ・タウンでの「会社の仕事」に従事するのに適していたのはそのような人々だったからである。女性や、もっと年長の人々の購入は避けられるべきだとされた。特に人生の後半に奴隷にされた後者の人々は、自由民だった、以前より幸せな生活を思い出しては憔悴してしまいかねないからである。奴隷としての境遇をより受けいれ易いとされた若者には、このようなことは起きにくいと考えられていたのである。(98)

結論

研究者というものは各々自分自身の道を歩み、自分自身のアプローチによって利用できる史料を探求するものだ、ということを我々は十分承知しているが、本稿では、マダガスカルに関するVOC史料の中にどのような種類の情報を見つけることができるか、その一端を示そうとした。さらに、我々が手短に検討した史料の文書としての構造に光をあてた。すなわち、我々は一方でオランダ東インド会社文書の中からマダガスカル関連史料の目録の最初のバージョンをまとめながら、上記の史料を読んできたのである。このため、最も高い統括者レベルで作成された文書と、より低いレベル、つまりマダガスカル海岸への貿易航海に出た会社船に勤務する人々によって記された文書に傾注してきた。

まず、その一部が刊行されている『一般政務報告書』を利用して、マダガスカル貿易に対する東インド会社幹部の姿勢に関して暫定的に説明を試みた。はじめの頃の彼らの無関心は、おそらく高まる必要に迫られて、より大きな関心に転じた。他方で実際には、本稿で取り上げてきた情報からは、マダガスカルに関するVOCの政策だけではなく、オランダの観点から見た当該の地域と人々についての若干の知見も併せて得ることができる。また、ここまでで既にお気づきの読者もいるだろうが、バーター取引で奴隷を買い求めるためにマダガスカル海域へ向かう船の航海についての情報も極めて豊富に得られるのである。

続いて見てきたように、「現場の人間」の経験は、前に述べた部分とは好対照をなしている。商取引の詳細な説明と、航海中に会社に勤務する人々が注意深く収集した、より多様な叙述からは、ヨーロッパ人商人同士の間の競合、商品の交換、そして貨幣価値についての生き生きした情景が見えてくる。それは尊大な幹部の視点から我々が抱く印象とは全く異なるものである。もちろん、ある特定の年にある特定の地域へ向かったフォールハウト号という船の、わずか一回の航海の事例から、マダガスカルへのオランダの奴隷獲得遠征全般についての結論を導き出すことはできない。指摘できることとしては、せいぜい次の点である。つまり「大きな島」のある地域で交易していた当時、オランダは激しい競争をしていたということ、そしてその仕事の成否は第一にマダガスカル人商人次第だったということである。したがって、相当の費用のかかる贈物をしたり便宜を図ったりすることは、実際には海岸地域に広く見られた権力関係を反映するものであった。奴隷買付けのためのマダガスカルへの会社の航海がケープ・タウンから行われるのが普通であった十八世紀の事例は、VOCが直面していた増え続ける問題の数々にあまりうまく対処できていなかったことを示している。ケープへの航海の間にVOC船の上で奴隷たちが経験した苦難については、ここでは瞥見したにすぎないが、会社の衰退を映し出すものであった。

一方では、ここまで見てきたように、バタヴィアの政庁の報告書の中に見出される詳細な記述は、マダガスカルに関する一般的な政策のいくつかの側面を明らかにしてくれる。それらは、『一般政務報告書』の原本文書《マニュスクリプト》をはじめとして、膨大なVOC史料をさらに研究するためのひとつの枠組みを提供してくれる。また他方で、船の航海日誌（ship's journals）はマダガスカルに関するVOC史料の中に見出される最も直接的な史料群である。航海日誌は、奴隷貿易の多様な要素に加えて、海岸のさまざまな社会が持つ政治的・経済的・社会的な多くの特徴に関しても、断片的ではあるが多彩な情報を研究者に提供してくれる。さらに航海日誌からは、マダガスカルの海岸地域の商業中心地で生じていた文化間交流も垣間見える。以上のように、本稿で手短に検討した二つのレベルの史料は、マダガスカルの歴史に興味を持つ人にとって、つまり男女のマダガスカル人、君主に奴隷、さらにはマダガスカルの過去に関わりを持ったオランダ東インド会社の職員、乗組員、商人のような、当時を生きた人々との出会いを求めて、文書という紙への探究の途に踏み入っていく、全ての人にとっての招待状となるのである。

注

※本文および註において訳者よる補足は【 】で示した。

（1）彼の本名、あるいは正しく綴られたマダガスカル語名は不明である。一七七〇年にレヴェヌエはトゥリエ（トゥレア）王として父の跡を継いだ。ARA【NA】, VOC 4261, fol. 166-222. Dagregister *Zon* 1770-1771.【現在はNAのHPにインベントリが公開されており、引用の指針も明記されている。この文書の場合は下記参照。（簡略版：NL-HaNA, VOC, 1.04.02, inv.nr. 4261）https://www.nationaalarchief.nl/onderzoeken/archief/1.04.02/inventaris?inventarisnr=4261&activeTab=citeerinstructie#tab-heading（二〇二〇年五月七日閲覧）】

（2）VOC 4187, fol. 230-312. Dagregister *Schuylenburg* 1752-1753. VOC 10814にコピーがあるはずである。【OBPの中核はアムステルダム・カーメル保管の文書だが、とくに十八世紀についてはゼーラント・カーメル保管分のコピーがあるものが多い。以下のインベントリで番号が確認できる。https://www.nationaalarchief.nl/onderzoeken/archief/1.04.02?node=c01%253A1.c02%253A6.c03%253A6.&open=c01%3A1.c02%3A6.c03%3A6.c04%3A8.%23c01%3A1.c02%3A6.c03%3A6.c04%3A8.（二〇二〇年五月七日閲覧）】

（3）VOC 4187, fol. 230-312. Dagregister *Schuylenburg* 1752-1753.

（4）大きな島（Great Island）およびその周囲の小さな島々の住民（peoplement）人口に関しては、いくつかの研究が刊行されている。こうした先行研究はオランダ人が出会ったマダガスカルの人々が実際には誰だったのかを理解するうえで役に立つかもしれない。【マダガスカル島の人々の】起源に関する様々な説や、同国内での見解の不統一について概観するには、以下を参照。W. Marchal, 'A Survey of Theories on the Early Settlement of Madagascar', in: S. Evers and M. Spindler eds., *Cultures of Madagascar: Ebb and Flow of Influences* (Leiden 1995) 29-34; A. Roca Alvarez, 'Ethnicity and Nation in Madagascar' in: ibid., 67-83.

（5）James C. Armstrong, 'Madagascar and the Slave Trade in the

Seventeenth Century', in: *Omaly sy Anio* (*Hier et aujourd'hui*) 17/20 (1983-1984) 211-233; 'Malagasy Slave Names in the Seventeenth Century' in: ibid., 43-59.

(6) A. Grandidier, et al., *Collection des Ouvrages Anciens Concernant Madagascar* (COACM) (Paris 1903-1920).

(7) Armstrong, 'Madagascar and the Slave Trade', 213.

(8) James J. Ravell, 'The VOC Slave Trade Between Cape Town and Madagascar' (An interim report, March 1978) dactylo. 南アフリカの歴史家ジェームズ・ラヴェルは一九九四年に惜しくも亡くなった。彼は欧米での長い亡命生活を終えて母国に戻ったばかりだった。

(9) C. Allibert, 'Les Hollandais à Madagascar' in: Evers and Spindler eds, *Cultures of Madagascar*, 87-99 ; R. Barendse, 'Slaving on the Malagasy coast 1640-1700' in: ibid., 137-155; G.Rantoandro, 'Madagascar vue des Pays-bas depuis les frères De Houtman' in: idid., 101-116.

(10) これは、ライデン大学とアンタナナリヴ大学の大学間協定の枠組みに基づき行われる、(主にＶＯＣ文書を主体とする)オランダの文書館に見出されるマダガスカル関連文書の目録作成のためのプロジェクトの一部である。

(11) 一六一〇年から一七五〇年までの間に総督やインド評議会(あるいは政庁)による「十七人会」宛の公式書翰や報告書からの抜粋は九巻本で刊行されている。W.Ph. Coolhaas and J. van Goor eds, *Generale Missiven van Gouveneurs-Generaal en Raden aan Heren XVII der Verenigde Oostindische Compagnie* (GM) in: *Rijks Geschiedkundige Publicatien* (RGP), XI Volumes, Grote Serie: 104, 112, 125, 134, 150, 159, 164, 193, 205, 232 (Vol. X は Vol. XI の後に出るだろう)(The Hague 1960-1997).【同史料集は二〇一七年に全14巻で書籍版としての刊行を終えている。二〇二〇年五月現在、下記のHuygens INGのウェブサイトからデジタル版へのアクセスも可能である。http://resources.huygens.knaw.nl/vocgeneralemissiven】第一巻序文で、編者は読者に、次の点に注意を促している。つまり、原本手稿は十二万葉にも及ぶため、彼の計算では約十六分の一しか刊行できず、印刷したり要約したりする部分の抽出にあたって選択がどうしても主観的になったり視野が狭くなったりせざるを得なかったということである。「政庁」という語は、書翰や報告書が共同の製作物であることを含意しているが、本稿の著者一同は相応の慎重さをもって、その署名が「一般政務報告」の最初に見られ、必然的に最も影響力があった総督に最大の責任があったと仮定している。これらの書翰のなかには翻訳版に公刊されたものもある。その中で最もよく知られているものの一つが、Grandidier, *COACM*である。これは長い間価値のあるレファレンスであったが、翻訳は改訂するに値するものであろう。

(12) 奴隷貿易はここ数年の間に学者たちの間に広い関心を引き起こしているように思われる。奴隷制の過去および現代の形態に関する研究は、人間の歴史と切っても切れない人間の売買(human trade)を振りかえろうという欲求を引き起こした。その主題は決して論じ尽くされることもないであろう。最も重要な動きは、ユネスコの奴隷の道プロジェクトである。その最終報告書は一九九七年一月に作成された。一九九八年九月にはパリで直近の継続会議が行われた。奴隷制と奴隷貿易を主題とするその他の国際会議の中では、一九九六年九月にマダガスカルのアンタナナリヴ大学によって組織された会議と一九九九年九月に同じくマダガスカルのトゥアマシナ大学によって組織された会議に特に触れねばなるまい。我々著者はその直近の会議の二人の参加者G・ラントゥアンジュ博士（Dr. G.Rantoandro）及びR・バレンセ博士（Dr. R.Barendse）に本稿の初期の草稿に助言とコメントをいただいたことに謝意を申し上げたい。

(13) M.A.P Meilink-Roelofsz, R. Raben and H. Spijkerman, *The Archives of the Dutch East India Company, 1602-1795* (The Hague 1992) 18-26, 47-55.

(14) 本論文は「中間報告」を意図している。マダガスカルを取り扱っている喜望峰のOBP文書（一六五二〜一七八六）の目録はまだ完成していない。【二〇二〇年五月現在オランダ国立文書館のサイトで検索可能である。】バタヴィアからオランダへ送られた十七世紀前半以降の史料は後に調査されるだろう。ロバート・ロス博士（Dr. Robert Ross）は親切にも、ケープのOBP史料の調査に際し彼が作成した船名リストを提供してくれた。これは我々の研究にガイドとして役に立った。

(15) ヘラルド・レインストGerald Reynstは一六一四年十一月六日から一六一五年十二月七日まで総督の地位にあった。

(16) 書翰のこの部分は、*GM* I, Reynst II, 46に収録されている。

(17) Ibid., 47.

(18) Ibid., 50. サダ(Sada)(現在のアンパシンダヴァ(Ampasindava))とマンゲラジェ（Mangelage）(今のマハザンバMahajamba) ——*GM*内の他の書翰では 'Magelagy Mangelagij, Magelasij, Magalage' と様々に綴られている——はマダガスカル西海岸の二つの湾の周囲に位置している地域である。これらは古いヨーロッパの文書にしばしば現れるが、その正確な場所は史料の書き手によって一致していない。

(19) コルネリス・ファン・デル・レイン総督（Governor-General Cornelis van der Lijn）は一六四五年七月九日から一六五〇年一月十八日まで在任した。彼は総督として十一通の書翰に署名している。

(20) *GM* II, Van der Lijn I 270.

(21) ヨアン・マーツァイケル氏（Mr. Joan Maetsuyker）は最も長く在任した総督であり、その期間は一六五三年五月十八日から一六七八年一月四日までであった。彼は八十三通の書翰に署名した。会社は一六七一年にシリダ（サリダSalida）鉱山の探査を開始した。以下を参照。Barendse, 'Slaving on the Malagasy Coast', 142.

(22) *GM* IV, Maetsuyker LXXXI (summary of the passage) 161.

(23) *GM* IV, Maetsuyker LXXXIII, 208.

(24) レイクロフ・ファン・フーンスRijckloff van Goensは一六七八年一月四日から一六八一年十一月二十五日まで総督を勤め、二十一通の書翰に署名した。

(25) *GM* IV, Van Goens VII (summary of the passage) 284.

(26) *GM* IV, Van Goens IX (summary of the passage) 311.

(27) *GM* IV, Van Goens XI, 349.

(28) スペイン・レアルは四八スタイフェルの価値を持つ。メキシコ・レアル銀貨は、スペイン・レアルよりも五パーセントほど重かったので、五〇・五スタイフェルの価値だった。これは三年前にフォールハウト号が奴隷のために支払った額の二倍以上である。一八頁を参照。

(29) *GM* IV, Van Goens XI, 364.

(30) *GM* IV, Van Goens XVIII, 464.

(31) Ibid., 465.

(32) Ibid.

(33) コルネリス・スペールマンCornelis Speelmanは一六八一年十一月二十六日から一六八四年一月十一日まで総督を務めた。比較的短い在任期間だったが、彼は「十七人会」に十通の書簡を送っており、それらは際立って精確である。
（34）*GM* IV, Speelman VIII, 556.
（35）*GM* IV, Speelman XI, 31 December 1683, 639.
（36）ヨアンネス・カンプハイス（Joannes Camphuys）は一六八四年一月十一日から一六九一年九月二十四日まで総督に在任した。在任中の彼の八通の書翰はマダガスカルの貿易と地理に関する最も詳細な情報を含んでいる。
（37）*GM* IV, Camphuys IV, 726.
（38）十七世紀のマダガスカル奴隷の行き先については、以下を参照。Barendse, 'Slaving on the Malagasy Coast', 140-144.
（39）*GM* IV, Camphuys IV, 744.
（40）*GM* V, Camphuys X, 16.
（41）*GM* V, Camphuys XI, 24.
（42）Ibid.
（43）*GM* V, Camphuys XIII, 23 December 1687, 136, 144.
（44）Ibid. オランダ語の書簡の書き手がマダガスカルの北西海岸に位置するその島の名前にフランス語綴りを使ったことに注意。当時、マダガスカルの地図製作においてはフランス語が有力だったのだろうか？
（45）*GM* V, Camphuys XV, 13 March 1688 (summary of passage) 180.
（46）*GM* V, Camphuys XIII (summary of passage) 145.
（47）*GM* V, Camphuys XXI, 14 March 1690 (summary) 365.
（48）Ibid., 370.
（49）Ibid.
（50）ヴィレム・ファン・アウトホールン（Willem van Outhoorn）は一六九一年九月二十四日から一七〇四年八月十五日まで総督に在任し、十五通の書翰に署名した。
（51）*GM* V, Van Outhoorn VII, 645, IX, 706, X, 731.
（52）Ibid., 731.
（53）Pieter van Dam, 'The Slave Trade of the Company', in his: *Beschrijvinge van de Oostindische Compagnie* (Description of the East India Company), (written in about 1700) in: *RGP* 68 (The Hague 1929) 653.
（54）以下を参照。VOC 3997, fol.646-666. Original missive Governor Zacharias Waghenaer and Council to '*Heren XVII*', Cape of Good Hope, 16 May 1663. フライト船ヴァーテルフーン（the flute *Waterhoen*）は奴隷と米を買うためにマダガスカルに派遣された。Armstrong, 'Madagascar and the Slave Trade', 211-233; Barendse, 'Slaving on the Malagasy Coast', 137-155.
（55）VOC 4012, fol. 644-797.
（56）VOC 4013, fol. 891-1054.
（57）フォールハウト号の航海はとりわけ以下で扱われている。*COACM* III (Paris 1905) 381; James J. Ravell, 'The VOC Slave Trade Between Cape Town and Madagascar' (interim report) 1978. Barendse, 'Slaving on the Malagasy Coast", 155-153; Armstrong, 'Madagascar and the Slave Trade', 214, 217, 226-228; and 'Malagasy Slave Names', 45-51.
（58）一フルデンは二〇スタイフェル。一スタイフェルは一六ペニング。金額はフルデンかスタイフェルで四捨五入されているので、ペニングは切り捨て。
（59）注25を参照。一六七七年にフォールハウト号の航海に割り当てられた重いメキシコ・レアルは六〇スタイフェルで、スペイン・レアルは四九と八分の三スタイフェルのレートでそれぞれ換算された（VOC 4013, fol.891r.）。
（60）一〇〇反が一八〇フルデンに相当するネグロ布は奴隷用衣類として使用されることになっていた。シンプルな綿布で、主にベンガルで生産され、西アフリカへ大量に運ばれた。これは、同じく西アフリカ海岸向けのギニア・リネン（Guinea linen）とは区別する必要がある。ギニア・リネンは一反当たり一五二スタイフェルであった。

(61)【ここでの】ポンド.(lbs) はアムステルダム・ポンド（＝四九四・〇九グラム）を意味する。

(62) 一マス（*mass*）は紐に通したビーズ一束のこと。

(63) 一ケルダー（*kelder*）には一五本の瓶が入った。

(64)「マセラゲ」あるいは「新マセラゲ」（'New Maselage'）の王の居所はマゲラゲ島、すなわちブイニ湾に位置する現在のランガニ（Langany）であった。「マニンガール（'Maningaer'）」はおそらくマナラ（Manara）つまり、ブンベトゥカ湾に注いでいるベツィブカ川の古い名前である。Armstrong, 'Madagascar and the Slave Trade', 213-215.

(65) *COACM* III, 381では九マイルとされている。これは古いオランダ海里（sea mile）で、五と八分の七キロメートルにあたる。

(66) VOC 4012, fol. 680-681, 704.

(67) ポルトガル人船長はゴア総督（the viceroy of Goa）によって、マゲラゲ王に対する懲罰航海の遂行を命じられていた。王の臣民が七人のポルトガル人を虐殺したからである。以下を参照。Barendes, 'Slaving on the Madagascar Coast', 138. Armstrong, 'Madagascar and the Slave Trade', 214, 216. レファレンス番号KA 3989はVOC 4012に変更されている。

(68) 通訳であるアラブ人シモン（サイイド）(Simon Sayyid) に関しては、Armstrong, 'Madagascar and the Slave Trade', 232-233を参照。

(69) ゴールコンダ（Golcanda）【Golconda】近郊のワランガルにちなんで名づけられたベール（veil）のような上質布。一反当たり一八フルデン。

(70) レギア絹（legia silk）でできた上質布。

(71) アダティ（*Adateis*）：ダッカ近くで織られた質の良いモスリン（mousseline）。一反三フルデン一七スタイフェル。

(72) 一マン（1 *main*）は約二と八分の一（2 1/8）ポンド.【マンは前近代の西アジアから南アジアにかけて広く使われた重量単位であるが、その重量は地域や時代によってさまざまに異なっていた。】

(73) VOC 4012, fol. 672.

(74) 一六七七年にフォールハウト号で送られたマゲラゲ王のためのオランダ語の信任状（letter of credence）。この信任状がアラビア語に翻訳されたかどうかは不明である。VOC 4013, fol. 195. ラテン語で書かれたマゲラゲの君主への別の書翰は一六八五年にヴェステルヴェイク号で送られた。VOC 4022. fol.410-411. オランダ共和国連邦議会によって連合東インド会社に与えられた特許状第三十五条のおかげでVOCの総督たちは特許状で定められた領域内の君侯と契約や協定を結ぶ権限を与えられた。VOCの【そのような意味での】管轄領域は喜望峰の東からマゼラン海峡（チリの南）まで拡がっていた。

(75) 一六七六年九月三日と九日にフヴァ族（'Hoevase natie'）によってもたらされた奴隷。VOC 4012, fol. 691 v., 693 v.

(76) バーフタ（*baftas*）は「織られたもの」を意味するペルシア語のbâftaに由来する。黒と白の上質綿布である。

(77) 航海日誌の中の会計データは元帳の中のそれと常に正確に一致はしていない。

(78) 22 September 1676 : VOC 4012, fol.697 r.

(79) VOC 4012, fol. 723 v.

(80) 一六七六年にマダガスカル北西海岸で奴隷のために支払わ

れた金額は当時のアフリカ西海岸での平均的な奴隷の価格から大きく離れてはいなかった。Johannes Menne Postma, *The Dutch in the Atlantic Slave Trade, 1600-1815*(Cambridge 1990)264.

（81）Armstrong, 'Madagascar and the Slave Trade', 229. 例えば以下を参照。VOC 11257(without folionumber)Dagregister *Binnenwijsent,* [*Binnewijzent*] 1732. Robert C.H. Shell, *Children of boundage: A Social History of the Slave Society at the Cape of Good Hope, 1652-1838*(Hanover, NH 1994)43-44, 435.

（82）James C. Armstrong, 'The slaves, 1652-1795', in: Richard Elphic and Herman Giliomee eds, *The shaping of South African Society, 1652-1820*(Cape Town 1979)83; Robert Ross, *Cape of Torments, Slavery and Resistance in South Africa*(London 1983)13; Shell, *Children of Bondage*, 43-45. ケープでは奴隷は会社、社員、個人入植者（private settlers）のいずれかに属していた。会社の奴隷は男女とも「ロッジ」('Lodge') と呼ばれるところに住み、建設工事、道路工事、会社の庭の手入れといったさまざまな仕事に従事していた。彼らは厳しい軍隊式の規律に従属させられ、そのほとんどがいわゆる「一般労働」('general works') の中の重い肉体労働を行っていた。会社の船は、とりわけロッジに奴隷を供給するために送りだされ、その結果かなりの数の会社の奴隷がマダガスカルの出身であった。Shell, *Children of Bondage*, 68, 149, 172-205.

（83）VOC 4143, fol. 1758-1774. Instruction *Brack* leaving for Madagascar to barter slaves on behalf of the Government at the Cape. Cape of Good Hope, 11 October 1740.

（84）VOC 4149, fol. 240-485. Copy dagregister of the *Brack*, 4 May-25 December 1741. Published in: Grandidier, *COACM* VI (Paris 1913) 52-196.

（85）VOL 4149, fol. 268; *COACM* VI, 59.

（86）VOL 4149, fol. 348-439; *COACM* VI, 108-187.

（87）VOL 4155, fol. 1828-1896. Dagregister *Brack*, 1742-1743. 同一版が下記にもある。VOC 10813.

（88）VOC 4157, fol. 106-173. Dagregister *Brack*, Cape of Good Hope, 28 November 1743.

（89）例えば以下を参照。VOC 4187, fol. 230-312. Dagregister *Schuylenburg*, 1752-1753. 同一分書の写しが下記にもある。VOC 10814.

（90）VOC 4283, fol.300-349. Dagregister *Zon* 1769-1770.

（91）VOC 4292, fol. 334-338. Instruction for the officers of the frigate *Jagtrust*, Cape of Good Hope, 6 May 1780.

（92）（一七九五年に解散される）ＶＯＣの、この最終段階の船の航海日誌を体系的に分析すれば、その原因についてより多くの情報が確実に明らかにされるであろう。英蘭戦争（一七八〇―一七八四）の直接的な結果である、ケープおよびバタヴィアへの航海システムの劇的な崩壊は、シェル（Shell, *Children of Bondage*, 43-45.）によって提起された説明の一つである。

（93）十七世紀については名前のリストがすでに刊行されている。Armstrong, 'Malagasy Slave Names in the Seventeenth Century', 43-59.

（94）VOC 4157, fol. 106-173.

（95）VOC 4187, fol. 230-312.

（96）VOC 4261, fol. 166-222. Dagregister *Zon*, 1770-1771. 船上での反乱は他の船でも発生していた。*Drie Heuvelen* 1753, VOC 10815（without folionumber）, *Meermin* 1766, VOC 4245, fol. 58-106, *Zon* 1775-1776, VOC 4208, fol. 297-343.

（97）VOC 4083, fol. 85-124. Dagregister *Barnevelt*, 1719-1720.

Published in: Grandidier, *COACM* V, 1-46.

（98） VOC, 4143, fol. 1758-1774.

付記 本稿（原文英語）の初出はライデン大学の学術誌 *Itinerario*、第24巻、二〇〇〇年、四五―六七頁であり、翻訳掲載にあたって同誌から承諾を得ている。Yvette Ranjeva Rabetafika, René Baesjou and Natalie Everts, "Of Paper and Men: A Note on the Archives of the VOC as a Source for the History of Madagascar", *Itinerario*, 24, 2000, 45-67.

女性から描く世界史

17～20世紀への新しいアプローチ

水井万里子・伏見岳志・太田淳・松井洋子・杉浦未樹［編］

今日まで描かれてきた世界史の中に、女性たちの姿をくっきりと見出すことは容易ではない。世界史の研究・叙述の新たな方向性が検討される現在、「女性とともにある」世界史の叙述は可能なのか。

東南アジアから、アジア諸地域、ヨーロッパ諸地域、中南米までを視野に入れ、世界史の中に女性を見出すための新たな方法を探る。

【執筆者】※掲載順

太田 淳／弘末雅士／吉田 信／杉浦未樹／ダニエラ・ファン・デン・ホイフェル／長谷部圭彦／金 富子／伏見岳志／阿部尚史／三成美保／村尾 進／松井洋子／水井万里子／和田郁子／水谷 智

本体三、二〇〇円（+税）
A5判・並製・三二二頁
ISBN978-4-585-22142-5

勉誠出版
千代田区神田三崎町 2-18-4 電話 03(5215)9021
FAX 03(5215)9025 WebSite=https://bensei.jp

[II　史料が描く接触領域としての島々]

十八世紀末から十九世紀初頭のセント・ヘレナ島における移動と接触
――イギリス東インド会社関連史料から

水井万里子

みずい・まりこ――九州工業大学教授。専門は近世近代イギリス史。主な論文に「イギリス東インド会社の初期インド植民都市建設と女性」(『女性から描く世界史』勉誠出版、二〇一六年)、「イギリス東インド会社の地域産業救済――コーンウォル産鉱物資源の中国輸出(一八世紀後半～一九世紀初頭)をめぐって」(『史苑』78(1)、二〇一八年)などがある。

アジアとヨーロッパを結ぶ東インド航路上に位置したセント・ヘレナ島は南大西洋上に浮かぶ小さな島である。十七世紀後半にイギリス東インド会社はこの島の領有を特許状によって許可された。以来一八三四年にイギリス領となるまで、同島にはEIC関係者だけでなく、入植者、労働力としての奴隷、やがて中国からの労働者などが渡来し居住した。閉ざされた接触領域の中で暮らした人々が、同島の総督秘書官の著書、総督の観察記などの史料に記録され、そこに入島した人々の関係性を読み解く素材となる。

はじめに

本稿では、十七世紀中葉以降イギリス船が往来した「東インド航路」において、補給・休憩用基地となったセント・ヘレナ島に関する史料を検討する。特に、最寄りの南部アフリカのケープの役割が大きく変容する、一七八〇年代から一八一〇年代の同島の状況に関し、イギリス東インド会社(以下EIC)関連史料を中心に取りあげる。ヨーロッパ、アフリカ大陸喜望峰、インド洋諸島、インド亜大陸各地、・東南アジア・東アジアまでを結んだ長距離航路の往来を扱う移動史研究にとって、オランダ東インド会社(以下VOC)史料の研究が進む現在、EICの関連史料についても情報の分析は重要な課題である。この航路上にあるセント・ヘレナ島は、最も近いケープから当時の船足で片道十から二十日かかる大西洋の孤島であった。[1] EICは十七世紀半ば以降約一八〇年間セント・ヘレナ島を領有し、同島に往来した人々は、EICの社員や兵士、入植者社会の統治のための文官、聖職者、イギリスからの入植者家族、会社や入植者が所有する奴隷、解放された元奴隷「フリー・ブラック（Free Black）」、加えてEICが召致した移動労働者などであった。当該時期に同航路を移動したこれらの人々の動態・接触・交流の諸相が、EIC関連史料にどのように表出するのか以下に見ていきたい。(2)

一、EICとセント・ヘレナ島

セント・ヘレナ島とヨーロッパ人の接触は、十六世紀初頭ポルトガル人がこの地に補給基地を置いたことから始まる。一六三三年にはオランダが同島の所有権を主張するが明確な領有には至らず、一六五七年大空位期にイギリスのクロムウェル政権がEICに同島の統治権を与え、一六五九年にはEIC指名の初代総督が着任した。以来、EIC軍の軍関係者が主として同島の総督に就任し、一八三四年にイギリスの直轄領となるまで、EICを領主とする島の統治が行われた。EIC領各地の行政・司法制度研究史では、EIC統治の諸形態を比較検討するスターンが、十七世紀にイギリスの特許状により大西洋・カリブ海に出現したイギリス領バルバドス島の統治体制をモデルとして、EICがセント・ヘレナ島統治を開始したことを示唆する。(3) 十七世紀後半以降、セント・ヘレナ島を含めたEICの東インド航路上には、インドのボンベイ、マドラス、カルカッタ、さらにジャワ島のバンテン、一六八〇年代VOCによるバンテン占領以降新たに代替地として商館が建設されたスマトラ島のベンクールンなど、イギリスの特許状付与によって認められたEICの複数の領地が生まれた。現地権力によって領有を許可されたり、先に領有していたヨーロッパの国から領有権が譲渡されたこれらの拠点を行き来する人々と、ローカルな人々の接触・交流の様子は、会社関連の商業史料であるEICの商館文書や本社宛書簡集に断片的に記録され、ロンドンの英国図書館で閲覧することができる。(4)

本稿が対象とする一七九〇年代〜一八一〇年代の時期は、ナポレオン戦争期のヨーロッパの国際関係の変動と、イギリス国内の対アジア貿易独占をめぐる政治的な議論の展開が、EICだけでなくその領地の一つセント・ヘレナ島の周辺領域にも大きな影響を与えた。まず、一六五二年以降VOCの統治下にあった南部アフリカのケープ植民地では、一七九五年にオランダ本国でフランスの衛星国家バタヴィア共和国が設立された混乱に乗じイギリス海軍とEIC軍が同地に侵攻し、以後一八〇二年のアミアンの講和でイギリスがケープをバタヴィア共和国に返還するまで占領を続けた（第一次占領期）。さらに、一八〇六年イギリス軍の二度目のケープ軍事侵攻から一八一五年にウィーン会議でイギリスのケープ領有がヨーロッパ各国に承認されるまで、ケープはイギリスに再占領された（第二次占領期）。ケープ植民地をめぐる当該時期のヨーロッパの国際情勢は、喜望峰を経由する東インド航路のＥＩＣ船の補給基地であったセント・ヘレナ島の役割にも変化をもたらすことになった。(5)

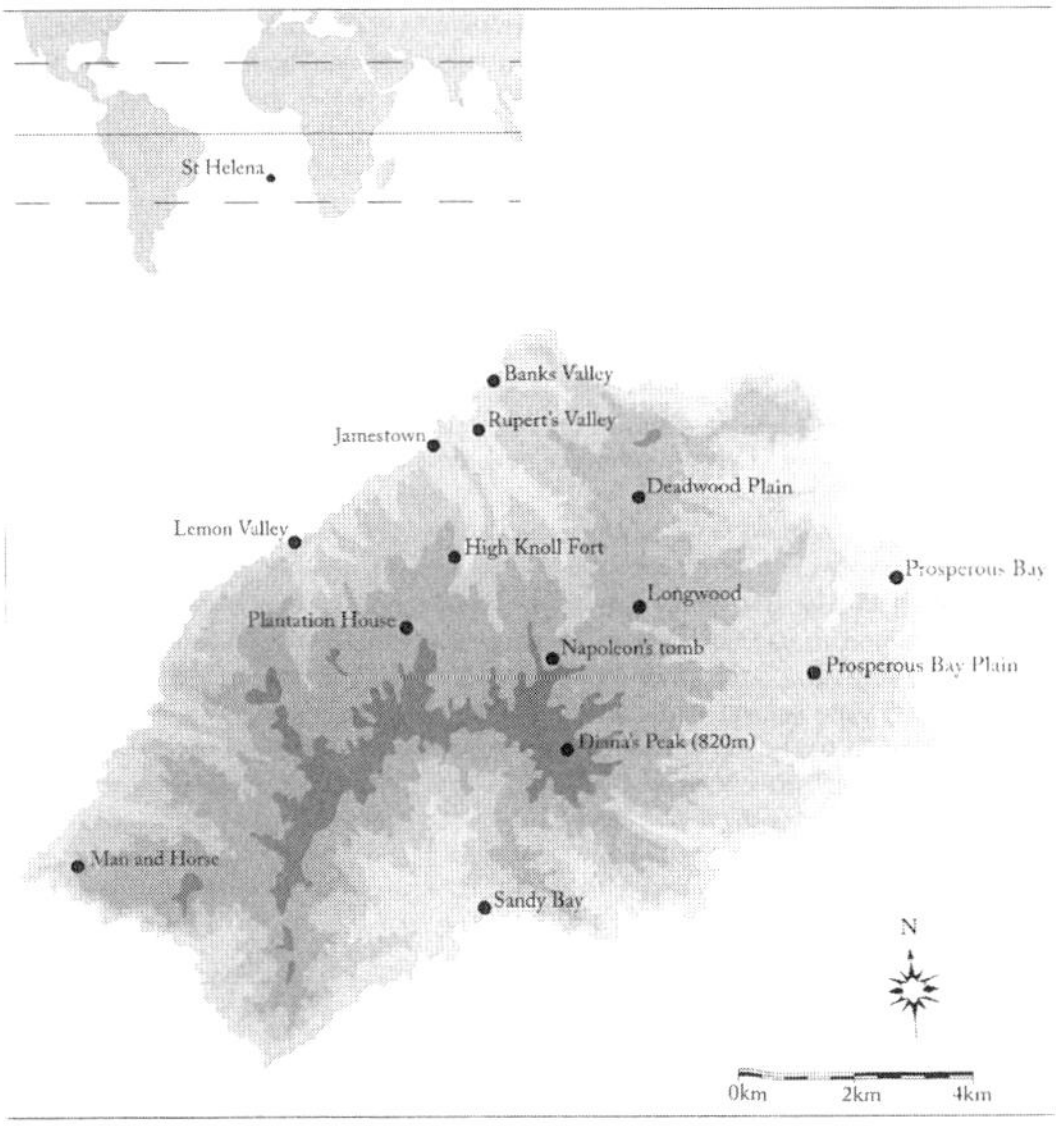

地図1　セントヘレナ島の位置と地図（A.Pearson, Distant Freedom, Liverpool, 2016, p.12.）

他方、イギリス国内ではＥＩＣと議会の間でアジア貿易独占を焦点とした特許状をめぐる攻防がおこり、その結果ＥＩＣは次第に保有する貿易独占権の縮小へと追い込まれていった。特許状に関わる一連の議会制定法が成立した後は、対インド交易における独占的な特権を段階的に失なった。ノースの規制法（一七七三年）に始まり、ピットのインド法（一七八四年）、特許法（一七九三年、一八一三年、一八三三年）の施行により議会のコントロール下に置かれるようになったＥＩＣは、インド貿易に続き中国貿易をめぐる会社の特権を完全に失い、やがて一八五三年の会社の消滅へと向かう終焉の時期を迎える。十七世紀初頭からＥＩＣが独占してきたアジア貿易は十九世紀前半に自由化されることとなった。(6)

セント・ヘレナ島の移動史料に関しては、インド洋の奴隷貿易とＥＩＣが関わった植民地の自由・非自由労働者の動態を、ヨーロッパ各国の東インド航路上における島嶼研究の視点から商業史料を用いて明らかにしたアレン、十七世紀から十八世紀半ばのロイルによるセント・ヘレナ島研究、また十九世紀中葉の奴隷制廃止にともないセント・ヘレナ島に移送された解放奴隷の問題を明らかにしたピアソンの諸研究が重要である。(7)

英国図書館に所蔵されるＥＩＣ関連資料には、中心である商業史料に加えて各地の商館や領有地における統治に関する史料が含まれた商館文書群がある。セント・ヘレナ島の様なチャーターによって認められたＥＩＣ領地に関しては、総督や文官の書簡に加え、司法関連文書など、島の内部の状況が記録された史料群が存在し、これに加えてピットのインド法以降、ロンドンの監督局関連史料もＥＩＣの所領経営に関する記録を残すようになる。さらにセント・ヘレナ島の文書館には、閲覧が困難な十八世紀前半までの部分を除いたＥＩＣ統治関連の史料が所蔵されている。(8)

二、Ｔ・Ｈ・ブルックの叙述史料

以下では前章にあげた史料を整理分析するために不可欠な、「島の年代記」でもある同時代叙述をまず概観し、当該時期に同島に居留した人々を背景とともに検討したい。セント・ヘレナ島では十八世紀以来総督とその補佐役の文官二人が、統治委員会の構成員として行政の任にあたった。以下に紹介するＴ・Ｈ・ブルック著『セント・ヘレナ島史』(9)は、十八世紀初頭から十九世紀初頭までの同島の統治状況を、著者が同島所蔵の文書から年代順に整理・抜粋して述べたものであり、各章は歴代総督の統治・行政の施策を中心に編纂されている。一八〇七年の初版はナポレオンの来島前で終わったが、一八二四年の第二版冒頭にナポレオンの島内生活に興味を持つ読者向けに加筆した旨の筆者による覚書がある。Ｔ・Ｈ・ブルックはセント・ヘレナ島総督に就いた叔父のロバート・ブルックに招聘され、秘書官として来島してから二十年余に渡り同島の統治行政に携わった人物である。

一八〇五〜一〇年頃のセント・ヘレナ島の状況の概観から本書の記述は始まる。これによれば、セント・ヘレナ島は南緯一六度西経六度、南東貿易風の周縁部にあり、アフリカ西海岸からは二八〇〇キロ程離れた火山島である。熱帯に位置するが曇りの日が多く、年間平均気温は三〇度に満たないため、比較的温暖な気候である。周囲は四五キロ×二八キロ、表面積一二二平方キロのうち、火山岩のために耕作や居住が不可能な部分が多く、島の中央にそびえるダイアナ山（標高約八〇〇メートル）の尾根部分を牧畜や農耕に、渓谷部分を居住地としていた。土地は肥沃ではなく、果物と野菜はほとんどの種類が育つが、穀物の収穫量は少なかった。

ＥＩＣは比較的面積の広い領地を囲い込み、ジャガイモのプランテーションを行いつつ、寄港する船舶の船積み食糧用に売却した。また、イギリスからの入植者が生業とした牛や羊の牧畜で得られた牛肉と羊肉は、イギリス海軍軍艦とＥＩＣ船の船積み用に限定され、島の住民はこれらを自分たちの食用にすることを禁じられていた。寄港船舶の補給食糧の生産に特化した上記の状況から、入植者、EICの駐留軍兵士、同社関係者からなる島民は食糧を自給することはせず、市街地のEICの店舗で小売りされるイギリス産塩漬肉とベンガル産の米を主に食していた。島には労働力として奴隷も多く居住し、彼らの主食は同島のプランテーションで作られたヤム芋であった。

一六七三年の特許状で同島のEIC所有を王権から承認されて以来、EICのインド各地のプレジデンシー、十八世紀以降はスマトラ島のベンクールン商館から東インド航路を辿り本国に帰還する船員・軍人・関係者にとってイギリスへ向かう航路上の休憩地となり、インド洋を渡る船旅で病が悪化した人々は同島に一定期間逗留すれば健康を回復すると言われた。(10)

三、移動史料：セント・ヘレナ島

著者の秘書官ブルックが赴任する以前、一七八〇年代までは、島に駐留するEIC軍の兵士が幾度か騒擾を起し、これに入植者、時には奴隷が参加するなど治安の課題があったとされ、同書の記述は歴代総督下のEIC軍の統制、島内の治安維持について多くを割いている。(11)一八〇五年当時のセント・ヘレナ島の人口は「白人入植者と家族」五〇四人、「EIC・統治関係者およびEIC軍人」一三一四人、「奴隷」一二三一人、「フリー・ブラック（後述）」三二九人という構成であったが、一八二三年になると「白人入植者と家族」一二〇一人、「EIC・統治関係者とEIC軍人」九一一人、「奴隷」一〇七四人、「フリー・ブラック」七二九人、「中国人」四四二人、「インド人傭兵（Lascars）」二四人となっている。同島の先住民は十七世紀には存在しておらず、この島の住民は当該時期ではほぼ全員が島外からの移住者もしくはその子孫であるが、当該時期には上記の各グループに区分され統治者によって管理されていたと推察できる。(12)

また、EICの商館を結ぶ航路を往来した人々のなかでも、十八世紀に入って奴隷として長距離を移動した人数はかなりの数にのぼった。インドにおけるプレジデンシー・タウン各地の商館と、スマトラ島ベンクールン商館、セント・ヘレナ島、そしてマダガスカル島の間を結び、会社船および会社が認めた商船が各商館に向けて奴隷を輸送した。(13)

以下では、上述の諸グループを念頭に置きつつ、それぞれの接触の状況が記された史料二点を検討する。

（一）総督ロバート・ブルックの『セント・ヘレナ島記』

まず、英国図書館所蔵のEIC関連史料「セント・ヘレナ

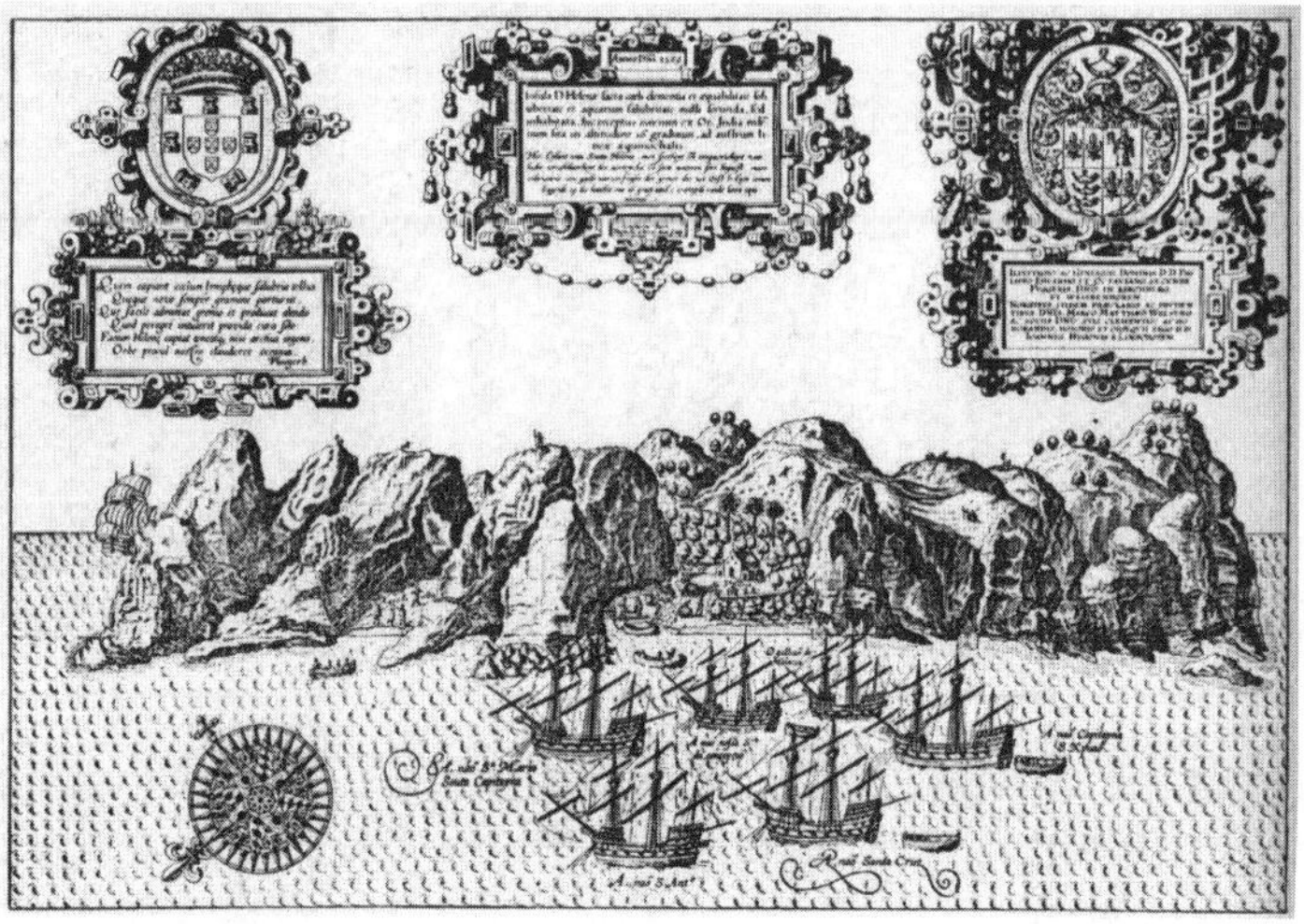

地図2　16世紀末のセントヘレナ島絵図（岩生成一他『リンスホーテン　東方案内記』大航海時代叢書、Ⅷ、岩波書店、663頁）

商館文書」の中から、セント・ヘレナ総督ロバート・ブルック（在職一七八七〜一八〇三年）による同島の『セントヘレナ島』（一七九二年）を検討する。(14)

ロバート・ブルックはＥＩＣ軍の元軍人で、アイルランドのアルスタ出身であった。総督就任前にはＥＩＣの軍人としてベンガル総督ロバート・クライヴの下で一七六四年まで同地に駐留した。病により除隊し、ベンガルからアイルランドに帰国した後は、綿織物産業を起業し、一七八二年まで同地で産業育成にも携わった。しかし、彼の事業は思うようには安定せず、カトリック教徒のアイルランド人の徴募事業を提案、自らこの事業を請負った。一七八七年、アイルランドでの諸事業に区切りをつけたブルックは、ＥＩＣ軍に復帰を願い出たものの除隊前と同様の待遇は得られず、結局同年にＥＩＣ領のセント・ヘレナ総督の地位を得て、翌一七八八年初頭同島に着任した。(15)

ブルックの総督時代の同島の改革は、甥の秘書官ブルックの前掲書において以下の五点①兵士に対する身体罰の横行を咎め労働刑に転換したこと、②新兵も多く駐留するセント・ヘレナ島のＥＩＣ軍兵士を砲兵として訓練し、インドに派遣する体制を整備したこと、③住民のうち白人と自由黒人それぞれを訓練し、民兵団を組織して治安維持と対外的な防衛を強化したこと、④入植者が所有する奴隷に対する身体罰を軽減し、罰を与える際には島内の司法関係者の同意を原則としたこと、⑤島内への奴隷の輸入を禁じたことが特記されている。(16)

ロバート・ブルックが総督就任中に著した「セント・ヘレ

ナ記」は、英国図書館所蔵セント・ヘレナ商館文書に収められた本文全体が三一頁の手稿である。文中には同島の現状に対する検討と課題がまとめられ、末尾に課題および解決への提言が記されている。以下では上述の島民の諸グループについての記述部分を紹介したい。

「白人の島民は男女とも質素な暮らしを営んでいるが、教育の欠如、島の閉鎖された環境、そして奴隷制度へ関わっていることの禍（misfortune）が、自由で人間的な気質を備えることを難しくしてしまう。このような観察がもし正しいのであれば、島民のために、彼らの聖職者や校長の選択について配慮されねばならないだろう。しかし、過去の記録をさかのぼれば、聖職者や校長の行ないは公共的に悪しき事例で当地に度重なる禍をもたらしてきたことは明らかである。現在の倫理観のある柔和な若い校長には満足している。……（中略）……白人の島民は奴隷の子供たちを養育し、やがて自由で親密な隣人として認めている……」[17]。「フリー・ブラックの賃金の高さに対する白人の島民の反感があるのは事実だが、少なくともこの十年はフリー・ブラックによる犯罪は起こっていない。この反感は、自由な身分となったかつての奴隷である彼らフリー・ブラックが、（白人の所有する）奴隷の労働の価値や奴隷の値段を減じてしまうことに対する恐れを根底に生み出している。さらに、フリー・ブラックを平等な人間として扱うことによって、島の白人（入植者）から自分たちに対し非友好的だとみなされる恐れがある。争いは島民間では日常茶飯事であり、毎年漁業シーズンが終わった後、農業や軍事教練に住民の興味を転じさせるだけでは状況改善には不十分なので、娯楽を導入し島民の喜びを引き出すことには成功している」[18]とのことである。フリー・ブラックとは、ＥＩＣが所有する奴隷の中からイギリス国教に改宗したことを態度で充分に示し、それを総督の前で宣誓した者に対して、以降七年後に入植権保有者Free Plantersの身分獲得を許可するという制度が適用された人々のことである。同制度は一六七〇年にＥＩＣの役員会によりセント・ヘレナ島にのみ認められていた。[19]

この記述では、総督ブルックが島内の白人入植者コミュニティへの対応に統治責任者として配慮はしつつ、入植者に対してやや批判的に問題を提起している点が注目されよう。また、ブルックは、白人入植者が示す不満やトラブルには潜在的にフリー・ブラックへの反発があることを示唆しているようにも見える。

他方、ブルックは駐留するＥＩＣ軍の兵士に関して、「駐留軍の規律のなさと不平の存在は、彼らへの賃金の少なさに加えそれぞれが大家族を扶養していること、大尉以上への昇進が見込めないことに起因するので、賃金の増額が最も望ましいアイディアである。」と記すなど、島内のグループに対する観察と改革にいくつかの前向きな提言を記している。ただし、島内の奴隷の詳しい現状について、当該史料から読み取ることが難しい。[20]

(2)「奴隷法（The Slave Law）」一七九二年

セント・ヘレナ島の人口の半数以上を占める奴隷の状況については、上述のブルックの文書が出されたのと同じ一七九二年に、ＥＩＣの役員会（Court of Directors）で発布された会社法「セント・ヘレナ島の奴隷に関する統治状況改善、救済、奴隷数増加の抑制法」（通称「奴隷法（The Slave Law）」）[21]からある程度まで読み解くことができるので、以下に続けて見ていきたい。

四十二条からなる同法は、セント・ヘレナ島の奴隷の統治改善と、彼らの保護と救済、そして奴隷の人数の抑制を目的とすることが冒頭に明記されている。内容を概観すると、衣食住を含む奴隷の十分な保護、奴隷所有者による行き過ぎた身体罰の禁止、奴隷が島の治安判事に自らの不遇を訴える権利の確認、奴隷の日曜休業と教会に通う権利の確保、国教会のチャプレンによる奴隷だけの集会の実施、女性奴隷との姦淫に対する厳罰（対白人入植者およびＥＩＣ関係者・兵士）、奴隷の犯罪に対する所有者の監督責任の明確化、奴隷の財産権の確認、奴隷の裁判記録のロンドンＥＩＣへの送付義務化、所有社による労働不可能な奴隷の保護、新規の奴隷購入禁止（違法行為は罰金刑）、島内の司法におけるコモン・ロー優位の原則の確認、年四回の島内の奴隷訪問調査の実施体制の確認、奴隷の死後の埋葬前に総督へ届け出る制度の確認、奴隷がフリー・ブラックとなる権利の確認などが主な項目としてあがっている。特に、購入された奴隷の島内への上陸禁止、すなわち島民による奴隷購入の原則禁止の項目について注目したい。

ブルックが健康上の理由で退任した後、就任した新総督パットンはベンガル総督の軍務補佐役を務めたＥＩＣ軍の大佐であった。着任後のパットンは島内の労働改革に引き続き着手したが、前総督時代の「奴隷法」により新規の奴隷労働力の獲得が見込めなくなっていたことから、新規労働力として中国人労働者の召致案を提示した。実際は彼の後継者が一八〇八年にＥＩＣ広東商館に宛てて、中国人労働者五十人をセント・ヘレナ島に移送するよう同商館に依頼し、一八一〇年には最初の一団がＥＩＣ船で到着した。彼らは主に職人としての役割が期待されてＥＩＣに雇用され、その後一八一八

年まで数度にわたり後続の人々が渡来し同島の貴重な労働力となった。(22)

十九世紀中葉に、「所有奴隷」から「賃金奴隷」への転換が起こり、中国から苦力が中南米やカリブ海のプランテーションの労働力として長距離航路を移動したが、それより前の一八〇八年ごろには既にキューバの砂糖プランテーション用の労働力として苦力が移動したことが指摘されている。(23)時期をほぼ同じくするセント・ヘレナ島への中国人労働者の移動もこのような同時代事例と比較しさらに検討されるべきであろう。

労働力の転換という点から言えば、当該時期には島内のプランテーションを広げるために大規模な農地用の土地改革が計画され、囲い込みを経て開墾されたEIC領では麦とジャガイモのプランテーション栽培を行うことを目的として、イギリスから農業労働者六〇〇人を島に移住させる計画も立案された。

上記から一七九二年に奴隷購入が事実上廃止されたセント・ヘレナ島では、十九世紀に入ってEICの商館間で代替としての労働力が確保されていた事実が示唆される。本国の奴隷貿易廃止法が成立する一八〇七年より以前に会社法で奴隷購入を禁止したEICの目的は、同時期に起こったハイチの暴動をEICの経営首脳部が警戒したものであったと解釈できる。EICは十八世紀を通じて奴隷貿易を継続して実施しながら、東インド航路各地の拠点における労働力を確保した。(24)その拠点の一つであったセント・ヘレナ島では、十八世紀半ばまでには既に奴隷の状況改善に言及した諸策を講じていたが目立った改善が見られず、それらに一七九二年奴隷法の内容と共通した点が多いことから、ロイルはこの奴隷法について過度に評価していない。(25)

四、サー・ハドソン・ロウの総督着任

上述のような一連の島内奴隷の待遇改善は、どの程度効力を持ったのか、ブルックの叙述のみからは読み取ることが難しい。ここで、ナポレオンの流刑地となったセント・ヘレナ島の状況から他者の見解を検討したい。

イギリス海軍の将校、サー・ハドソン・ロウはナポレオンの流刑に対応するため、政府から総督の指名を受け一八一六年から一八二一年まで同島に赴任した。もともとEIC軍関係者が就任することが多かったセント・ヘレナ島にイギリス海軍の諜報戦、特にコルシカ島の反ナポレオン勢力の結集に功績をあげたロウが選ばれたのは、ロンドンのEIC首脳部がEIC軍がその任に耐えない組織であるとして、ナポレオ

ンの同島受入れに難色を示したことにある。結果、政府はナポレオンのセント・ヘレナ島流刑決定時にロウを総督に推すこととなった。ロウの就任した六年間には、それまでのＥＩＣ関連史料以外に来島者が記した手記などの史料が著され、総督ロウとナポレオンとの不仲に関するナポレオン同行者の同時代記述などから島の様子が異なる角度で描かれることになった。(26)

キッチングによれば、セント・ヘレナ島のイギリス人入植者の奴隷に対する処遇をめぐるナポレオン側からの批判として、流刑者ナポレオンのもとを訪れた入植者の所有奴隷が鞭打ちなどの身体罰等の暴力的な処遇を訴えたとする、ナポレオンの同行者による記述がある。在任中にナポレオンと一度しか面会せず、不仲が伝えられた総督ロウは、すぐに当該の奴隷を保護目的でＥＩＣの奴隷として買取り、さらに一八一八年には島内の奴隷制度のさらなる改善を決定した。これは一八一八年のクリスマス以降に誕生した奴隷の子どもを奴隷身分から原則的に解放するという決定であったが、ＥＩＣ関係者や入植者たちの反発を招き、総督ロウに対するＥＩＣ関係者およびセント・ヘレナ島の白人入植者の不平が生まれた。一八二一年のナポレオン死去後すぐにロウは総督を解任されたが、その後一八二三年ごろまでには本国の監督庁によってＥＩＣに対してセント・ヘレナ島内の奴隷の待遇改善を実行することが義務付けられた。(27)

一七九二年の奴隷法の後も島内の奴隷制度は存続し、一八三三年の奴隷制廃止法以降も完全な奴隷解放がしばらく猶予されたセント・ヘレナ島であったが、一八三四年ＥＩＣ領からイギリス直轄領への転換を経て同年に奴隷制廃止が実現した。その後一八四〇年代に入ってイギリスは大西洋上の奴隷船の拿捕を開始するが、セント・ヘレナ島は大西洋奴隷貿易の航路上にあることから、奴隷船拿捕の基地となり、奴隷船から解放された人々を一時的に収容することとなった。しかし、解放された奴隷たちに対する待遇は十分なものではなく、多くの西アフリカ出身の解放奴隷たちがその後の行先の決定を待たずに同島で命を落としたことが、近年の考古学的調査により明らかになっている。(28)

おわりに

ＥＩＣ領セントヘレナ関連文書は、長距離航路上を移動してセント・ヘレナ島に往来する人々の状況を概観し、それぞれの関係性について解明していく上で重要な移動史料と考えることができる。移動する人々の接触領域における関係性の解明には、大西洋に浮かぶ島々を結ぶ人の移動の背景を、十八世紀末から十九世紀初頭にかけて、ＥＩＣの中枢があるイギリスとインド各地の拠点、東南アジアから東アジアを結ぶ航路、さらにカリブ海諸島や中南米のプランテーションに接続するような労働力移動に視野を広げて検討することも重要で、さらに長距離航路と接点を持つ島嶼史研究の先端的なテーマに注目すべきである点を指摘しておきたい。(29)

注

(1) 浅田實「ナポレオン戦争時代のケープ植民地世界」(『創価大学人文論集』一二、二〇〇〇年)七一―一〇二頁、七七―八〇頁。

(2) ＥＩＣ領時代初期のセント・ヘレナ島の地理的な位置づけについては、Stephen Royle, *The Company's Island*, London, 2007, pp.12-43、十九世紀中葉から後半のセント・ヘレナ島歴史研究であるAndrew Pearson, *Distant Freedom*, Liverpool, 2016も参照。オランダ東インド会社の同時代文書が出島における奴隷の状況に関する詳細な記録である点について指摘する田中・ファン・ダーレンと、同論文が掲載される鈴木英明編著が提起する奴隷制廃止のグローバルな影響という歴史的な問題提起を参照されたい。Isabel Tanaka-Van Daalen, 'Dutch Attitudes towards Slavery and the Tardy Road to Abolition; The Case of Deshima', in *Abolitions as a Global Experience*, (ed.) Hideaki Suzuki, Singapore, 2016.

(3) P.J. Stern, *The Company-State*, Oxford, 2011, pp.21-22, 24.

(4) 書簡集はBritish Library(以下BL), IOR, Ｅシリーズを、セント・ヘレナ島商館文書はBL, IOR, G/32の商館文書シリーズの当該年度を参照されたい。

(5) 浅田「ナポレオン戦争時代のケープ植民地世界」七三、七七―八〇頁。

(6) Anthony Webster, *The Twilight of the East India Company*, Woodbridge, 2009. 浅田實「東インド会社議会諸法令にみえる帝国」(『創価大学人文論集』(一四)、二〇〇二年)五三―七八頁。

(7) R.B. Allen, *European Slave Trading in the Indian Ocean, 1500-1850*, Athens (Ohio), 2014; Royle, *Company's Island*; Pearson, *Distant Freedom*. ボーア戦争期のセント・ヘレナ島については井野瀬久美恵『植民地経験のゆくえ』(人文書院、二〇〇四年)を参照。

(8) セント・ヘレナ島文書館所蔵の当該時期を対象とする一次史料については、Mattia Pessina, 'Labour, Environment and Empire in the South Atlantic (1780-1860)', unpublished PhD thesis, Università degli Studi di Trento, 2015, に詳しい。

(9) T.H. Brooke, *History of the Island of St. Helena*, 2nd ed., London, 1824.

(10) Peter Earle, *Sailors*, London, 1998, p.137.

(11) ブルックの著書の主要部分である一六七三年から一八二三年の時期に、同島の総督に指名された者は歴代で約二十名、その多くがＥＩＣ軍の軍人であった。Brooke, *History*, chapter 3-chapter10を参照。

(12) Brooke, *Hisotry*, p.34.

(13) Allen, *European Slave Trading*, p.38. アレンの統計では、一六二一～一七七二年にＥＩＣによってインド洋各地の同社商館へ三千人を超える奴隷が輸送された。セント・ヘレナ島(一部はベンクールン)へ大規模に輸送された少なくとも五〇〇人から七〇〇人に達する奴隷の出身地は西アフリカのカビンダ、およびマダガスカルであったとされる。

（14） BL, IOR, G/32/163. 上記はセントヘレナ島の商館文書群に含まれている。

（15） Barry Crosby, *Irish Imperial Networks: Migration, Social Communication and Exchange in Nineteenth-Century India*, Cambridge, 2011, pp.75-77.

（16） Brooke, *History*, pp.254-299.

（17） BL, IOR, G/32/163/, pp.17-18.

（18） *Ibid.*, p.18.

（19） 十八世紀半ばまでフリーブラックの身分を獲得した人数はわずかであった。Royle, *Company's Island*, pp.100-101. ＥＩＣ役員会の議事についてはE.B. Sainsbury, *The Court Minutes etc. of the East India Company*, 16668-1670, Oxford, 1929, p.390を参照。

（20） BL, IOR, G/32/163, p.23-24.

（21） Brooke, *History*, . 一七九二年二月二十二日および二十四日、ロンドンのＥＩＣ役員会で奴隷法発令に関する議事が記録されている。BL, IOR, B/114, fos.944, 949.

（22） Brooke, *Hisotry*,

（23） 村上衛「十九世紀中葉厦門における苦力貿易の盛衰」（『史学雑誌』一一八（一二）、一一三七頁、二〇〇九年）三一四頁。本稿対象時期の中国人労働者のキューバへの移動について、Lisa Yun, *The Coolie Speaks*, Philadelphia, 2008, Chapter 1を参照。

（24） ＥＩＣによる奴隷貿易についてはアレンの前掲書第二章を参照。Allen, *European Slave Trading*, pp.27-62.

（25） Royle, *Company's Island*, . 対照的に同法を十九世紀初頭以降イギリス本国の奴隷制廃止政策を先取りした試みであったと肯定的に論じてる件九もある。Pessina, 'Labour Enviroment' pp.57-61.

（26） G. C. Kitching, 'Sir Hudson Lowe and the East India Company', *The English Historical Review*, 63（248）, 1948, pp. 322-341.

（27） 一八二〇年代の監督庁（Board of Control）による奴隷待遇改善指導と対応についてはBL, IOR, F/4/766/20734, F/4/804/21593を参照。

（28） Pearson, *Distant Freedom*, p.14. 奴隷船から解放された人々の処遇については四章、五章を参照。Ewen Callaway, 'Whatt DNA reveals about St Helena's freed slaves', *Nature*, 7 December 2016.（二〇二〇年四月二十六日閲覧）

（29） 本稿の主要な参考文献の著者であるロイルには地理学研究の観点からセント・ヘレナ島にアプローチした諸研究がある。アレンによるモーリシャス島の労働に関する歴史研究書としてR. B. Allen, *Slaves, Freedmen, and Indentured Laborers in Colonial Mauritius*, Cambridge, 1999も参照。

〔III　史料のなかのケープ植民地〕

豊富なデータが開く歴史——ケープ植民地の統計史料

ヨハン・フォリー（訳・末永信義）

Johan Fourie——ステレンボッシュ大学教授。オランダ領期を中心とする、南アフリカ経済史の論考・著作多数。J. Fourie and Dieter von Fintel, 'The Great Divergence in South Africa: Population and Wealth Dynamics over Two Centuries", *Journal of Comparative Economics*, 47 (4), 2019, 759-773. Johan Fourie, *Our Long Walk to Ecoromic Freedom* (Tafelberg, 2021) などがある

家族や個人レベルの歴史的統計情報を、コンピュータによる量的分析から解釈する新たな方法が歴史学に現れつつある。本稿では、十七・十八世紀のオランダ東インド会社期、および十九世紀の英領植民地期の、南部アフリカ、ケープ植民地の豊かな統計的資料を概観する。その上で、これらの資料を新しいデータ解析ツールを用いて量的に分析し、経済的過去に関する新しい事実を明らかにしながら、新たな仮設の提起・検証を試みる近年の研究動向を紹介する。

ここ十年間にわたって、十七世紀中葉から十八世紀初めにかけてのケープ植民地に関する新しい経済史が現れてきている。この新しい研究の基礎には次の二点がある。一つ目は、家族や個人レベルでの統計的情報（ミクロデータ）を含む歴史史料のデジタル化と書き起こしである。二つ目は、これら史料の分析解釈を可能にする、経済史家のツールとして一般的になってきた諸技術である。本稿は、ケープ植民地——十七・十八世紀のオランダ東インド会社支配下および十九世紀英領植民地下のアフリカ南端部——の豊かな統計的資料を概観するが、そのことによって、その新しいデータ分析のツールが、経済的過去についての新しい事実を明らかにするだけでなく、経済発展に関する、以前はありえなかった仮説を検証するのに役立つということを示していく。

はじめに

歴史学がビッグデータ革命に加わった。この点は経済史にもあてはまる（Abramitzky 2015）。そしてとりわけアフリカの経済史（Fourie 2016）についてそのように言うことができる。この「データ革命」は、大量の歴史史料をデジタル化し、書

き起こし、操作し、分析し、可視化し、マッチングするための新しいツールを組み合わせることから生じた。それはコンピュータによって強化された計算処理能力と利用しやすい統計ソフトウェアの出現なくしては不可能な（あるいは極端に費用のかかった）ものであった。これらのデジタル・ツールは急激に発展普及し、いまや社会科学や人文学のほとんどあらゆる分野で使われるようになっている。

ここ二十年間のアフリカ経済史において、こうした分析ツールは、ほんの一部の例をとりあげても、生活水準の歴史的展開、大西洋奴隷貿易、伝道活動、ヨーロッパの植民地主義をよりよく理解するために使われてきた（Fourie and Obikili 2019）。筆者は二〇一四年の論考において、入植者の所得水準と所得拡大に関する論争から植民地の不均衡や停滞の原因に至るまでの、オランダ領ケープ植民地（Dutch Cape Colony）経済史の最新研究動向の中で、こうしたツールがどのように利用されているかを示した（Fourie 2014）。以下で、この論考にも言及するが、その後、新しいデータに基づいた研究が出現してきていることにも触れる。その主要部をなすのが、大量の租税センサスを書き起こす喜望峰パネル（Cape of Good Hope Panel）という大きなプロジェクトである。これは、二〇一五年に開始された。このプロジェクトの最初の成果が現在出始めている。他のプロジェクトは労働史、家族史、人口史、財政史に取り組んできた。ここでは、この新しく実り豊かな歴史叙述を発展させているさまざまな量的史料を概観する。

一、財産目録、競売、入植者の富

二〇〇〇年代初頭にケープタウン大学と西ケープ大学の研究者がチームを組み、孤児評議会原簿第八シリーズ（Master of the Orphan Chamber 8-series: MOOC 8）という財産目録データを書き起こした。これら財産目録は、人々が亡くなった時点での資産を記録したものである。すべての死は孤児評議会に登録されねばならなかった。しかし目録に集められているのは、自由民のうち、亡くなった時に遺言がなかった（ab intestato）か公的遺言書があった（ex testamento）、あるいはその相続人が二十五才未満であったか、精神的に正常でなかったか、国外にいた、あるいは追跡できなかった者の資産となる（Fourie 2013a: 426）。財産目録は、そのため、植民地住民の見本を示しているが、おそらく私的遺言書を遺したであろう入植者世帯の中で最も裕福なグループが含まれていないと思われる。

こうした財産目録にリスト化されている資産から、入植した人々の物質文化の詳細が明らかとなる。歴史家たちは、言語や芸術を含む入植者の生活のさまざまな社会的文化的側面をよりよく理解するためにこれらの記録を使ってきた。しかし、私は異なる方法で用いることにした。『スタイラス・スタジオ2010』(Stylus Studio 2010)というソフトウェアとXSLスタイルシートを使い、二五〇〇以上の財産目録にリスト化された、二十八種類の異なる資産に関する情報を抽出した。これらのコンピュータツールなくしては、これはほとんど不可能な仕事だったろう。例えば、二五七七の財産目録には九十万頭以上の羊、十四万頭以上の牛が数えあげられるのである。次に筆者は別の統計ソフトウェアを用いて、抽出されたデータを操作・分析した。この操作と分析のプロセスの全解説は、私の博士論文の補遺のなかで展開されている(Fourie 2012)。

財産目録の弱点の一つは、評価額情報がほとんど含まれていないことである。幸運なことに、そのような価格情報には孤児評議会原簿第十シリーズ(MOOC 10-series)つまり競売簿(auction rolls)が利用できる。このシリーズの最初の五冊だけが書き起こされて利用できる。ここから、二十八種類の資産の中間価額を計算し、目録に記載された数量と掛け合わせることができるため、入植者世帯の平均的な所得バスケットを推算するのに十分な材料がそろう。

このデータ分析によって、筆者は二〇一三年の論考(Fourie 2013a)でケープ植民地の住民の富裕度に関して新たな見解を提示した。同時期のイングランドやオランダの市民、チェサピーク(Chesapeake)の入植者と比較すると、ケープの入植者はかなり豊かだったことが判明したのである。この結果は、デュ・プレシ(Du Plessis and Du Plessis 2021)やデ・ズヴァルト(De Zwart 2013)らの、オランダ東インド会社からの給金(入植者人口内の小さな副標本)から計算された実質賃金を根拠としている研究の主張とも合致していた。ケープの入植者たちが豊かであったという考えは、従来の研究と対照をなすものであった。そうした研究では、統計史料や技術の利用が限られていたこともあって、ケープ入植者は生存ぎりぎりの水準をほんのわずかに上回る水準で暮らすような、明らかに貧しい人々とみなされていた。それに対して、筆者は、ウィレム・ボスホフとともにケープ植民地の住民が、寄港する船へ小麦、ワイン、肉類を供給することを通じてかなりの富を形成していたことを示した(Boshoff and Fourie 2010)。しかし需要だけが重要だったわけではなく、供給サイドにおける生産要素もまた重要であった。以下ではこの要素を検討する。

財産目録は、筆者が博士論文で分析した二十八の事項を越えて多くの情報を含んでいる。博士論文では、所得しか考慮に入れることができなかった。しかし、財産目録が明らかにするのは、ケープ植民地への入植者が、他の農民、教会、孤児評議会との間に幅広い貸借関係を結び、非常に多くの負債があったことである。高水準の負債があることを、同時代に解釈した人も、後世の歴史家も、窮乏化する社会を反映するものと解釈した。しかし、財産目録はその反対のことを示唆している。筆者とスワネプルが二〇一八年に行った研究(Fourie and Swanepoel 2018)は、財産目録にあらわれる信用取引を一万二〇〇〇件以上分析した。その結果、借入理由として、最も多いのは土地や奴隷の購入であったことが判明した。これらは長期投資であり、そうした負債は、ほとんどの場合、貧しさというよりもむしろ豊かさを反映したものである。ここから、ケープ植民地の住民が注目に値するほどの富は、少なくともその一部は、植民地社会と並んで発展した奴隷制と密接に結びつけられて構築された、非公式だが精巧にできた信用取引によって産まれたものであったことがわかる。

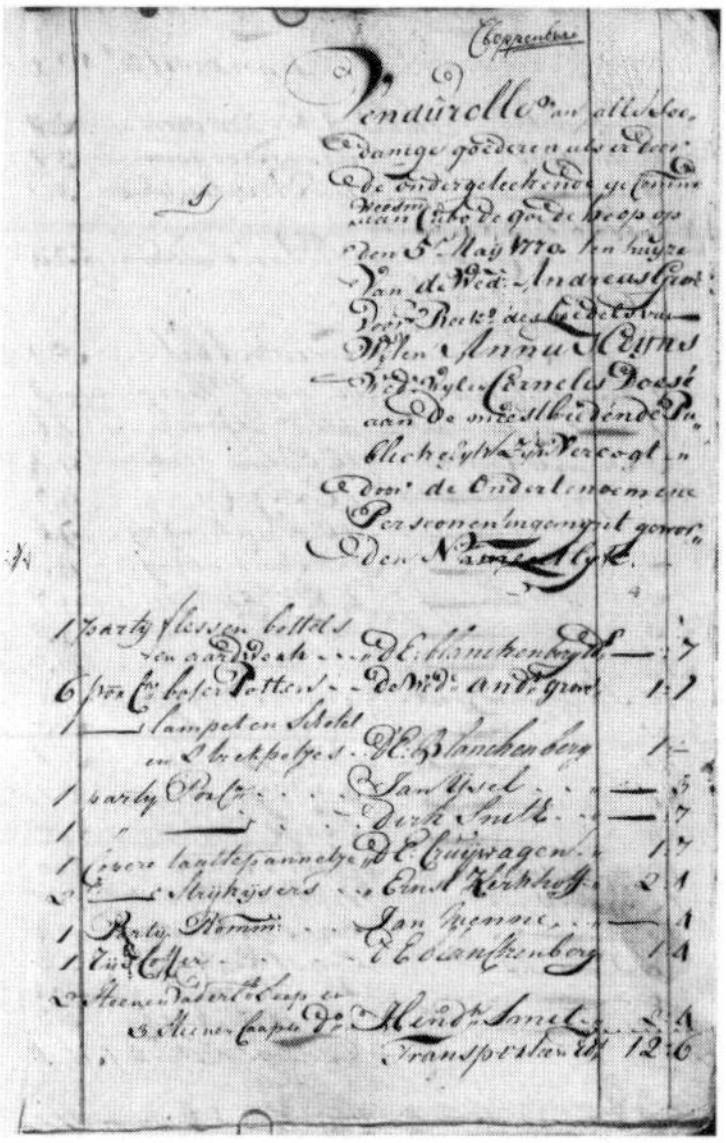

MOOC10/10.1

Heijns, Anna
17700505

Anna Heijns
5 Maij 1770

pp. 10-13

Cloppenburg

Vendurolle van alle soodanige goederen als er door de ondergeteekende gecomm:e Weesm: aan Cabo de Goede Hoop op den 5:en Maij 1770 ten huijze van de wed:e Andreas Grové voor reek:g des boedels van wijlen Anna Heijns wed:e wijlen Cornelis Doesé aan de meestbiedende publickelijk zijn vercogt en door de ondertenoemene persoonen ingemijnt geworden, namentlijk:

		Rd:s
1 partij flessen, bottels en aardwerk	d E: Blanckenberg	–:7
6 porc:ne boterpotten	de wed:e And:s Grové	1:7
1 porc:ne lampet en schotel en 2 trekpotjes	d' E: Blanckenberg	1:–
1 partij porc:n	Jan IJsel	–:3
1 partij porc:n	Dirk Snith	–:7
1 copere taaltepannetje	d E: Cruijwagen	1:7
2 copere strijkijsers	Ernst Kerkhoff	2:1
1 partij romm:	Jan Menne	–:4
1 rijs coffer	d E Blanckenberg	1:4
2 steenen vaderl:s seep en 2 steenen Caapse seep	Hend:k Smit	2:4
1 casje met thee en 1 bijbel	de wed:e And:s Grové	2:1
6 kussens	Frans Koensen	3:1
5 kussens	Jan Redelinghuijs	3:2
1 bed, 1 peul, 4 cussens en 2 combaarsen	s:r Van Oudshoorn	25:4
1 bijbel en 1 nagtmaalbook met silvere beslag en 4 boeken	Fred:k Abel	5:2
1 partij olijtijten	d E: Mart:s Berg	–:5
1 partij canten en lind	de wed:e Bouree	1:6
2 swarte chitsen	d E: Blanckenberg	9:4
2 swarte chitsen	d E: La Febre	9:7
2 swarte chitsen	d E: Blanckenberg	9:7
2 swarte chitsen	M:r Sandenberg	9:5
2 swarte chitsen	de wed:e Bouree	9:7
3 swarte chitsen	m:r Sandenberg	14:5
1 ½ swarte chitsen	m:r Sandenberg	8:5
12 sloopen in zoort	Christ:n Bremicke	2:3
12 sloopen in zoort	m:r Rijneveld	2:3
12 sloopen in zoort	Christ:n Bremicke	2:1
16 sloopen in zoort	de wed:e Jan Eelers	1:1
14 sloopen in zoort	Frans Koensen	3:–
10 handdoeken	Franc:s Drago	1:–
12 servetten	de wed:e And:s Grové	1:5
12 servetten	Frans Koensen	1:4
6 laakens	Ernst Kerkhoff	3:3
6 laakens	Jan Roep	2:4
6 laakens	Ernst Kerkhoff	3:7
1 partij garen en papier	Jan Benicke	2:1
3 sprijen	Jan Redelinghuijs	2:–

Page 4

図　競売簿の一例：左が原簿史料、右が書き起こされたデータベース用の史料
（所蔵：Western Cape Archives Repository, Cape Town.）

二、奴隷制、労働、解放

ケープ植民地へは、一六五二年のヨーロッパ系の人々の入植後すぐに西アフリカから奴隷が連れて来られたが、奴隷制が植民地社会に深く根付くのは十八世紀の変わり目のことだった。植民地における農業——特に小麦とワイン生産——の成長には労働力が必要だった。ヨーロッパ人がやって来た時代、ケープに住んでいたコイサン（the Khoisan, Khoesan［訳注　先住民（サンとコイコイ）を指す包括的な呼称］）はこの労働需要を満たすことを嫌った。ケープ南西の肥沃な土地を入植者のせいで失ったあとでさえ、コイサンは入植者に従属することよりも半ノマド的な生活スタイルのほうを好んだ。そこでオランダ東インド会社は労働力補充のためどこか他の場所を探さねばならなくなり、インド洋へ目を転じたのである。

十八世紀の大半を通じて、ケープの奴隷たちは現在のマレーシア、インドネシア、インド、マダガスカル、モーリシャス、モザンビークから来ていた。多くは半熟練労働に従事し、農場でさまざまな仕事を行っていた。イェルク・バーテン（Joerg Baten）と筆者はケープ史料館 Cape Archives［訳注 西ケープ史料館（Western Cape Archives and Records Service, Kaapse Argiefbewaarplek（KAB）/ Cape Archives Repository(CAR)）の通称］所蔵の裁判所記録中に報告されている犯罪者の年齢を利用し、奴隷たちが自分たちの出身地から高水準の数的思考力（いいかえれば人的資本）をもっていたことを示した（Baten and Fourie 2015）。こうした奴隷のなかには、彼らの所有者によって、建設作業のような特別な仕事をさせるために隣人の農家に貸し出される者もいた。ケープの奴隷制は、ラテン・アメリカ、カリブ海、アメリカ南部のプランテーション経済とはかなり異なる構造を有していた。財産目録によれば、ケープ入植者は平均して奴隷を一人で五人所有していた。これは南北アメリカ大陸のプランテーションで働いていたであろう、数百（あるいは数千）の人々よりははるかに少ない。この原因は、ケープ植民地が砂糖、コーヒー、綿花のような労働集約型の商品の生産に適した熱帯気候ではなく、温和な気候であったことによる（Sokoloff and Engermann 2000）。ブドウ栽培だけが、カリブ海の砂糖栽培と同規模までは言えないにせよ、かなりのスケールをもった唯一の生産だった。ケープ植民地の農民たちが奴隷を獲得したのは、農作業労働用だけでなく、別の理由もあったのである。私は財産目録を利用して、奴隷労働力が農場で農作業以外の多くの生産活動に使用されたことを示し、そこで規模の経済よりもむしろ範囲の経済が働いていたことを論じた（Fourie 2013b）。また、奴隷は労働目的でない理由からも獲得された。財産目録から、奴隷がしばしば信用取引における担保物権として利用されたことも判明している（Fourie and Swanepoel 2018）。

しかし、財産目録は、亡くなった時点での個人資産を記録しているにすぎず、農業生産や農場でのその他の形態の労働（奴隷のそれを除く）についての情報をほとんど含んでいない。

だが、これら記載されていない項目は、例えば、研究の目的が農場での生産性や収入を測ることであるならば、不可欠なものである。

租税センサス（the tax censuses: *opgaafrolle*）に入ろう。一六六三年から一八四五年にかけて毎年、ケープ植民地では入植地の十六歳以上の全ての男子入植者を対象に租税センサスが実施されていた。これらセンサスはオランダ国立文書館（Dutch National Archive）とケープ史料館に保管されている。ルンド大学のエリック・グリーン（Erik Green）とステレンボシュ大学の筆者が中心となっている喜望峰パネルという大きなプロジェクトは、これら租税センサスを完全に書き起こして、だれもが利用できるようにすることを目的としている（Fourie and Green 2018）。

一九七〇年代にハンス・ヘーゼ（Hans Heese）とロバート・シェル（Robert Shell）によって、飛び飛びの何年か分の租税センサスが書き起こされている。これらは最初、パンチ・カードに記録され、それから大量のフィルムに記録された。二〇〇七年に私はへーゼと会い、これらの古いデータセットをエクセルファイルに移すことに決めた。ディーター・フォン・フィンテル（Dieter von Fintel）と共に、我々は、これら初期のケープ入植に関する一連の記録を利用して植民地社会の富の大きさと所得格差を測定した（Fourie and Von Fintel 2010, 2011）。また、これらの記録を利用して入植者の生産性を推定し、フランスのユグノー移民が、非ユグノーやオランダ人の同胞たちよりもブドウ栽培においてより生産的だったことを示した（Fourie and Von Fintel 2014）。

しかしながら、最近書き起こされたセンサスは、はるかに多くの可能性を秘めている。各年の情報が集まったので、年月を超えて特定の個人をマッチングすることが、ずっと容易になった。レイプマ、シリエと筆者は、フロンティア地域にあったフラーフ（グラーフ）―レイネット（Graaff-Reinet）地区を事例として、機械学習アルゴリズムを各センサスの間で名前を一致させるためにどのように利用できるかを示した（Rijpma, Cilliers and Fourie 2019）。これらの技術的手法は現在一層洗練されて別の地域のデータにも適用されている。

このデータセットパネルには、家財、労働力（コイサン、奴隷）とともに、所有している馬、牛、羊、荷馬車や荷車の数、播かれて刈り取られた小麦・大麦・ライ麦・オーツ麦の量、植えられているブドウの木の数と生産されたワインやブランデーの量といった農業資産が含まれ、それらから十八〜十九世紀初頭にかけての労働生産性をくわしく分析することが可能になる。リンクス、グリーンと筆者はこのデータを用いて、奴隷労働が他の強制労働に代替可能かを推測した（Links, Green and Fourie 2018）。この研究では、フラーフーレイネット地区の相補係数のヒックス弾性値を算出することで、入植者、コイサン、奴隷の労働力が相互に代替可能ではないということを示した。実際、コイサンと奴隷とは労働力としては十九世紀初期を通じて互いに補完しあっていたのである。この結果は労働以外の目的のために奴隷が購入されていたことを再び指し示している。このことは、マルティンス（Martins 2019）の、一八〇七年の奴隷貿易廃止法（Slave Trade Act）がケープ植民地の複数地区へ与えた影響を分析した研究の見解とも合致している。彼は、穀物農家よりも、驚くべきことに牧畜農のほうが奴隷の輸入禁止にたいして適応性がなかったことを示し、奴隷所有主が農業生産の範疇を越えて奴隷からレント収入を引き出していたことを明らかにした。

一八三四年に、奴隷制は公式に廃止された。もっとも、奴隷にされていた者はそれ以降、四年間の年季奉公をせねばならなかった。イギリス帝国下の奴隷解放の特徴は、補償金が以前の奴隷所有主に支払われたということである。マルティンス、シリエと筆者は、将来収入を生み出すはずの資産（奴隷）を失うことを部分的に補填支払いすると考えられたこの補償金を使って、資産消失ショック（negative wealth shock［NWS］）が入植者の寿命を短縮させたかを分析した（Martins, Cilliers and Fourie 2019）。その結果、より大きなNWSを経験した世帯主は、自身の寿命を縮めるばかりか、その子どもたちの間にはより高い乳幼児死亡率がみられたことを明らかにした。

奴隷解放は以前の奴隷所有主と奴隷にされていた者との両方に、当然ながら影響を与えた。ステレンボッシュ博士課程のリサ・マールティン（Lisa Martin）は、解放された奴隷を一八四九年の宣教拠点センサス（mission station census）でマッチングさせ、かつて奴隷にされていた人が宣教拠点に選別された経緯や、入植者の農家に留まった人々に対して宣教教育（mission education）がもった効果を詳らかにする研究を行っている（Fourie, Ross and Viljoen 2014; Fourie and Swanepoel 2015）。

三、家族、土地、モビリティ

奴隷にされていた人々や年季奉公させられたコイサンの人々の生活を調査するために多くの研究が進行中である。彼らに関して我々が知っていることが比較的少ないのと対照的に、ヨーロッパ人入植者の人口統計については詳細が明らかになっている。これは何世代にもわたるアマチュア系図研究者たちのおかげである。彼らは主にアフリカーナーの家族に関して誕生・洗礼・結婚・死といった情報を綿密に収集した。これらのデータは南アフリカ系図学研究所（Genealogical Institute of South Africa）によって南アフリカ家族データベース（South African Families（SAF））へ統合された。シリエとマリオッティはこのデータを用いて、十八世紀と十九世紀における入植者の出生を算出した（Cilliers and Mariotti 2019）。この研究は、ダイヤモンド鉱山発見後十年過ぎた一八七〇年代が、出生率動向が変化する境界線となることを示した。対照的に、十八世紀を通じて、入植者の女性は平均して約七人の子どもをもうけていた。

ＳＡＦに記載された個人を租税センサスにおいてマッチングさせることで、シリエとグリーンはケープ植民地のフロンティア地域における土地の取得可能性と出生率との相関関係を分析した（Cilliers and Green 2018）。そこから、入植者の子どもの数が、取得できる土地が少なくなるにつれて増加したことがわかった。彼らはこの原因を、入植者の労働需要が限界生産性の関数ではなかったためだと論じている。つまり貧しい入植者は土地が少なくなることに対してより多くの子どもを持つことで対応していたが、富裕な入植者は生産性の高い資産へ投資することを選んだ。

世帯主を複数の課税年次にわたって一致させてデータパネルにまとめることができたことに加えて、ＳＡＦに含まれている系図情報を使えば、それらの世帯主をその子孫とつなげることができる。これにより複数世代にわたるデータパネルの構築が可能になる。そうしたパネルが利用できるようになれば、ケープのような前工業化時代の植民地社会における世代間の富の移転の過程を興味深い形で垣間見ることができる。その最初の試みにシリエ、スワネプルおよび筆者との共同研究が挙げられる。我々は農場の数、所有されている奴隷の数、負債の規模それぞれの持続性を見ることによって、世代間の所得移転を算出した（Cilliers, Fourie and Swanepoel 2019）。これら三つの富の指標は、とても良く似た結果を示した。さらに、この研究は、ケープの入植者の世代間のモビリティが高かったことと、そしてこのことが所得分布の底辺にいる人々に特にあてはまっていたことを明らかにした。これは、同時代に貧困からスタートして一世代の間に富裕なワイン農民になった入植者の記録と一致している。

この高い社会的流動性の背景の一つが移住であった。ステレンボッシュ大学博士課程のハインリヒ・ネル（Heinrich Nel）は租税センサスを使って、ステレンボッシュとフラーフーレイネット両地区の所得の変遷パターンを比較している。研究は、貧しい家族がステレンボッシュのエリートである入植者の社会へ入ることは困難だったと論じる。だから、これらの人々はフロンティアに移動して、生活水準を向上させていった。ネルは、二つの地区の財産権に関するシステムが異なったことが、モビリティにこのような違いが生じた原因の一つであると論じる。

ケープタウン――もともとオランダ東インド会社の物資補給地から成長した町――に近い地域は自由保有農場のシステムであった。つまり土地の私的所有が広く行われていた。しかしながら最初の山脈線を越えると、借地農場のシステムが発展していた。ダイとラ・クロイは、利益を最大化する買い手独占モデルを展開させてオランダ東インド会社が自由保有農場から借地農場のシステムへ転換するように選択した背景を説明している（Dye and La Croix 2020）。彼らは、コイサンの抵抗が弱まっていたことが、この転換に重要な役割をはたしていたとする。しかし、スワネプルと筆者は、財産権のシステムの違いは、農民が富を築く上での障害とはならなかったと主張する（Swanepoel and Fourie 2018）。筆者たちは、財産目録と新しいツールを用いた多様なアプローチをとって、入植者の信用取引が両地区で類似していたことを示した。これが意味するのは、法律上の財産権のシステムは違っていたけれども、事実上の権利は同じと考えられていたということである。

入植者たちがそれらの土地を利用できたのは、ヨーロッパ人が来る前からその地域に住んでいたコイサンの人々から奪ったからであった。コイサンの人口規模や、コイサンの人々が土地の没収、紛争、病気によって影響をうけたスケールを確定することは困難だが、創意に富んだ研究者は断片的な証拠を使って概算できる。グリーンと筆者の二〇一五年の論考は、植民地経済に参加していたコイサンの総数を算出するために、租税センサスと入植者農民の日誌記録を組み合わせて分析した（Fourie and Green 2015）。これに対して、ラ・クロイは、いささか異なった方法を用いて、よりよい概算を導き出した（La Croix 2018）。十八世紀末までに、南西ケープにおける大半のコイサンは、内陸部へより深く入って行ったか、労働者として植民地経済に組み込まれた。だが、いくつかの自由なコイサンの居留地が残った。注目すべきは、これら村々のいくつかは税目的で調査もされ、この税の記録が文書館に残されていることだ。それらは現在、書き起こしが進められているところである。その初期の成果の一つとしてリンクス、フォン・フィンテル、グリーンによる研究がこれらの村々の内部で格差が大きかったことを明らかにしつつある。同時に、この研究は、不平等のレベルが、世帯をどう定義するかで変化すると指摘している。つまり、欧米の定義に基づく核家族概念は、拡大家族の複数の構成員が自分自身を家族の一部とみなすかもしれないような場には適用できないということである。こうした記録は、今後の研究にとって刺激的な道筋を提供してくれる。そしてこれまで無視されていた人々の歴史史料を書き起こす努力をより一層つづけていく必要があるということだけでなく、現地住民の経済システムを扱う理論的アプローチを構築する必要性を喚起してくれる。

おわりに

十八世紀から十九世紀のケープ植民地のために利用できる史料の豊富さを鑑みると、なすべきことはたくさん残っている。喜望峰パネルは、現在道半ばであり、その継続にはかなりの資金が必要である。競売記録（MOOC 10-series）もまた、デジタル化されたものの書き起こしになおかなりの資金が必要である。また、地図をデジタル化できれば、分析に地理上の偏差を加えることができるであろう。さらに、裁判記録(Court of Justice records) から、被雇用者リスト、財産権利証書に至るまで、さまざまな史料が豊富に存在している。これらの史料が利用できるようになれば、それらを整え、また各史料に登場する諸個人を史料間で相互にマッチングさせるという技術的な課題を克服するために、相当量の努力、スキルそしてコンピュテーション・パワーが必要となろう。そしてそれは始まりに過ぎない。コイサンや奴隷にされた人々の史料がさらに発見され、デジタル化され、書き起こされるにつれて、それらは新しい研究課題や仮説を提起し、ケープ植民地の経済史や社会史はよりバランスのとれた見方ができるようになっていくだろう。

この作業には、大きなデータの塊を意味のある統計に転換させる技術的ツールと、植民地時代の文書を丹念に解読し、実証的に導き出された結果を補完（そして批判）できるような定性的史料の断片を見つけだす精神をもつ歴史学手法とを備えもつ、新しい世代の経済史家たちが必要となってくるであろう。

参考文献

Abramitzky, R. (2015) 'Economics and the modern economic historian', *The Journal of Economic History*, 75 (4), pp.1240-1251.

Baten, J. and Fourie, J. (2015) 'Numeracy of Africans, Asians, and Europeans during the early modern period: new evidence from Cape Colony court registers', *The Economic History Review*, 68 (2), pp.632-656.

Boshoff, W.H. and Fourie, J. (2010) 'The significance of the Cape trade route to economic activity in the Cape Colony: a medium-term business cycle analysis', *European Review of Economic History*, 14 (3), pp.469-503.

Cilliers, J., Fourie, J. and Swanepoel, C. (2019) "Unobtrusively into the ranks of colonial society': Intergenerational wealth mobility in the Cape Colony over the eighteenth century', *Economic History of Developing Regions*, 34(1), pp.48-71.

Cilliers, J. and Green, E. (2018) 'The Land–Labour Hypothesis in a Settler Economy: Wealth, Labour and Household Composition on the South African Frontier', *International Review of Social History*, 63 (2), pp.239-271.

Cilliers, J. and Mariotti, M. (2019) 'The shaping of a settler fertility transition: eighteenth- and nineteenth-century South African demographic history reconsidered', *European Review of Economic History*, 23 (4), pp.421–445.

Dye, A. and La Croix, S. (2020) 'Institutions for the taking: property rights and the settlement of the Cape Colony, 1652–1750', *The Economic History Review*, 73 (1), 33-58.

De Zwart, P. (2013) 'Real Wages at the Cape of Good Hope', *Tijdschrift voor Sociale en Economische Geschiedenis*, 10 (2), pp.28-58.

Du Plessis, S. and Du Plessis, S. (2012) 'Happy in the service of the Company: the purchasing power of VOC salaries at the Cape in the 18th century', *Economic History of Developing Regions*, 27 (1), pp.125-149.

Du Plessis, S., Jansen, A. and von Fintel, D. (2015) 'Slave prices and productivity at the Cape of Good Hope from 1700 to 1725: Did all farmers win from the trade?', *Cliometrica*, 9 (3), pp.289-330.

Fourie, J. (2016) 'The data revolution in African economic history', *Journal of Interdisciplinary History*, 47 (2), pp.193-212.

Fourie, J. (2014) 'The quantitative Cape: a review of the new historiography of the Dutch Cape Colony', *South African Historical Journal*, 66 (1), pp.142-168.

Fourie, J. (2013[a]) 'The remarkable wealth of the Dutch Cape Colony: measurements from eighteenth ' century probate inventories', *The Economic History Review*, 66 (2), pp.419-448.

Fourie, J. (2013b) 'Slaves as capital investment in the Dutch Cape Colony, 1652-1795' in Svensson, P. & Hillbom, E. (eds.) *Agricultural transformation in global history perspective*. Routledge.

Fourie, J. (2012) 'An inquiry into the nature, causes and distribution of wealth in the Cape Colony, 1652-1795'. (Doctoral dissertation, Utrecht University).

Fourie, J., and Green, E. (2015). 'The Missing People: Accounting for the Productivity of Indigenous Populations in Cape Colonial History', *The Journal of African History, 56* (2), pp.195-215.

Fourie, J. and Green, E. (2018) 'Building the Cape of Good Hope Panel', *The History of the Family*, 23 (3), pp.493-502.

Fourie, J. and Obikili, N. (2019). 'Decolonizing with data: The Cliometric Turn in African Economic History'. In: Diebolt, C., and Haupert, M. Handbook of Cliometrics. Second edition. Springer International Publishing.

Fourie, J., Ross, R. and Viljoen, R. (2014) 'Literacy at South African mission stations', *Journal of Southern African Studies*, 40 (4), pp.781-800.

Fourie, J. and Swanepoel, C. (2018) "Impending Ruin' or 'Remarkable Wealth'? The Role of Private Credit Markets in the 18th-Century Cape Colony', *Journal of Southern African Studies*, 44 (1), pp.7-25.

Fourie, J. and Swanepoel, C. (2015) 'When selection trumps persistence:

The lasting effect of missionary education in South Africa', *Tijdschrift voor Sociale en Economische Geschiedenis*. 12(1): 1-29.

Fourie, J. and Von Fintel, D. (2014) 'Settler skills and colonial development: the Huguenot wine‐makers in eighteenth‐century Dutch South Africa',. *The Economic History Review*, 67(4), pp.932-963.

Fourie, J. and Von Fintel, D. (2011) 'A history with evidence: Income inequality in the Dutch Cape colony', *Economic History of Developing Regions*, 26(1), pp.16-48.

Fourie, J. and Von Fintel, D. (2010) 'The dynamics of inequality in a newly settled, pre-industrial society: the case of the Cape Colony', *Cliometrica*, 4(3), pp.229-267.

La Croix, S. (2018) 'The Khoikhoi population, 1652-1780: a review of the evidence and two new estimates', *Studies in Economics and Econometrics*, 42(2), pp.15-34.

Links, C., Green, E. and Fourie, J. (2018) 'Was Slavery a Flexible Form of Labour? Division of Labour and Location Specific Skills on the Eastern Cape Frontier', African Economic History Working Paper Series, 42.

Martins, I. (2019). 'An Act for the Abolition of the Slave Trade: The Effects of an Import Ban on Cape Colony Slaveholders', African Economic History Network Working Paper Series, 43.

Martins, I., Cilliers, J. and Fourie, J. (2019) 'Legacies of Loss: The intergenerational outcomes of slaveholder compensation in the British Cape Colony', (No. 197). Lund University, Department of Economic History.

Rijpma, A., Cilliers, J. and Fourie, J. (2020) 'Record linkage in the Cape of Good Hope Panel', *Historical Methods: A Journal of Quantitative and Interdisciplinary History*, 53(2), pp.112-129.

Shell, R.C.H., 1994. *Children of bondage: A social history of the slave society at the Cape of Good Hope, 1652-1838*. Hanover: Wesleyan University Press published by University Press of New England.

Sokoloff, K.L. and Engerman, S.L. (2000) 'Institutions, factor endowments, and paths of development in the new world', *Journal of Economic perspectives*, 14(3), pp.217-232.

Swanepoel, C. and Fourie, J. (2018) 'Why local context matters: property rights and debt trading in colonial South Africa', *Studies in Economics and Econometrics*, 42(2), pp.35-60.

Von Fintel, D., Du Plessis, S. and Jansen, A. (2013) 'The wealth of Cape Colony widows: Inheritance laws and investment responses following male death in the 17th and 18th centuries', *Economic History of Developing Regions*, 28(1), pp.87-108.

英領ケープ植民地における陸軍と関連史料　一七九五～一八二〇年

辻本　諭

成立期（一七九五～一八二〇年）の英領ケープ植民地には、平均して四〇〇〇人を超える規模の陸軍が駐屯し、その人員や活動に関してさまざまな史料が作成された。本稿では、陸軍内で定期的に行われた部隊調査の記録と陸軍軍人に関わる叙述史料を主として取り上げ、その分析を通じて、移動集団としての、また接触領域における活動主体としての陸軍の特質、活動のありようを明らかにする。

はじめに

英領ケープ植民地は、フランス革命・ナポレオン戦争中の一七九五年および一八〇六年にイギリスが軍事征服によってオランダから奪取し成立した植民地である（この間、アミアンの和約後の一八〇三年から三年間はオランダに返還されていた。その後、イギリスの支配権は一八一四年に結ばれたロンドン協定《コンヴェンション》により確定する）(1)。この経緯からも明らかな通り、成立期の英領ケープ植民地には、対外的には領土防衛のため、またイギリスからインドに至る安全な海上交通路《シー・レーン》を確保するため、そして対内的には混乱した統治秩序の回復のため、相当規模の軍隊の維持が必要とされた。実際に、一七九五年から一八二〇年にかけては平均して四〇〇〇人を超える陸軍が駐屯し、その人員や活動に関して多くの史料が作成されている。本稿では、これら陸軍に関連する主要な史料を取り上げ、その特徴と内容について詳しく検討する。同時に、イギリス陸軍の、移動集団としての、また接触領域《コンタクト・ゾーン》における活動主体としての

つじもと・さとし――岐阜大学教育学部准教授。専門は近世イギリス軍事史。主な著書・論文に「王政復古期イングランドにおける都市・城砦守備隊」（『史学雑誌』一一九編一一号、二〇一〇年）、君塚直隆（編著）『よくわかるイギリス近現代史』（分担執筆、ミネルヴァ書房、二〇一八年）などがある。

諸側面を、具体的な史料分析をもとに描き出してみたい。

第一節では、陸軍内部で定期的に行われる部隊調査の記録、第二節では、陸軍軍人に関わる叙述史料（植民地滞在記録、書簡、調査報告書）をそれぞれ中心に取り上げる。またこれらに加えて、陸軍の年次将校リストや『ケープ在住者に関する伝記記録集』など、その他の関連史料も適宜参照しながら、可能な限り多面的な分析を試みたい。

図1　ロンドン郊外のキューにあるイギリス国立公文書館。陸軍に関する多くの公文書が保管されている（筆者撮影）

一、部隊調査の記録

本稿が対象とする時期のイギリス陸軍では、軍の駐屯地あるいは部隊ごとに、勤務する将校の構成、兵員数、部隊配置、装備、人員の状態などが定期的に調査されていた。不足人員の補充から、給与の支払い、物資の支給、規律の維持、部隊の移動に至るまで、軍を円滑に維持・展開していくためにはこれらの情報が欠かせなかったことから、とくに陸軍の規模と活動範囲が急拡大する十八世紀半ば以降、複数の調査が制度化され、その記録が軍務長官《アジュタント・ジェネラル》のもとに体系的に保管されるようになった。以下で取り上げるのは、主要な陸軍駐屯地ごとに月に一度行われた駐屯地別の調査と、個別の部隊に対して毎年行われた部隊査察《インスペクション》の二つの記録である（これらは現在、イギリス国立公文書館《ザ・ナショナル・アーカイヴズ》が保管する陸軍省文書《ウォー・オフィス・ペイパーズ》[WO17, 27]にそれぞれ収められている）。

（一）駐屯地別の調査記録

駐屯地別の調査記録においては、各駐屯地に勤務していた部隊、その配置、所属する将兵の数や勤務状況（通常勤務、病気、死亡、特別任務、休暇、解雇、脱走など）に関する情報が記載されている。これらの項目について、一七九五年から一八二〇年までの記録を調べまとめたものが**表1、2**である。

これらをもとに、ケープ植民地に駐屯した陸軍についていくつかの特徴を指摘してみよう。

まず、**表1**の兵士数に注目すると、当該時期を通じて、ケープには少なくとも二〇〇〇人、多い時には七〇〇〇人を超える兵士が駐屯していたことがわかる。(2) 一八〇〇年前後の植民地人口がおよそ六万人（うち白人が二万人）、統治行政の中心地であるケープタウンの人口が十九世紀初頭において一万六、七〇〇〇人であったことを踏まえると、(3) 相対的な陸軍規模はかなり大きかったと考えられる。また**表2**を見ると、この二十二年間の間に、三つの騎兵連隊、二四の歩兵連隊／部隊、砲兵・工兵部隊の駐屯が記録されており、当時のイギリス陸軍が本国を含め帝国内を数年ごとに巡回移動《ローテーション》し、各地で勤務に当たっていた状況を見て取ることができる。いくつか具体的な部隊移動の例を挙げれば、たとえば歩兵第八〇連隊は、イギリス→ケープ→インド→セイロン→エジプト→インド→イギリス（一七九六～一八一七年）のように、また歩兵第二二連隊は、イギリス→ケープ→インド→モーリシャス→イギリス（一八〇〇～一八一九年）、歩兵第三八連隊は、イギリス→ケープ→スペイン領ラ・プラタ→イギリス→大陸ヨーロッパ→イギリス→ケープ→インド（一八〇五～二三年）のように、いずれも大西洋およびインド洋をまたぐ遠距離移動を経験している。(4) イギリス帝国史家ジョン・マカリアが指摘す

表1　ケープ植民地におけるイギリス陸軍 1795～1820年* (兵士数と、前月の調査以降に生じた増加／減少数**)

調査年	兵士数	増加／減少数
1795	2955	1/36
96	7339	581/142
97	4515	5/8
98	2676	0/7
99	2769	0/2
1800	3927	0/8
01	4547	67/14
02	2650	11/25
07	6843	227/42
08	6227	120/27
09	6407	108/15
10	3615	3/4
11	4645	5/6
12	4573	4/11
13	4787	111/14
14	5047	3/10
15	4034	3/5
16	4141	1/92
17	2390	10/8
18	2950	144/164
19	2923	63/20
20	2881	2/9

*各年12月（1796年のみ11月）の調査記録を記載（The National Archives [hereafter cited as TNA], WO17/1581-1588, 1590-1601より筆者作成）

**1807年以降の記録においては、病気療養、新兵徴募（リクルート）業務、傷病兵（invalid）認定などの理由によりイギリスに送られた／留め置かれた兵士・下士官について追加の記載がなされている場合があるが、表中の数字にはこれを含めていない。

表2　ケープ植民地におけるイギリス陸軍 1795～1820年*（部隊と配置）

区分	部隊名		配置
正規部隊	砲兵・工兵	Royal Artillery, Royal Engineers, Sappers & Miners, Corps of Gunner Drivers	Cape Town
	騎兵	8th, 21st 28th Light Dragoons	Cape Town（時に一部の部隊はMuyzenberg, Stikland, Rondebosch, Wynberg, Simons Townに駐屯）
	歩兵	22nd, 24th, 33rd, 34th, 38th, 47th, 54th, 60th, 61st, 65th, 72nd, 78th, 80th, 81st, 83rd, 84th, 86th, 87th, 89th, 91st, 93rd, 95th, 98th Foot, Scotch Brigade	
在地部隊	Cape Regiment/Corps（1802-20）		Reit Valley（1802）, Wynberg（1803-10）, Algoa Bay（1811）, Grahams Town（1812-20）
	Garrison Company（1813-20）		Algoa Bay
	Royal African Corps（1817-20）		Grahams Town

*各年12月（1796年のみ11月）の調査記録を記載（TNA, WO17/1581-1588, 1590-1601より筆者作成）

るように、この時期のイギリスにとってケープ植民地は「インドの入口《ゲイトウェイ》／前哨基地《アウトポスト》」として何よりも重要だったのであり、(5) 上記の例はこの点を明確に示している。もっとも、軍によって生じるケープ植民地内／外への人の流れは、必ずしも部隊の移動時に限られない。**表1**における兵員の増減の数値が示すように、新規入隊・異動・解雇・脱走・死亡などの理由により、月単位で多い時には数百人の兵士が入れ替わっていた。また、ケープはインドへ送られる部隊が「環境への順化《シーズニング》」のため一時的に滞在する場所であり、インド勤務の将校たちにとっては休暇を過ごす場所でもあった。(6) 後に触れるように、ケープ植民地に勤務・滞在した軍人の少なからぬ部分が除隊後に同地での生活を選んだことを考えると、陸軍は、植民地に新たな定住人口を供給する有力な回路として機能していたということができるだろう。

次に、**表2**における各部隊の配置を見てみると、イギリス本国から派遣された正規部隊が主としてケープタウンを駐屯地としていたのに対して、植民地の在地部隊であるケープ連隊、ロイヤル・アフリカン部隊《コー》、アルゴア湾守備隊はいずれもケープタウン以外の（とくに一八一一年以降は東部境界地帯《フロンティア》での）勤務に従事していた。(7) 前者が、戦時を除いて基本的に首府に温存される予備的な兵力であったのに対して、後者は、ブール人や植民地外のアフリカ人と直接接触する領域に展開する実働部隊であり、両者の間には勤務内容や経験において大きな違いがあった。この点は、次節において史料をもとに具体的に検討することにしたい。

(二) 部隊査察記録

部隊査察においては、各部隊（多くの場合、連隊が単位となる）の内部状況が詳細に調査された。将兵に関しては、人数とともにナショナリティ、勤務年数、契約年限、身長、年齢などが記録され（契約年限、身長は兵士のみ記載がある）、部隊に帯同する兵士・下士官の妻子の数も集計されている。また、定められた項目ごとに（たとえば、訓練、規律、装備、将兵からの不満、会食《メス》、軍法会議《コート・マーシャル》、従軍牧師、医療、教育など）、査察担当者による短いレポートが付されているほか、部隊内で生じた規律違反・犯罪とそれに対して科された処罰についても簡潔にまとめられている。以下では、一七九五年から一八二〇年までのいずれかの時期にケープ植民地に駐屯した六つの連隊を取り上げ、同地駐屯中の部隊査察記録をもとに、兵士・下士官のナショナリティ構成と、帯同する妻子の数について検討していくことにしよう。

まず兵士・下士官のナショナリティ構成については、部隊ごとにいくつかの類型を見出すことができる。多くの連隊が——たとえば歩兵第三八、五四、八三連隊のように——主としてイングランド出身者とアイルランド出身者で構成され、スコットランド出身者が僅かであったのに対して、スコットランドを成立基盤とする連隊では——たとえば歩兵第七二連隊や、とくに第九三連隊に顕著に見られるように——スコットランド出身者が（時に圧倒的な）多数を占める傾向があった。こうしたスコットランド連隊はイギリス陸軍全体の中で特別に数が多いわけではなかったが（ただし人口比からいえば、陸軍におけるスコットランドのプレゼンスは相当に大きかったといえる）[8]、ケープ植民地には際立って多くの部隊が送られていた。事実、次項で示すように、ケープ連隊の将校となった人々の中には、スコットランド連隊の軍人としてケープで勤務をした後にケープ連隊に異動し定住者となった人物が少なくなかった。[9] 一方、歩兵第六〇連隊はイギリス陸軍の正規部隊の中では例外的に、将兵の大多数を外国人《フォーリナーズ》が占める特殊な部隊である。[10] 外国人はこれ以外の部隊においては明らかなマイノリティであったが、それでも、たとえば歩兵第八三、九三連隊のように二、三十人ほどが含まれる部隊もあった。以上を総合すると、個々の部隊ごとに違いがあるものの、ケープ植民地におけるイギリス陸軍は、全体としては多様なナショナリティが混在する集団であったといえるだろう。

表3　連隊ごとの兵士・下士官のナショナリティの内訳と、部隊に帯同していた妻子数

部隊名	査察年月日	ナショナリティ					妻子数	
		English	Scotch	Irish	Foreigners	Total	Women	Children
38th Foot	1820.08.28	430 (67.5%)	2 (0.3%)	202 (31.7%)	3 (0.5%)	637 (100%)	79	108
54th Foot	1820.08.29	389 (70.1)	7 (1.3)	159 (28.6)	0 (0)	555* (100)	57	82
60th Foot	1814.10.25	2 (0.2)	0 (0)	3 (0.3)	936 (99.5)	941 (100)	42	33
72nd Foot	1820.08.30	70 (11.6)	399 (66.1)	131 (21.7)	4 (0.7)	604 (100)	43	81
83rd Foot	1814.12.09	493 (57.5)	22 (2.6)	314 (36.6)	28 (3.3)	857 (100)	64	112
93rd Foot	1811.10.22	17 (1.7)	935 (94.1)	16 (1.6)	26 (2.6)	994 (100)	96	133

*イングランドの連隊本部（Depot England）に勤務する52人については、ナショナリティの記載がないため除外してある。（TNA, WO27/105, 130, 150より筆者作成）

陸軍人員の多様性は、部隊に帯同する家族という点からも指摘することができる。**表3**から、多くの連隊には一〇〇人以上の（歩兵第九三連隊においては二〇〇人を超える）兵士・下士官の妻子が含まれていたことがわかる。なお、将校の中にも妻子や恋人を帯同させる者がかなりの数いたこと[11]（将校の場合、帯同者に関する制限は通常課されなかった）、また各連隊には従軍牧師、従軍医師、酒保商人などが同行していたことを併せて考えると、当時の陸軍は、必ずしも武装した成人男性だけからなる集団ではなかった。[12] さらに、長い十八世紀を対象とする近年の軍事社会史研究によれば、陸軍兵士たちは軍に加わる以前には、市民社会においてさまざまな職業――この時期の中下層の民衆が就く大方の職種を含む――に従事していた。[13] これらの知見は、陸軍がケープ植民地社会に対して、ナショナリティ、性別、年齢、職能など多くの面において多種多様な人材を供給しうる存在であったことを示している。

（三）ケープ植民地で勤務した陸軍軍人たち
――ケープ連隊を中心に

では、陸軍を介してケープ植民地社会の一員となっていった軍人たちはどのような人々だったのだろうか。本項では、同地に常駐する在地部隊として、境界地帯を含めた植民地社会に最も密接に関わる立場にいた（そして多くが除隊後に定住

を選択した）ケープ連隊の将校たちを中心に検討してみたい。

ケープ連隊とは、イギリス人将校と「ホッテントット（混血を含む）」の兵士から構成される在地部隊である。部隊の規模は、一八一六、一七年に大幅な削減がなされるまで十中隊／六、七〇〇人ほど（兵士のみ）が維持されていた。その人員のうちとくに将校については、前述の陸軍の部隊調査記録および年次将校リスト（一八一五、二一年）[14]、さらに『ケープ在住者に関する伝記記録集』（以後『伝記記録集』と表記する）[15]を参照することで、多くの場合名前の特定と一定の伝記的データを集めることが可能である。以下では、上記の作業を通じてまとまった情報が得られる五人の将校について、彼らの経歴・活動を具体的に追ってみることにしよう。

①ジョン・グレアム　歩兵第九三連隊（サザランド・ハイランダーズ）の少佐として一八〇六年のケープ遠征に参加。征服完了後すぐにケープ連隊の指揮官に任じられ、部隊の編制・強化を進めた。配下の将校たち（以下に挙げる②～④の人物を含む）とともに東部境界地帯での戦争・治安維持活動に従事し、第四次コーサ戦争（一八一一～一二年）では、イギリス軍の総司令官としてフィッシュ川以西の土地を植民地領として確保、前線にグレアムズタウンなど軍事基地を兼ねた都市を建設して、以後の植民活動の進展に寄与した。戦後は境界地帯の「全文武業務における監督官《コミッショナー》」として統治の安定に尽力した。一八一二年秋にヨーロッパに戻り大陸での戦争に参加した後、一五年にケープに帰還。以後は二一年に死去するまでサイモンズタウンの軍司令官《コマンダント》を務めた。[16]

②マシュー・グレゴリ・ブレイク　ジョン・グレアムと同じ歩兵第九三連隊の大尉としてケープ遠征に加わり、以後同地での勤務に従事。一八一一年にケープ連隊に異動し（大尉）、翌年少佐に昇進。ケープタウンおよびその近郊に各種の動産・不動産を所有、三六年にはサイモンズタウンの治安判事に任命された。[17]

③ジョージ・サクヴィル・フレイザ　一八〇六年にケープ連隊の大尉となる（おそらくは前述の二人と同様に一八〇六年の遠征隊の一員であったと思われるが、この時点までの経歴については、出身地がスコットランド高地地方《ハイランド》のサザランドであることを除いて明らかでない）。一三年に少佐に昇進。その前年にはオイテンハーへおよびシーアフェルトの地方長官《ランドドロスト》代理にも併せて任じられた。第四次、五次コーサ戦争（一八一八～一九年）に参加し、前線地域の防衛に尽力。グレアムズタウンおよびその周辺に土地・家屋を所有し、二三年に死去するまで大半の期間をこの地で暮らした。[18]

④ジェイコブ・グレン・カイラ　アメリカ・ニューヨーク州オルバニーのオランダ人移民を祖とする家系に生まれ、独立戦争中に親英派《ロイヤリスト》の両親とともにカナダに渡った。一七九九年にイギリス陸軍の歩兵第五九連隊に入隊（少尉）。一八〇六年のケープ遠征に同連隊の大尉として参加し、同年にケープ連隊に異動（間もなく少佐に昇進）。オイテンハーへの地方長官として同地の発展の基礎を築いた。総督チャールズ・ヘンリ・サマセット（在任一八一四～二六年）のもとで実施された「一八二〇年の植民事業」に尽力。その功績により、同事業によって建設された最初の村には彼の名が（カイラヴィル）、また植民領域全体には彼の故郷の名が（オルバニー）、それぞれ与えられた。[19]

⑤ロバート・ハート　歩兵第九一連隊（アーガイルシャ・ハイランダーズ）の兵士として一七九五年のケープ遠征に加わり、一八〇二年まで同地に駐屯。その後インド、ヨーロッパ大陸での勤務を経て（この間に下士官に昇進）、〇七年にケープ連隊の将校となる（少尉）。一〇年に中尉に昇進。一七年に除隊後、総督サマセットが運営する農場「サマセット・ファーム」の管理責任者《スーパーインテンデント》となった。「一八二〇年の植民事業」において現地案内人を務めるとともに、自身も農場「グレン・エイヴォン・ファーム」を経営、他に先駆けてメリノ羊の飼育を始めるなど、ケープにおける農業の発展にも尽力した。[20]

以上の五人の事例から窺えるのは、陸軍の正規部隊→ケープ連隊→定住というほぼ共通した経歴と、彼らが、在隊中／除隊後の違いはあれ、みなケープ植民地社会においてしかるべき立場（官職、職業、財産など）を確保していった点である。また、グレアム、カイラ、ハートの事例から明らかなように、ケープ連隊の将校たちの多くは政府が推進する境界地帯における植民活動の熱心な協力者／担い手であった。そして、グレアム、ハートのように、いったん植民地外へ移動したにもかかわらず、自らの意志で再びケープに戻って来る選択をした者たちも少なからず存在していた。

念のため付言しておけば、こうした特徴は決してケープ連隊の軍人だけに見られるものではなかった。再び『伝記記録集』からいくつか例を挙げてみると、たとえば、軽騎兵《ライト・ドラグーンズ》第二一連隊の大尉ジョゼフ・ヘア（一八〇七年から一七年までケープ勤務）は、除隊後に同地の税関職員に転身、その傍らケープタウン郊外のワインバーグで農場を購入し、またワイン検査官《テイスタ》に任命されてケープにおけるワイン製造・輸出業に深く関わっている。[21]一方、ジョナス・バラクロ（軽騎兵第二一連隊軍曹）、ウィリアム・ローレンス（同連隊兵士）、ジェイムズ・エドウィン・ダルグリーシュ（砲兵隊兵士）、トマス・ハズバンド（歩兵第五六連隊兵士）といった下士官・兵士たちもまた、除隊後にはそれぞれパブリックハウスの経営者、（馬）車大工、小売店《リテイル・ショップ》の店主、宿屋の従業員として生計を立てている。[22] なお、ナポレオン戦争後のケープ植民地では、陸軍の削減によって解雇／休職となった将校に対し東部境界地帯の土地を授与する政策がとられており、この措置によって多数の（兵士を含む）軍人たちが東部に定住していったことも併せて指摘しておきたい。[23]

本節では、陸軍の部隊調査の記録と『伝記記録集』を主として取り上げ、検討を進めてきた。次節では、それらとは異なる性格の史料を用いて、陸軍軍人の植民地における活動をさらに詳細に探ってみよう。また、そうした経験が彼ら自身によってどのように知覚され、表現され、また他者に伝えられたかについても見ていくことにしたい。

二、陸軍軍人に関わる叙述史料

本稿が検討対象とする十八世紀末から十九世紀初頭にかけては、陸軍軍人（とりわけ将校）に関して多くの叙述史料（軍人自身によって書かれたものを含む）が生み出された時代であった。[24] 以下では、（一）において歩兵第九三連隊中尉ジェイムズ・ユーアトのケープ滞在記録を、[25]（二）においてジョージ・マコール・シール編『ケープ植民地史料集 一七九三～一八三一年』およびクリストファ・トマス・アトキンソン編『ロバート・グレアム文書』所収の書簡と、ケープ連隊の将校リチャード・コリンズによる境界地帯に関する調査報告書をそれぞれ取り上げ、各史料の特徴と内容について検討する。

（一）ジェイムズ・ユーアトのケープ滞在記録

ジェイムズ・ユーアトは、スコットランド南西部ダンフリースシャ出身の陸軍将校で、一八〇八年に歩兵第一八連隊に少尉として入隊した後、歩兵第九三連隊に異動し（中尉に昇進）、当時ケープ植民地に駐屯していた部隊に合流した。以後、彼は一八一一年六月から一四年四月までのおよそ二年十か月をケープで過ごした。ここで取り上げるのは、ユーアトがケープ滞在の前後を含む約四年間の海外経験について（おそらくは帰国後に）まとめた記録であり、異世界での見聞を近しい人々に伝える目的で書かれたと考えられる（出版は想定していなかったようである）。[26] 全体は九章からなっており、各章の内容は以下の通りである。

一、ケープまでの航海について、二、サイモンズタウンへの到着とケープタウンまでの道中について、三、ケープタウンの住民について、四、ケープ植民地の統治体制および原住諸民族について、五、周遊記（ケープタウンとその周辺）、六、周遊記（植民地北西部）、七、イギリス帰国時の航海について、八・九、フロリダへの遠征について。

これらの概要からも窺えるように、ユーアトの（とくにケープ滞在時の）記録においては軍事的な事柄は必ずしも記述の中心にはなっておらず、むしろ滞在先の土地や人々、生活の様子などに強い関心が向けられている。彼の記録の地誌的・紀行文的な性格については、ユーアト個人の好みや、この時期さかんに書かれるようになっていた海外旅行記・探検記の影響が考えられるが、いま一つ注目すべきなのは、ケープ駐在の正規部隊の軍人たちが置かれていた状況が、ユーアトの記録の性格を強く規定していたように思われる点である。すなわち、ユーアトがケープに滞在した三年弱の間、ちょうど第四次コーサ戦争の期間と重なっていたにもかかわらず、彼の部隊はケープタウンに駐屯を続け、点呼・訓練・（市内および近郊の）警備といった退屈な日々の所定業務《ルーティーン》を繰り返していた。ユーアトにとって、それらはおそらくあえて記述する価値のないものだったであろうし、それとは逆に、つまらない日常から解放してくれる植民地での見聞、とくに偶さかの周遊旅行や往復時の長期の船上生活などは、積極的に語る意味を見出しやすいトピックであったと考えられるのである。この点において、彼の記録は、植民地の中心部で大半の時間を過ごす正規部隊の軍人たちの経験や感覚のありようを的確に映し出していると言えるかもしれない。

ユーアトのケープでの活動は、このように空間的にも内容的にも限られたものであったが、それでも彼の記録の中には植民地固有の経験と、その経験によって得られた興味深い知見とが記されている。たとえば、彼は各地の周遊中に出会ったブール人たちの生活やふるまいを「貧しい《プア》」「無知《イグノラント》」「怠惰《イナクティヴ》」などと表現する一方で、[27] 彼らのもてなしの気質《ホスピタリティ》をたびたび取り上げて「親切な《カインド》」「心からの《コーディアル》」「心温まる《ハーティ》」「あらん限りの心遣い《アテンション》」などの言葉とともにポジティヴに評価している。[28] 同様の複眼的な視点は「ホッテントット」に関する記述にも見られる。滞在記録の中では、ヨーロッパ人が彼らに対し「これまで地球上で発見された中で最も粗野《ルード》で非文明的《アンシヴィライズド》な民族《ネイション》」とみなしてきたことが紹介され、またその評価が「彼らの原初状態に対する表現としては疑問の余地なく正確である」と述べられる一方で、ケープ連隊の「活動的《アクティヴ》で忠実《フェイスフル》な」兵士たちが今や植民地に対し「きわめて大きな貢献」をしていることに賞賛の目が向けられている。[29]

ユーアトは、おそらく彼自身が直接に見知っていたであろうこうした在地アフリカ人兵士たちを例に、「〔ホッテントットの〕粗野で未開の習俗は時とともに克服され、彼らは今に有能《ユースフル》で勤勉《インダストリアス》な民族《ピープル》になりうる」と主張するのである。(30) 実のところ、実際に接触・交流をすることによって、異世界の他者に対する偏見や蔑視が（部分的にではあれ）修正される例は決して珍しくない。ケープ連隊の指揮官であったジョン・グレアムもまた、配下の「ホッテントット」兵士たちの能力を認め、彼らに対して特別の愛情と誇りをもって接していたし、同時期のインドで長年にわたり勤務したジョン・シップ（特進将校《ランカー》、歩兵第二二、六五、七六連隊、軽騎兵第二四連隊、歩兵第八七連隊に所属）は、東インド会社の管轄下にある在地部隊と何度も共同作戦を行った経験から、在地人兵士の有能さを理解し、自身の著作の中で彼らをより大規模に動員すべきことを提起していた。(31) イギリス十八世紀史家スティーヴン・コンウェイは、軍隊勤務がもたらす重要な経験の一つとして「視野が広がること《ワイドニング・オブ・ホライズンズ》」を挙げているが、(32) この指摘は、ケープを含む遠方の植民地に駐屯する軍隊においてとくに当てはまると考えられる。

（二）書簡・調査報告書

次に、書簡史料に目を向けてみよう。まず『ケープ植民地史料集 一七九三〜一八三一年』は、イギリス国立公文書館に保管されている、成立期のケープ植民地に関する公文書を時系列に沿って編纂したもので、全三六巻からなる大部の史料集である。(33) この中には、ケープに駐屯していた軍人たちに関わる書簡（総督をはじめとする植民地政府高官や軍の将校が書いたもの）が多数含まれている。一方、『ロバート・グレアム文書』は、スコットランド中部フィントリのグレアム家が所有する文書の一部（とくに先述のジョン・グレアムとその親族に関わるもの）が、歴史的文書編纂委員会《ヒストリカル・マニュスクリプツ・コミッション》の責任のもとで編纂されたものである。同書の第二部には、一八〇五年から二〇年にかけてジョン・グレアムが送受した（あるいは彼に関係する）四十九通の書簡および文書が収録されている。(34)

これらの史料からは、前項で検討したユーアトの記録では触れられることのない、前線勤務の軍人たちの経験を見出すことができる。すなわち、ケープタウンに常駐していた部隊が語るに値する任務をほとんど与えられなかったのとは対照的に、ケープタウンの外、とりわけ東部境界地帯に派遣された部隊には、地域統治の維持と安定に関わるいくつもの重要な役割が求められていたのである。以下、史料に基づいて具体的に指摘してみよう。

まず、前節（三）で触れたように、グレアムをはじめとする境界地帯に送られた部隊の将校たちの多くが、監督官や地方長官など地域統治の要職に任じられていた。[35] こうして彼らは、軍事・非軍事の両方にまたがる自身の権限に依拠しながら、植民地の前線を守り強化するための諸業務に従事したのである。その業務には、植民地と外界との間の境界線に「一続きの軍の駐屯基地《チェイン・オブ・ポスツ》」を築くこと、基地の周囲に入植地を設け、希望者に土地を配分して集落を形成すること、そして各集落を結ぶ道路や橋などのインフラ整備を進めることなどが含まれていた。[36] さらに、軍隊はその活発な消費活動と模範的なふるまいによって、駐屯地域に経済的利益と文明的教化をもたらすことが期待されていた。第四次コーサ戦争に勝利を収めた後の一八一二年一一月、総督ジョン・クラドック（在任一八一一～一四年）が軽騎兵第二一連隊大佐エドワード・ヴィカーズに宛てた書簡には、境界地帯の今後について次のような見通しが示されている。

> かの遠方の地域のすべてにおいて、すぐに新しい秩序が生まれるであろうと私は確信しています。〔中略〕軍隊が一時的に駐屯することによって、これまで知られたことのないような、活発で流動的な金《マネー》の流入が促されます。そして、これらの新しい諸機関に赴任してくる文官武官《オフィサーズ》や、他の啓蒙精神《エンライテンド》を備えた新来者たちが手本となり、あらゆる文明の技術、快適な生活環境が促進されることになるのです。[37]

また、上述した諸業務遂行のため、辺境各地に派遣された部隊と植民地政府との間には緊密な連絡体制が整備され、部隊指揮官には総督に対し定期的な状況報告の義務が課されていた。[38]

境界地帯における軍隊の役割をさらに知るために、別の史料にも注目してみよう。取り上げるのは、歩兵第八三連隊中佐リチャード・コリンズ（彼はスウェレンダム、フラーフ・ライネット、オイテンハーへの「全文武業務における監督官」にも任じられていた）による『ケープ植民地の境界地帯に関する調査報告書』である。これは、総督カレドン卿（在任一八〇七～一一年）の命令により東部・北（東）部境界地帯および植民地境界外の在地勢力の状況について実地調査（一八〇八～〇九年）を行ったコリンズが、その結果をまとめた報告書であり、総督に送られた五つの書簡・資料からなっている。[39] 報告書内では、近隣のアフリカ人諸氏族の歴史や習俗、彼らとオランダ人到来以来のヨーロッパ勢力との関係、現在の境界地帯における彼らと植民地人との交流（たとえば、交易、契約労働、通婚、〔植民地人による境界外への〕脱走、宣教師《ミッショナリ》たちの活動）など、さまざまな問題が検討されている。特筆すべきは、北（東）部のサン人、東部のコーサ人の勢力圏内部についての詳しい情報がまとめられていることで、これはコリンズ自身がサン、コーサそれぞれの集落や氏族を直接訪問した際の見聞（それがかなわない場合には信頼に足る人物からの聞き取り）に基づいている。とくに東部についての記録中には、彼が各有力氏族長に対し、植民地境界線の確認、植民地人への襲撃・窃盗行為の取り締まり、植民地からの脱走者の送還などを求めたことが明らかにされている。こうした内容からは、東部／北（東）部境界地帯という接触領域の最前線において、駐屯する軍隊の司令官が、情報収集や対外交渉の直接の指揮を執っていた状況を読み取ることができる。[40] さらに注目すべきなのは、このコリンズの報告書が、植民地政府の実際の政策に影響を及ぼすものであった点である。たとえば、彼は報告書の中で、東部境界地帯の安全と秩序を守る必要性を強く訴え、その実現のため、外部民による侵入や略奪に対して武力による防衛とルールに基づいた懲罰を行うこと、植民地人の外部との接触・交流を政府の厳格な統制下に置くこと、また植民地境界線（この時点ではフィッシュ川と主張されていた）からケイスカンマ川までの領域をコーサ人との間の中立地帯（その区域内での定住が禁止される）とし、その上で植民地境界線の内側において大規模な植民と効果的な防衛体制の整備を進めることなどを提案しているが、[41] これらはいずれも、第四次コーサ戦争から一八二〇年代にかけて植民地政府の基本方針として定着していった。[42]

最後に、陸軍軍人たちの書簡をもとに、彼らのコミュニケーションの範囲について見てみることにしよう。『ケープ植民地史料集』に含まれる軍事関係の書簡は、すでに指摘したように、総督（および総督府の役人たち）や陸軍将校によって書かれた／に送られた手紙や指示書が大半を占める。一方、『ロバート・グレアム文書』に含まれるジョン・グレアムの書簡の内訳を見ると、家族（父、母、きょうだい）との手紙のやりとりが多数含まれており、そうした私的な通信においても、ケープ植民地の内情や同地での軍隊の活動について詳しい言及がなされている。[43] 同様の特徴は、たとえば同時期にヨーロッパ戦線で勤務していた将校サー・ウィリアム・メイナード・ゴム（歩兵第九連隊、コールドストリーム近衛歩兵連隊に所属）やジョージ・アーリク・バーロウ（歩兵第五二、六九連隊に所属）の書簡においても見られ、[44] したがって陸軍軍人たちの個々の経験は、植民地政府や軍の同僚ばかりでなく、植民地／軍隊外の人々にも広く伝達・受容されたと考えられるのである。その広がりは、たとえばコリンズの調査報告書が後にイギリス議会に提出され、出版もされたこと、[45] またケープに滞在した陸軍軍人の中に、自身の見聞・体験を著作として書き残す、あるいは周囲に語る無数の人々が存在していたことからも窺うことができる。(46) 陸軍は、そこで蓄積される膨大な植民地経験を外部へと伝える、伝達中枢としての機能を果たしていたということができるだろう。

おわりに

本稿では、成立期の英領ケープ植民地における主要な陸軍関係史料を取り上げ、その分析を通じて、移動集団としての、また接触領域における活動主体としてのイギリス陸軍の特質、活動のありようを具体的に描き出すことを試みた。まず第一節（一）、（二）では、陸軍省文書に含まれる部隊調査の記録を詳細に追うことで、ケープに駐屯した陸軍の規模と多様性、また軍によって生み出される活発な人の移動を明らかにした。続く第一節（三）および第二節では、ケープに駐屯した軍人たちに関する伝記記録と叙述史料を分析対象とし、そこに記述されたさまざまな植民地経験と、それが彼らの見識に与えた影響について、またそれが時に植民地政府の政策に結びつくものであった点についても併せて検証した。第二節（二）ではさらに、軍人たちの経験が直接あるいは間接に、軍隊や植民地の外部に広く伝えられていた点についても指摘した。

以上の議論から、さしあたり次のような結論を導くことができるだろう。しばしば指摘されるように、十八世紀後半以降のイギリス陸軍は、この時期に急拡大する植民地の形成と維持に不可欠の存在であった。ただしそれは、軍が単に征服・防衛活動に従事したというだけではなく、植民地において統治の重要な一端を担っていたこと、そして植民地経営に必要な諸要素（人、モノ、金、技術、情報など）を外部から呼び込み、またその成果を外部へ送り出す役割を果たしていたことによる。成立期の英領ケープ植民地の事例からは、このようにイギリス帝国をいくつもの意味で支えていた陸軍の姿を読み取ることができるのである。

注

（1） 一七九五年、一八〇六年の二度の軍事征服とその背景については、P. B. Boyden, A. J. Guy & Marion Harding, *'Ashes and blood': the British army in South Africa 1795-1914*, London: National Army Museum, 1999, pp. 34-43; J. D. Grainger, *British campaigns in the South Atlantic 1805-1807: operations in the Cape and the River Plate and their consequences*, Barnsley: Pen & Sword Military, 2015; John McAleer, *Britain's maritime empire: Southern Africa, the South Atlantic and the Indian Ocean, 1763-1820*, Cambridge: Cambridge University Press (hereafter cited as CUP), 2017, chs. 1, 2.

（2） これに将校（従軍牧師・医師を含む）、下士官を加えたものがケープにおける総兵力である。たとえば、兵士数が最大、最小であった一七九六年、一八一七年の将校・下士官の合計数は、それぞれ八五四人、二九七人であった。

(3) R. B. Beck, *The history of South Africa*, 2nd ed., Santa Barbara: Greenwood, 2014, pp. 52, 293; Nigel Worden, Elizabeth van Heyningen & Vivian Bickford-Smith, *Cape Town: the making of a city*, Claremont: David Philip Publishers, 1998, p. 89.

(4) J. P. Jones, *A history of the South Staffordshire Regiment* (*1705-1923*), Wolverhampton: Whitehead Brothers, 1923, pp. 15-45; W. H. Anderson, *The history of the Twenty-Second Cheshire Regiment 1689-1849*, London: Hughes Lees, 1920, pp. 107-134.

(5) McAleer, *Britain's maritime empire*, *passim*.

(6) *Ibid.*, pp. 196-204.

(7) ケープ連隊、ロイヤル・アフリカン部隊について詳しくは、Richard Cannon, *History of the Cape Mounted Riflemen; with a brief account of the Colony of the Cape of Good Hope*, London: J. W. Parker, 1842; J. J. Crooks, *Historical records of the Royal African Corps*, Dublin: Browne and Nolan, 1925.

(8) Stephen Brumwell, "The Scottish military experience in North America, 1756-83", in E. M. Spiers, J. A. Crang & M. J. Strickland, eds., *A military history of Scotland*, Edinburgh: Edinburgh University Press, 2012, pp. 383-406, esp. pp. 389-392; C. J. Esdaile, "The French Revolutionary and Napoleonic Wars, 1793-1815", in *Ibid.*, pp. 407-435, esp. pp. 412-416.

(9) ケープ植民地とスコットランドとの結びつき、またその紐帯の一要素としてのスコットランド出身の陸軍軍人たちについては、J. M. Mackenzie, *The Scots in South Africa: ethnicity, identity, gender and race, 1772-1914*, Manchester: Manchester University Press (hereafter cited as MUP), 2007, esp. ch. 2, pp. 96-99; Grainger, *British campaigns in the South Atlantic*, chs. 4, 5, 15.

(10) 歩兵第六〇連隊は、七年戦争時に北米への派遣部隊の一つとして創設され、ヨーロッパ大陸から多数の将校・兵士が徴募された。以後、同連隊では外国人の雇用が定着したと考えられる。詳しくは、A. V. Campbell, *The Royal American Regiment: an Atlantic microcosm, 1755-1772*, Norman: University of Oklahoma Press, 2010, ch. 2; Stephen Conway, "The British army, 'Military Europe', and the American War of Independence", *William & Mary Quarterly*, 3rd series, 67-1, 2010, pp. 69-100, esp. pp. 79-80.

(11) たとえば、ケープ植民地《コロニアル》行政長官《セクレタリ》の妻として同地で四年余り（一七九七〜一八〇一年）を過ごしたアン・バーナードは、書簡の中で、ケープに勤務する将校たちの妻子についてたびたび言及している。Dorothea Fairbridge, *Lady Anne Barnard at the Cape of Good Hope 1797-1802*, Oxford: Clarendon Press, 1924, pp. 82, 90-91, 133, 147, 215-216, 225, 231-232, 250-251.

(12) この時期のイギリス陸軍将兵の家族（とくに妻や恋人）については、F. C. G. Page, *Following the drum: women in Wellington's wars*, London: Andre Deutsch, 1986; N. St John Williams, *Judy O'Grady and the colonel's lady: the army wife and camp follower since 1660*, London: Brassey's Defence Publishers, 1988, chs. 1-5; Jennine Hurl-Eamon, *Marriage and the British army in the long eighteenth century: 'the girl I left behind me'*, Oxford: Oxford University Press (hereafter cited as OUP), 2014.

(13) S. R. Frey, *The British soldier in America: a social history of military life in the revolutionary period*, Austin: University of Texas Press, 1981, ch. 1; Stephen Conway, *The British Isles and the War of American Independence*, Oxford: OUP, 2000, ch.1; Stephen Brumwell, *Redcoats: the British soldier and war in the Americas, 1755-1763*, Cambridge: CUP, 2002, ch. 2; Conway, *War, state, and society in mid-*

eighteenth-century Britain and Ireland, Oxford: OUP, 2006, ch. 3; A. E. Cormack, *'These meritorious objects of the royal bounty': the Chelsea out-pensioners in the early eighteenth century*, London: Henry Ling Ltd, 2017, pp. 334-344; 辻本諭「18世紀イギリスの陸軍兵士とその家族——定住資格審査記録を手がかりにして」(『社会経済史学』八〇巻四号、二〇一五年、一一三一一三四頁)。

(14) TNA, WO17/232, "Returns for His Majesty's Cape Regiment of Infantry, 1807-1812"; *A list of all the officers of the army and royal marines on full and half-pay: with an index*, London: War Office, 1815, pp. 424-425; 1821, p. 279.

(15) Peter Philip, ed., *British residents at the Cape 1795-1819: biographical records of 4800 pioneers*, Cape Town: David Philip, 1981. 同書は、一七九五年から一八一九年までの間にケープに在住した記録が残っている（一時的に滞在した場合も含む）約四八〇〇人について、職業、家族、ケープにおける活動、取得した財産などの情報を簡潔にまとめた伝記データ集である。データの出所は、『ケープ植民地史料集』（後掲注23参照）、ケープ公文書館《アーカイヴズ》に保管されている各種の行政・司法・権利財産文書、出生・結婚・死亡記録、商工人名録《ディレクトリ》、イギリス陸軍省文書、植民地に関係した人々の私文書や著作、新聞・雑誌など多岐にわたる。編者自身が認めるように、扱う人数においても参照した史料においても同書の調査が完全なものであるとは必ずしもいえないが、とはいえ現時点において、これが成立期のケープ植民地在住者の情報を最も包括的に知ることのできる資料であることは間違いない。

(16) *Ibid*., p. 149; *Dictionary of South African Biography* (hereafter cited as *DSAB*), 5 vols., Cape Town and Pretoria, 1968-1987, I, pp. 314-316; P. J. Haythornthwaite, *The colonial wars source book*, London: Arms and Armours Press, 1995, p. 177.

(17) Philip, ed., *British residents*, p. 31; *A list of the officers of the army and royal marines, 1815*, p. 424; *The Cape of Good Hope Government Gazette*, 25 November 1836.

(18) Philip, ed., *British residents*, pp. 132-133; *DSAB*, II, pp. 240-241.

(19) Philip, ed., *British residents*, p. 86; *DSAB*, I, pp. 195-197.

(20) Philip, ed., *British residents*, p. 168; *DSAB*, II, pp. 290-291; David Hilton-Barber, *Robert Hart: the first English-speaking settler in South Africa*, South Africa: Footprint Press, 2018.

(21) Philip, ed., *British residents*, p. 165. ワイン検査官については、L. C. A. Knowles & C. M. Knowles, *The economic development of the British overseas empire, volume 3: the Union of South Africa*, London: George Routledge & Sons, 1936, pp. 108-109, 160.

(22) Philip, ed., *British residents*, pp. 17, 86, 200, 229.

(23) G. M. Theal, ed., *Records of the Cape Colony from February 1793 to April 1831*, 36 vols., London: William Clowes and Sons, 1897-1905., XIII, pp. 194-196, 321-322; XIV, pp. 5-18, 124-125, 148-149, 153-154, 257-259, 274-279, 312, 336-337, 341-350; Philip, ed., *British residents*, pp. 271, 396. 一八二一年にロイヤル・アフリカン部隊が解隊された際には、土地が授与された将校たちに対して、少なくとも六十人の兵士を従者等として帯同させることが求められた。また、その兵士たちに関しても、入植地において三年間継続的に居住・勤務することを条件に土地を与えることが定められた。一八一〇年代から二〇年にかけての一連の東部植民事業、および事業と軍隊の関わりについては、Mackenzie, *The Scots in South Africa*, pp. 39-63.

(24) たとえば、この時期に（元）軍人による自伝・回想録の出版が目立って増加し、ナポレオン戦争後にはイギリスの文学界において独立したジャンルを形成するようになる。詳しくは、Neil Ramsey, *The military memoir and Romantic literary culture, 1780-1835*, Farnham: Ashgate, 2011.

（25） Alfred Gordon-Brown, ed., *James Ewart's journal covering his stay at the Cape of Good Hope*（*1811-1814*）*& his part in the expedition to Florida and New Orleans*（*1814-1815*）, Cape Town: C. Struik, 1970.

（26） *Ibid.*, "Introduction".

（27） *Ibid.*, pp. 90-93.

（28） *Ibid.*, pp. 78, 80, 85, 89, 90.

（29） *Ibid.*, pp. 31, 44.

（30） *Ibid.*, p. 44.

（31） Historical Manuscripts Commission（hereafter cited as HMC）, *Supplementary report on the manuscripts of Robert Graham Esq. of Fintry*, ed. by C. T. Atkinson, London: Stationary Office, 1942, pp. 106-107, 127; *Memoirs of the extraordinary military career of John Shipp, late a lieutenant in His Majesty's 87th Regiment. Written by himself*, 2 vols., New York: J & J Harper, 1829, II, pp. 91-92. ジョン・シップについて詳しくは、辻本諭「一九世紀初頭におけるイギリス陸軍軍人の軍隊経験とキャリア形成――特進将校ジョン・シップ（一七八五～一八三四年）を事例として」(『軍事史学』五六巻二号、二〇二〇年、四九―六八頁)。

（32） Conway, *War, state, and society*, p. 207.

（33） 前掲注23を参照。

（34） HMC, *Supplementary report on the manuscripts of Robert Graham*, Part II, "Letters of Col. John Graham from South Africa, 1805-1820", pp. 66-145.

（35） この点に関連して、イギリス帝国史家ゾーイ・レイドロは、十九世紀前半においてケープ植民地の官僚に最も有力なパトロネジの一つを提供していたのは「半島戦争《ペニンシュラ》コネクション」と呼ばれる陸軍内の結びつきであったと指摘している。Zoë Laidlaw, *Colonial connections, 1815-45: patronage, the information revolution and colonial government*, Manchester: MUP, 2005, pp. 21-27, 41-43, 80-83, 96-116.

（36） Theal, ed., *Records of the Cape Colony*, VIII, pp. 374-375, 395-398, 423-428; XI, pp. 303-309, 316-324; XII, pp. 147-149; XIII, pp. 498-502; HMC, *Supplementary report on the manuscripts of Robert Graham*, pp. 99-101, 118-121. また前掲注23も参照。

（37） Theal, ed., *Records of the Cape Colony*, IX, pp. 7-10. ヴィカーズについては、Philip, ed., *British residents*, p. 439; John Philippart, *The Royal military calendar, containing the services of every general officer, lieutenant-general, and major-general, in the British army, from the date of their first commission, and the services of colonels and lieutenant-colonels…*, 3 vols., London: A. J. Valpy, 1815, II, p. 139.

（38） Theal, ed., *Records of the Cape Colony*, VIII, pp. 159-163; IX, pp. 7-10; HMC, *Supplementary report on the manuscripts of Robert Graham*, pp. 83-86.

（39） Donald Moodie, ed., *The record, or, a series of official papers relative to the condition and treatment of the native tribes of South Africa*, Cape Town: A. S. Robertson, 1838, Part V. 本段落の記述は、この刊行版の報告書の内容に基づく。なお、五つの書簡・資料のうち四つは、TNA, CO48/6, "Colonel Collin's report upon the state of the frontier districts of the Cape of Good Hope &c." に収録されている。この手書き史料の存在を、筆者は水井万里子氏の助言により知ることができた。記して感謝する。コリンズについては、Philip, ed., *British residents*, pp. 71-72; *DSAB*, I, pp. 181-182;

TNA, PROB 11/1545/5, "Will of Richard Collins".

(40) 報告書では、コリンズ以前にも、ケープ連隊少佐のカイラ(前述)がコーサの有力氏族のもとを訪ねていたことが言及されている。Moodie, ed., *The record*, p.45.

(41) コリンズは一方で、北(東)部辺境において接触するサン人に対しては「よりリベラルな政策路線が推奨されうる」とし、宣教師たちを通じての彼らの「文明化」と植民地への取り込みを提案している。また同地域における植民地境界線については、今後の植民の進展に応じて段階的に外側に広げていく(最終的にはオレンジ川を境界線とする)構想を示している。*Ibid*., pp. 23-24, 32, 35-37.

(42) Moodie, ed., *The record*, pp.16-32; Beck, *The history of South Africa*, pp. 55-59, 64-65; R. S. Ehlers, "'This land is ours!': the shaping of Xhosa resistance to European expansion along the Cape Colony's eastern frontier, 1770-1820", unpublished M.A. thesis, University of Florida, 1992, chs. 4, 5.

(43) たとえば、HMC, *Supplementary report on the manuscripts of Robert Graham*, pp. 102-108.

(44) F. C. Carr-Gomm, ed., *Letters and journals of Field-Marshal Sir William Maynard Gomm, G.C.B.... from 1799 to Waterloo 1815*, London: John Murray, 1881; Gareth Glover, ed., *A light infantryman with Wellington: the letters of Captain George Ulrich Barlow 52nd and 69th Foot, 1808-15*, Warwick: Helion & Company, 2018. ゴムについては、R. H. Vetch, "Gomm, Sir William Maynard (1784-1875)", *Oxford Dictionary of National Biography* も参照。

(45) Moodie, ed., *The record* には、コリンズの報告書(の一部)が議会文書《パーラメンタリ・ペイパーズ》に含まれていることが注記されている。*Ibid*., pp. 1, 26, 33, 38.

(46) 著作については、たとえばすでに検討したジェイムズ・ユーアトのケープ滞在記録、前掲注31で挙げたジョン・シップの回想録、さらにLord Monson & G. L. Gower, eds., *Memoirs of George Elers, captain in the 12th Regiment of Foot (1777-1842)*, London: William Heinemann, 1903; J. W. D. Moodie, *Ten years in South Africa: including a particular description of the wild sports of that country*, 2 vols., London: Richard Bentley, 1835など。また本稿の対象時期からは少しずれるが、Alfred Gordon-Brown, ed., *The narrative of Private Buck Adams, 7th (Princess Royal's) Dragoon Guards, on the eastern frontier of the Cape of Good Hope 1843-1848*, Cape Town: The Van Riebeeck Society, 1941; W. R. King, *Campaigning in Kaffirland, or, scenes and adventures in the Kaffir War of 1851-2*, London: Saunders and Otley, 1853. 一方、軍人たちの口頭での「語り」については、おそらく広く行われていたと思われるものの、文字化して記録されることがなかったがゆえに、その検証は容易でない。厳密な検討は別稿を期すことにしたいが、「語り」の状況を視覚的に伝える資料として(ただしケープ植民地に直接関わるものではない)、画家デイヴィド・ウィルキが描いた油彩画「ワーテルローの戦いについての記事を読むチェルシ〔王立廃兵院〕の年金生活者たち」を挙げておきたい。David Wilkie, *Chelsea pensioners reading the Gazette of the Battle of Waterloo*, 1822, Wellington Museum, London. 絵画中では、退役したイギリス陸軍軍人たちが、ワーテルローの戦いに関する新聞報道を前に、かつての同僚・家族・あるいは市井の人々と、おそらく自身の従軍経験を交えつつ戦争談義に花を咲かせている(架空の)場面が描かれている。同画については、リンダ・コリー(川北稔監訳)『イギリス国民の誕生』(名古屋大学出版会、二〇〇〇年)三八一―三八三頁の解説も参照。

〔III　史料のなかのケープ植民地〕

十八〜十九世紀前半の南部アフリカにおけるイギリス系プロテスタント宣教団

——移動史料研究の前提として

大澤広晃

東インド航路にかかわる移動史料のなかで最も重要なものの一つは、宣教関連史料である。史料を作成した宣教師とはどのような人々で、何を考えていたのだろうか。また、具体的にいかなる活動に従事し、それは植民地支配とどうかかわりあっていたのだろうか。本稿は、南部アフリカにおけるイギリス系プロテスタント宣教団に即してこれらの問題を検討し、移動史料について考える際の足がかりを提供する。

おおさわ・ひろあき——法政大学文学部准教授。専門はイギリス史・イギリス帝国史。主な著書・論文に"Wesleyan Methodists, Humanitarianism and the Zulu Question, 1878–87," Journal of Imperial and Commonwealth History 43, vol.3, 2015、『帝国主義を歴史する』（清水書院、二〇一九年）、「キリスト教宣教がつなぐ世界」（永原陽子編『人々がつなぐ世界史』ミネルヴァ書房、二〇一九年）などがある。

はじめに

本稿は、十八〜十九世紀前半の東インド航路を移動した人々のうち、とくに南部アフリカで活動した宣教師たちに着目し、その思想や特徴、世界観、経験を概観する。移動に関連する史料の生成と特質、その言説構造を分析するためには、史料の書き手とその人物が置かれた歴史状況を把握しておく必要がある。以下では、イギリス系プロテスタント宣教団に所属する宣教師たちの人物像を素描することで、宣教関連史料を理解するための背景知識を提供したい。

一、海外宣教の歴史的文脈

（1）福音主義信仰復興

十八世紀末のイギリスでは、数多くのプロテスタント宣教団が創設された。一七九二年にバプティスト宣教師協会(Baptist Missionary Society: ＢＭＳ)が設立されたのを皮切りに、超教派だが会衆派を主体とするロンドン宣教師協会（London Missionary Society: LMS、一七九五年）、スコットランドに拠点を置くグラスゴー宣教師協会（Glasgow Missionary Society: GMS、一七九六年）、国教会福音派を中心とする教会宣教師協会（Church Missionary Society: CMS、一七九九年）などが相次いで誕生した。その後、一八一三年には、ウェスリアン・メソディスト教会の宣教部門であるウェスリアン・メソディスト宣教師協会（Wesleyan Methodist Missionary Society、WMMS）が正式に発足した。

海外宣教への関心が高まった背景には、十八世紀のイギリスを席巻した福音主義信仰復興があった。宗教史家ディヴィッド・ベビントンによると、近代における福音主義には四つの特徴がある。すなわち、「回心の重視」（回心経験を通じて生活態度や人生観を刷新する）、「行動の重視」（キリストの福音を自らのべ伝えることで他者の回心を促す）、「聖書の重視」（聖書をとくに尊重する）、「贖罪の重視」（十字架にかかったキリストの犠牲とそれによって約束された贖罪を強調する）である。[1]福音主義者は、人間はその罪ゆえに救いを欠いた状態にあるが、キリストが十字架のうえで人類の罪をあがなったこと、キリストが恩寵による救いを提示しており、それを受けるにはただキリストのみを信じるべきことを強調した。そのうえで、いまだキリストを知らない人々に福音を伝え、改宗を促していくことを自らの使命と考えた。[2]

信仰復興で中心的な役割を担った人物のひとりが、ジョン・ウェスリーであった。国教会聖職者であったウェスリーは、仲間とともに聖書に示されている方法に基づき規則正しい生活を送ることを日課としたため、（当初は侮蔑的な意味を込めて）メソディスト（methodist）と呼ばれた。メソディストは国教会の改革を試みたが、やがて母教会と袂を分かち、十八世紀末には独自の教派を形成するようになる。ウェスリーの敬虔な信仰態度と斬新な信徒管理の手法――信徒伝道者（lay preacher）を中心に信徒たちが構成する組会の組織化や、巡回伝道者（itinerant preacher）を活用して全国津々浦々に福音をのべ伝えようとする姿勢など――は、広範な人々に強い印象を与え、福音主義信仰復興をインスパイアした。ウェールズでは、カルヴァン主義者のジョージ・ホウィットフィールドが[3]メソディスト運動を率い、リバイバルを主導した。ホウィットフィールドは北米の英領植民地にも赴き、同地でのいわゆる「大覚醒」の立役者にもなった。十八世紀末になると、バプティストや会衆派などのカルヴァン主義非国教徒らも福音主義の立場から巡回伝道などを組織化するようになり、新たな信徒を獲得していった。福音主義は、工業化が進展する社会において国教会が十分な司牧を提供できない地域でとくに影響力を拡大した。巡回伝道の制度化や福音拡大への情熱が、一七八〇年代から九〇年代に新たなリバイバルの波を引き起こし、それが福音を海外に伝える運動、すなわち宣教運動に具現化していったのである。[4]

（2）プロテスタント国際ネットワークのなかの信仰復興

ところで、イギリスにおける信仰復興を理解する際には、それをプロテスタントの国際的なネットワークのなかで把握する必要がある。例えばジョン・ウェスリーは、モラヴィア兄弟団から多大な影響を受けたことが知られている。モラヴィア兄弟団は、十八世紀前半にザクセン選帝侯国のツィンツェンドルフ伯がヘルンフートにモラビアやボヘミアからのプロテスタント亡命者を集めたことで誕生した宗教コミュニティで、海外宣教にも力を入れていた。実際、ケープ植民地におけるプロテスタント宣教の先駆者は、モラヴィア兄弟団であった。モラヴィア兄弟団の信徒と出会ったウェスリーは、その敬虔な信仰態度に深い感銘を受け、一七三八年に回心を経験した。以後、彼はメソディスト運動を開始し、イギリスにおける信仰復興を主導していくのである。[5]

二、南部アフリカにおける宣教の展開

イギリスのプロテスタント系宣教団で最初に南部アフリカに進出したのは、ＬＭＳだった。一七九九年に初の宣教師を派遣して以来、ＬＭＳは主にケープ東部と南部アフリカ内陸部（ベチュアナランド、現在の南アフリカ共和国北西部とボツワナ）を中心に宣教活動に従事した。ＬＭＳに続いて、スコットランド教会（ＧＭＳなど）やＷＭＭＳが、十九世紀初頭から宣教活動を開始している。他方で、国教会の進出はやや遅れた。「一八二〇年の入植者たち」に随行するかたちで二人の聖職者が東ケープに到着したが、人員不足もあって教区の司牧もままならない状態が続いた。初めての主教座がケープタウンに置かれたのは、ようやく一八四八年のことであった。[6]

十九世紀後半になると、南部アフリカのイギリス系宣教団は財政面でも人材面でも自主性を強め、やがて本国の母教会から自立していった。ＬＭＳからは一八七七年に南アフリカ会衆派連合（Congregational Union of South Africa）が生まれ、ウェスリアン教会は一八八二年に南アフリカ年会（ただし、トランスヴァールを除く）を創設している。

一八八四年の統計によると、南部アフリカでは一五の宣教師協会が活動しており、宣教基地の総数は三八五を数えた。

図1　国教会の聖マイケル＆聖ジョージ大聖堂（グレアムズタウン、筆者撮影）

このうち、イギリス系プロテスタント教会を母体とする宣教団体は六つあり、残りは、主にブール人からなるオランダ改革派教会、四つのドイツ系宣教団、ノルウェー、スイス、フランス、アメリカ系の団体が各一つという内訳だった。カトリック教会の勢力は、いまだ限られたものだった。イギリス系プロテスタント宣教団の到来から一世紀を経た一八九八年のケープ植民地の統計によると、イギリス系プロテスタント教会のうち、メソディストが信徒数二〇万三〇六七で宣教拠点が一一八、国教会が同八万九六五〇と一七二、長老派（スコットランド教会系を含む）が同三万六七九と四二、会衆派が同四万一四〇九と六七であった。(7)

三、宣教師たち——文化世界と人物像

(1) 宣教師たちの世界観

十八世紀末から十九世紀前半に南部アフリカで活動したイギリス系プロテスタント宣教団の宣教師たちは、独特の文化世界を共有していた。根本にあったのは福音主義の神学であり、宣教師たちは、神の恩寵とキリストを通じた贖罪への信頼を拠り所に、自らを聖書に登場する使徒に重ねながら「異教徒」たちの改宗を目指した。その一方で、彼ら自身が常に魂の平穏を維持できたわけではない。宣教師たちは、自らの信仰に確信を持つ一方で、サタンの誘惑に負けて再び罪にまみれた世界に逆戻りする可能性を常に恐れていた。また、神慮を気にするあまり、日常生活の些細な出来事にもいちいち神の意志を読み取ろうとし、一喜一憂することも多かった。信仰が与える希望と罪への恐怖という両極を絶えず揺り動き、神慮をどう解釈すべきか思い悩む。宣教師というと強い使命感のもとで忍耐強く冷静に職責をまっとうする人というイメージがあるが、必ずしもそうした表象とは一致しないひとりの人間として宣教師を把握する必要があろう。宣教師の文化世界を形成していたいまひとつの要素は、人類単一起源説

に基づく人間の普遍性への信頼である。聖書にはすべての人間はアダムとイブの子孫であると書かれており、これを根拠に、宣教師たちは神による救済の普遍性と異なる人種間の友愛および神のもとでの平等を唱えた。この信念は教派を問わずあらゆるイギリス系プロテスタント宣教団にみられ、南部アフリカにおける宣教師と現地の人々との遭遇や交渉、相互理解のあり方を規定していた。もっとも、こうした理念にもかかわらず、宣教師たちが白人による非白人の支配を否定したわけではなかった。[8]この点については、後で論じる。

(2) 宣教師のプロフィール

では、どのような人々が宣教師となり、遙か彼方のアフリカへと旅立って行ったのか。まず、宣教師に志願するきっかけとして決定的な意味を持ったのは、回心経験とそれによって得られた信仰の確証である。彼らは、典型的には十代で回心した経験をもち、罪をあがない神の恩寵を与えてくれたキリストの福音を「異教徒」たちにのべ伝えることを自身の天命だと確信して宣教活動に身を捧げる覚悟をした人々であった。初期のプロテスタント宣教師の大部分は、職人・労働者階層の出身だった。衣食に困窮した貧民ではなく、一定の教育と実用的な技能を有していたが、正規の神学教育や中等以上の教育経験を持つ者は稀であった。多くはすでに伝道者としてイギリス国内での宣教活動に従事しており、回心経験を通じて得た強固な信仰心を拠り所に、海外での宣教に志願した。彼らの宣教への情熱は疑いようがないが、それと同時に、宣教師という職業に就くことで得られる教育の機会や安定的な収入、社会的地位上昇への期待なども、志願の重要な動機であったと言われている。もちろん、こうした枠組みにあてはまらない宣教師もいた。南部アフリカにおけるLMS宣教師のパイオニアであるヨハネス・ファン・デル・ケンプは、オランダの知識人ブルジョワ家庭に生まれた元軍人、医師だった。[9]また、スコットランド系宣教団はしばしば宣教師志願者に大学教育を施したうえで任地に送り出したし、イングランド国教会の聖職者/宣教師の多くは大学の学位を保持していた。十九世紀が下るにつれて、LMSやWMMSなどの非国教会系宣教団でも教育を重視する傾向が強まり、下層階級というよりも中流・専門職階層出身の宣教師が増加していった。[10]

十九世紀後半になると、宣教活動に従事する女性の数が増え始めた。それまで女性は宣教師の妻として夫を支える補助的な役割を担ってきたが、一八七〇年代頃から女性や女児を対象とする宣教や教育、医療活動に従事する女性宣教師の存在感が増してきた。なんらかの専門的スキルをもち、アフリカへの渡航費を自弁できる女性が主たる採用対象となった。こうして、十九世紀末までに、宣教の現場ではより多くの女性がみられるようになり、男女ともに相対的に高い教育を受けた中流階級出身の宣教師が増えていった。(11)

四、宣教師と現地の人々

(1) ケープ植民地における宣教

海外にキリストの福音を伝えることを目的にヨーロッパを旅立った第一世代の宣教師たちは、まずケープ植民地を目指した。十七世紀半ばのオランダ東インド会社による植民地化以来、ケープはその領域を伸張させながら既に一世紀以上にわたって存続していた。十八世紀末から十九世紀初頭にかけてのケープには、フランス革命をきっかけとする対仏戦争の一環で同地を占領したイギリスの人々に加え、オランダおよびヨーロッパ各地から入植した初期植民者の子孫たち（ブール人）がおり、さらには植民地化の過程で労働者としてブール人に奉仕することになった先住のコイサン（コイコイとサン）、アフリカおよびアジア地域から輸入された奴隷たちがいた。異なる人種間の性関係から生まれた混血の人々も多く、ケープは多人種社会であった。

ケープ植民地の内外で活動を開始した宣教師たちは、さまざまな人々と遭遇しながら多様な関係を取り結んでいった。宣教事業を立ち上げるには、まず、現地社会、とりわけその有力者層と交渉し、宣教の許可を得る必要があった。植民地内において、それは植民地政府やブール人を意味する。このうちブール人に対しては、主に彼らが所有する農場で働く奴隷やコイサンへの宣教を申し出たが、返事は必ずしも色よいものではなかった。ブール人は奴隷やコイサンの洗礼を拒絶したわけではなかったが、非白人らが「キリスト教徒」という属性を拠り所に白人と同等の社会的地位を主張することを警戒していた。(12) 加えて、奴隷労働に依存するブール人が奴隷制を擁護したのに対して、宣教師たちは奴隷貿易と奴隷制に概して批判的であり、ここでも両者の見解は相違した。結果として、ブール人と宣教師は相互不信を強め、後者は前者を宣教活動に対する障壁と認識するようになっていった。(13)

(2) 接触領域での宣教——コーサと宣教師

他方で、宣教師たちは、植民地の外部でアフリカ人を対象とする宣教活動にも着手した。イギリスのプロテスタント系宣教師のなかでは、LMS宣教団の初代総責任者であるヨハネス・ファン・デル・ケンプが、一七九九年にケープ植民地東方でアフリカ人の一集団コーサと接触し、同地における宣教事業の先駆けとなった。ファン・デル・ケンプも含めた初期の宣教師たちは、アフリカ人の改宗をはかる一方で、宣教対象である人々の社会構造や文化を詳細に観察し記録に残した。これらの史料はいまだに当時におけるアフリカ社会を理解する際の貴重な情報源となっている。もっとも、アフリカ人を改宗しようという試みは必ずしも順調に進展したわけではなかった。キリスト教の中核を占める諸概念は、ユダヤ・キリスト教世界で歴史的に形成された特異な思想の産物であり、他地域に住む人々にとっては容易に理解しがたいものであった。アフリカ人も同様で、実際に初期の改宗者の多くは、迫害された者や障がいを持つ者、差別的な地位にある者など社会の周縁に来歴を持つ人々だったとされる。[14]とはいえ、アフリカ人がキリスト教にまったく無関心だったわけではない。キリスト教の教義をめぐる宣教師とアフリカ人のやり取りの記録からは、アフリカ人が鋭い批判的思考力と巧みな弁論術を用いて時に宣教師を追い詰める様子がみてとれる。

例をあげよう。WMMS宣教師のサミュエル・ヤングは、コーサ聴衆を対象に早世した妻について語っていた。彼は、今は亡き妻が死に際しても動揺せず、むしろキリストのもとに行けることを喜びながら旅立っていったと述べ、敬虔なキリスト教徒が得られる魂の平安を強調しようとした。しかし、これを聞いたコーサは、「なぜ彼女は死後に行く場所が分かるのか」、「なぜ彼女は行ったこともない場所について語ることができるのか」などと質問し、ヤングを大いに困惑させた。[15]ヤングの同僚のウィリアム・シュルーズベリに対しても、コーサは、「なぜ神は世の悪を絶ちサタンを滅ぼさないのか」、「雷に打たれた家畜は神を不快にさせたからその罰を受けたのか」、「聖書を著した人間はどのように聖書に出てくる神の言葉を知ったのか」、「神はどのような姿形をしているのか」などと尋ね、宣教師がしつこい質問に辟易すると、「自分が些末な質問をしていることは分かっているが、自分はそれについて無知であるから知りたいのだ」と古代ギリシアのソクラテスを彷彿とさせる発言をしてシュルーズベリを驚かせた。[16]コーサの鋭い質問に満足に答えられなかったWMMS宣教師のジェイムズ・キャメロンは、「体中から汗が湧きだし、宣教の仕事から逃れてすべてを忘れてしまいたいという衝動に駆られたこともあった」[17]と述懐している。アフリカ人との関係において、宣教師は常に主導権を握れたわけでも、知的に優位な立場を維持できたわけでもなかったのである。

こうした経験が、宣教師のその後の人生に大きな影響を与えることもあった。コーサから質問攻めにあった先述のシュルーズベリは、一八二四年からケープ植民地東部の接触領域で宣教に従事していた。前任地は西インドのバルバドスで、現地の奴隷主らに反奴隷制運動の支持者と疑われて教会を焼き討ちされた経験を持つ人物である。その後、南部アフリカに派遣されたシュルーズベリは、現地で精力的に活動しつつも、改宗者の数が満足に増えず焦りを募らせるなかで、家族を病気で失うなどの苦難を味わった。次第に、彼は公私の問題の責任を宣教の対象であるコーサになすりつけるようになり、一八三四年から三五年にかけてコーサとケープ植民地の間で戦争（第六次コーサ戦争）がおこった際には、コーサの追放、強制労働、即決裁判での処刑を含む厳罰をケープ政府に提案した。これがWMMS関係者の耳に入ると、幹部たちはその内容が平和を説くべき宣教師の職責に相応しくないと判断し、シュルーズベリを召喚して停職処分とした。[18] 以後、彼が非白人を対象とする宣教の現場に立つことは二度となかった。

五、宣教師と植民地化

(1) 宣教とイギリス帝国

近年、宣教師がイギリスの植民地支配に果たした役割が注目を集めている。宣教とイギリス帝国の関係は、個々の団体や人物、対象とする地域や時代によって異なる図柄をみせ、安易な一般化を許さない。このテーマについて包括的検討を行ったブライン・スタンリーとアンドルー・ポーターの著作は、帝国内外の多様な地域の事例を網羅する一方で、イギリス本国の宗教文化や神学論の潮流などにも目線を配し、「国旗」と「聖書」の間に一定の相補性を認めつつも両者の拡大の軌跡は必ずしも一致しなかったことを示した。[19] 宣教師と植民地化の複雑な関係は、十九世紀前半の南部アフリカでもみられた。第六次コーサ戦争が勃発すると、戦争の原因と評価をめぐる論争に宣教師たちも巻き込まれていった。一方では、LMS宣教師（とくにすぐ後でも述べるジョン・フィリップ）らが、白人植民者によるコーサの抑圧が戦争を誘発したと論じ、アフリカ人を擁護する姿勢を示した。他方、東ケープのイギリス系植民者と密接な関係を有するWMMS宣教師らは、植民者の側を擁護し、植民地政府による無定見な政策とコーサの「略奪好きの」性向に戦争の主因を帰した。[20] 宣教師は、当時のイギリスとアフリカにおける言説の布置や人間関係、宣教活動の方針といった諸要素を勘案しながら植民地化への姿勢を定めており、異なる団体間で、あるいは同じ団体の内部でも容易に意見の一致はみられなかった。

その一方で、宣教師とイギリス帝国の関係を過度に相対化することも慎むべきである。筆者は、十九世紀南部アフリカにおけるWMMSの活動を中心に、宣教師たちの植民地政策への批判的なまなざし（イギリス帝国史では「人道主義」という）を検討したが、そこで明らかになったのは、宣教師の「人道主義」が特定の政策を批判しつつも、イギリス帝国の本来的な「公正さ」を強調しそうした理念に基づく統治の実践を唱道することで、逆説的に帝国の正当性を擁護する側面を併せ持っていたということであった。[21] たしかに個別の植民地政策に対する宣教師たちの姿勢はさまざまだが、少なくとも十八世紀末から十九世紀にかけて、イギリスの植民地支配そのものを積極的に否定する動きはほぼ皆無であったと言ってよい。

(2) 宣教師と文明化

宣教師と植民地化の関わりあいを、西洋の規範や生活様式を非ヨーロッパ世界に浸透させることを目指す「文明化」に即してみてみよう。南部アフリカにおいて、宣教師たちは文明化のプロジェクトに熱心に取り組んだ。その内容は多岐にわたるが、例えば、洋服の着用、西洋式家屋の建設、直線の通りと方形の町並みの整備に加え、貨幣の導入、西洋式農法の普及、結婚の宗教儀礼化などが推進された。さらに、宣教師らは、アフリカ社会におけるジェンダー関係の刷新にも並々ならぬ情熱を注いだ。アフリカでキリスト教が浸透するためには理想的なクリスチャンホームの定着が必須であると考え、男が外で労働と公的活動に従事し女は家の内部で家事と育児を担当すべきという同時代イギリスの家族観を普及させようとした。また、西洋の文化や知識を教授する場として学校が建設された。ミッション学校では、聖書を読むために不可欠の識字能力に加え、農業や工芸に関連する実用的技能が教えられることもあった。宣教団が設立した学校の多くは、宣教師の監督のもとで現地人の信徒が運営し、教育内容も基礎的なものが多かったが、やがてより高度な学芸を教える学校も登場した。その代表格はGMSが一八四一年に創設したラヴデール校であり、同校はラテン語、ギリシア語、数学なども教授する非白人向け高等教育機関の先駆けとして以後長らく名声を誇った。なお、学校では、原則として男女別の教育がなされ、女子には家政、裁縫、家事などが教えられ、イギリスのジェンダー規範に則った「よきクリスチャンの妻・母」、あるいは、植民者の家庭で働くよき家事奉公人になるための訓練が施された。十九世紀後半になると、ケープ政府の要請もあり、実業教育にも力点が置かれるようになっていった。[22]

もっとも、文明化に対する宣教師の姿勢と関与のありようは、時代によって異なる様相を呈した。LMSの例をみてみよう。十八世紀末から十九世紀初頭に南部アフリカにやって来た第一世代のLMS宣教師たちは、現地のアフリカ人の慣習を一定程度尊重する姿勢を示した。アフリカ人がひとたび福音主義キリスト教を受容すれば、その規範を生活や社会に適用することで自ずと文明を獲得できる。そう考えられたのである。「科学」に基づく人種の体系的分類という発想はいまだ主流ではなく、アフリカ人は人種よりも階級（アフリカ人はイギリスの労働者階層と比定された）の観点から把握され、福音主義キリスト教を基盤に自己研鑽と勤労に励むことで自らの社会的地位と生活状態を向上する機会が得られるとされた。実際、ヨハネス・ファン・デル・ケンプは、先住民コイの女性と結婚し、アフリカ人は従来の慣習を維持したままでもキリスト教徒になれると説いた。同様に、彼の同僚のジェイムズ・リードもコイ女性と結婚し、二人から生まれた息子も父と同じく宣教師として活躍した。初期の宣教師たちはまた、現地人キリスト教徒を積極的に登用し、宣教活動に活用しようとした。(23)

しかし、一八二〇年代頃からLMS宣教師たちの姿勢に変化がみえはじめた。新たに南部アフリカにやってきた若手宣教師たちが、従来の方針に異議を唱え、文明化の使命とアフリカ人信徒のより強力な管理を主張し始めたのである。背景には、宣教団の現状への危機意識、とくに性関係の乱れについての懸念があった。当時、宣教基地で性病が増加しているという報告があり、アフリカ人信徒の信仰態度とそれを管理する宣教師たちの姿勢に疑惑の目が向けられるようになっていた。一八一七年にはベテラン宣教師のジェイムズ・リードが不倫の廉で罷免されるというスキャンダルがおこり、第一世代の宣教師たちとその宣教活動は厳しく批判されるようになった。危機感を抱いた新世代の宣教師たちは、現地人信徒の統制と文明化を軸に宣教方針の転換をはかった。一八一九年にLMSの現地総責任者に任命されたスコットランド出身のジョン・フィリップは、経済的な進歩と教育を通じた個人および社会の改良を信奉する啓蒙主義の申し子でもあった。彼は、アフリカ人を文明化して植民地社会におけるリスペクタブルな個人に仕立て上げることで、悪化したLMS宣教団のイメージを回復させようとした。同時代のイギリスを模範に、アフリカ人に福音主義キリスト教の規範とそれを基礎とする文明的な生活態度および勤労精神を教え込もうとしたのである。こうして、宣教と文明化はより密接な関係を取り結ぶようになった。さらに、この流れのなかで、宣教活動におけるアフリカ人の活用にも制約がかけられるようになった。アフリカ人は白人と同程度の知的能力を潜在的に持っている。しかし、彼らはいまだ十分に文明化されておらず、その能力も開発されていない。よって、現地人が宣教において主要な役割を担うのは時期尚早だ。そう考えられるようになったのである。(24) このように、十八世紀末から十九世紀前半は、アフリカとアフリカ人に対する宣教師の姿勢に変化がみられた時期でもあった。

むすび

以上、本稿では、十八世紀末から十九世紀前半の南部アフリカという時空間に焦点をあて、そこで活動したイギリス系プロテスタント宣教団の特徴および所属宣教師たちの動向を概観してきた。宣教関連史料――その目的、内容、特徴――を理解するためには、まず史料の書き手について知らねばならない。よって、本稿では、イギリスにおける福音主義信仰復興とその思想的特徴、宣教師のアイデンティティとその世界観、南部アフリカ現地の人々との交渉・関係、接触領域での多様な経験、植民地化への向き合い方といった点を取り上げ、歴史的存在としてのプロテスタント宣教師像をスケッチしてきた。これらの諸要素は、各々の文脈に即してさまざまに結びあうことで、個々の宣教師の動向と彼ら・彼女らが作成した宣教関連史料のありようを規定したのである。

注

（1） D. W. Bebbington, *Evangelicalism in Modern Britain: A history from the 1730s to the 1980s*, London, Boston: Unwin Hyman, 1989, pp.5-17.

（2） Elizabeth Elbourne, *Blood Ground: Colonialism, Missions and the Contest for Christianity in the Cape Colony and Britain, 1799-1853*, Montreal: McGill-Queen's University Press, 2002, p.30.

（3） カルヴァン主義は、予定説に基づき、あらかじめ選ばれた人々の救済を唱えた。いっぽう、メソディズムの創始者であるウェスリーは、万人の救済可能性を説くアルミニウス主義の立場をとった。

（4） Elbourne, *Blood Ground*, pp.26-34.

（5） 西川杉子「プロテスタントのヨーロッパ――啓蒙主義と信仰復興」（高柳俊一・松本宣郎編『キリスト教の歴史二　宗教改革以降』山川出版社、二〇〇九年）六八―七二頁。

（6） Rodney Davenport, "Settlement, Conquest, and Theological Controversy: The Churches of Nineteenth-century European Immigrants," in Richard Elphick and Rodney Davenport（eds.）, *Christianity in South Africa: A Political, Social and Cultural History*, Oxford: James Currey, Cape Town: David Philip, 1997, pp.52-54.

（7） Richard Elphick, *The Equality of Believers: Protestant Missionaries and the Racial Politics of South Africa*, Charlottesville, London: University of Virginia Press, 2012, pp.17-18; Davenport, "Settlement, Conquest, and Theological Controversy," p.55.

（8） Richard Price, *Making Empire: Colonial Encounters and the Creation of Imperial Rule in Nineteenth-Century Africa*, Cambridge: Cambridge University Press, pp.21-31.

（9） 創設当初のイギリス系宣教団体は、自国で十分な数の宣教師を集めることができない場合も多く、外国出身者を雇用するのは珍しいことではなかった。このことも、イギリスの宣教運動がプロテスタント国際ネットワークとの関係で展開していたことを例証している。

(10) Elphick, *The Equality of Believers*, pp.18-20; Elbourne, *Blood Ground*, 89-102; C. P. Williams, "“Not Quite Gentlemen”: An Examination of “Middling Class” Protestant Missionaries from Britain, c.1850-1900," *Journal of Ecclesiastical History* 31, no.3, 1980, pp.301-315.

(11) Elphick, *The Equality of Believers*, p.20.

(12) Elizabeth Elbourne and Robert Ross, “Combating Spiritual and Social Bondage: Early Missions in the Cape Colony,” in Elphick and Davenport (eds.), *Christianity in South Africa*, pp.35-36.

(13) T. J. Keegan, *Colonial South Africa and the Origins of the Racial Order*, London: Leicester University Press, 1996, pp.107-116. ○章も参照のこと。

(14) 大澤広晃「宣教師と植民地政治批判――十九世紀ケープ植民地東部境界地帯におけるウェズリアン・メソディスト宣教団の動向を中心に」(『歴史学研究』第八九〇号、二〇一二年)二三―二四頁

(15) Price, *Making Empire*, p.67.

(16) Price, *Making Empire*, p.68.

(17) Price, *Making Empire*, p.68.

(18) Alan Lester and David Lambert, “Missionary Politics and the Captive Audience: William Shrewsbury in the Caribbean and the Cape Colony,” in David Lambert and Alan Lester (eds.), *Colonial Lives across the British Empire: Imperial Careering in the Long Nineteenth Century*, Cambridge: Cambridge University Press, 2006, pp.88-112.

(19) Brian Stanley, *The Bible and the Flag: Protestant Missions and British Imperialism in the Nineteenth and Twentieth Centuries*, Leicester: Apollos, 1990; A. N. Porter, *Religion versus Empire?: British Protestant Missionaries and Overseas Expansion, 1700-1914*, Manchester: Manchester University Press, 2004.

(20) 大澤「宣教師と植民地政治批判」二三―二四頁。このうち、WMMSの姿勢については、○章で詳述する。

(21) 大澤「宣教師と植民地政治批判」、同「宗教・帝国・「人道主義」――ウェズリアン・メソディスト宣教団と南部ベチュアナランド植民地化」(『史学雑誌』第一二二編第一号、二〇一三年)一―三五頁。

(22) Elbourne and Ross, “Combating Spiritual and Social Bondage,” pp.47-50; Janet Hodgson, “A Battle for Sacred Power: Christian Beginnings among the Xhosa,” in Elphick and Davenport (eds.), *Christianity in South Africa*, pp.75-82.

(23) Elbourne, *Blood Ground*, pp.151-154; Stephen C. Voltz, *African Teachers on the Colonial Frontier: Tswana Evangelists and Their Communities during the Nineteenth Century*, New York: Peter Lang, 2011, pp.31-45.

(24) Elbourne, *Blood Ground*, pp.233-254.

〔Ⅲ　史料のなかのケープ植民地〕

十九世紀前半の南部アフリカにおけるウェスリアン・メソディスト宣教団
――史料の特徴とそのナラティヴ

大澤広晃

ウェスリアン・メソディスト宣教団（WMMS）は、十九世紀南部アフリカにおけるイギリス系宣教団のなかでも有数の規模を誇り、その史料は現地の情勢や人々について多くを教えてくれる。本稿は、移動史料の一つとしてのWMMS関連史料を紹介し、あわせて、その読解を通じて、当該史料が宣教師および接触領域で彼らと関わりあった人々について何を明らかにしうるのかを示す。

はじめに

本稿では、東インド航路の移動に関わる史料を具体的に検討するための素材として、ウェスリアン・メソディスト宣教師協会（Wesleyan Methodist Missionary Society: WMMS）関連史料を取り上げる。WMMSは十九世紀初頭に南部アフリカでの宣教事業を開始し、やがてケープ植民地有数の規模を誇る教会組織へと発展していった。以下では、まずWMMSの概要を示したのち、史料の所在・分類・特徴を検討する。そのうえで、特定の史料を素材としながら、そこに現れる言説やナラティヴの分析を通じて、本書が対象とする移動史料からどのようなことを語りえるのかを例示してみたい。

一、ウェスリアン・メソディスト宣教師協会と南部アフリカ宣教

（1）WMMSの誕生

十八世紀前半にジョン・ウェスリーが創始したメソディズ

ムは、同時代のイギリスにおける福音主義信仰復興を牽引し、多くの信者を獲得していった（大澤論文（一四一頁〜）参照）。だが、初期のメソディズムは必ずしも一枚岩ではなく、勢力の拡大に伴いさまざまな対立が表面化した。とくに、指導者層が中央集権化を進め、あわせて聖職者と平信徒の厳格な区別を強調するようになると、教会運営へのより大きな関与を求める後者の一部は、そうした方針への批判を強めていった。こうした確執がエスカレートした結果、メソディズムを掲げる多数の教派が誕生した。そのなかで、相対的に保守的で教会組織を重んじる主流派は、ウェスリアン・メソディストと呼ばれるようになっていった。

海外宣教を重視する福音主義の時流のなかで、ウェスリアン教会も宣教事業に乗り出した。一八一三年には、宣教を統括する組織としてWMMSが正式に発足した。ロンドン宣教師協会（London Missionary Society: LMS）などが有志によって結成された任意団体としての性格が強いのに対して、WMMSはイギリスのウェスリアン教会（本国教会）に付属する一部局として誕生した点に特色があった。したがって、ロンドンのWMMS本部で宣教を統括する常任書記（General Secretary）は、本国教会の意思決定機関である年会（annual conference）で任命された。また、WMMSの運営費は、宣教活動の現場で収集された献金に加えて、本国の信徒の寄付に頼る部分も大きかった。[1]

(2) 南部アフリカへの進出

南部アフリカにおけるWMMSの活動は、十九世紀初頭に始まる。一八一三年、ケープ植民地に駐留していたメソディスト兵士が、本国教会に牧師の派遣を依頼した。教会はJ・マッケニーを送ったが、ケープ植民地政府から宗教活動の許可を得られなかったため、撤退した。一八一六年、WMMSはバーナバス・ショウを再度ケープに派遣し、同地での活動拠点構築を目指した。ケープ政府は今回もウェスリアン教会の活動を禁止したが、ショウはそれを無視して現地に駐留するメソディスト兵士を相手に説教を行った。ここに、南部アフリカにおけるWMMSの宣教事業が正式に始まった。その後ショウは北方に移動して、先住民ナマを対象とする宣教活動を開始した。ショウに続くWMMS宣教師たちは、ケープタウン、ステレンボシュ、サイモンズタウンなど、ケープ西部の主要都市に拠点を築いていった。[2]

ケープ植民地東部でのWMMSの活動は、一八二〇年に始まる。当時のケープ東部は植民地の境界地帯であり、多様な人々がさまざまな関係を取り結ぶ接触領域だった。植民地境界地帯の安定化を図り、なおかつ、本国の余剰人口を排出す

図1　グレアムズタウンのメソディスト教会堂（筆者撮影）

るという目的のために、イギリスはケープ東部のオルバニーと名付けた地域に移民を入植させる計画を立案し、一八二〇年に約五〇〇〇人が同地に上陸した。この「一八二〇年の入植者たち」とともにケープ東部にやってきたのが、ウェスリアン教会牧師のウィリアム・ショウ（バーナバスと血縁関係はない）だった。ショウは、メソディスト入植者を司牧するための随行牧師としてオルバニーに来たが、その一方で、ＷＭＭＳの指示を受けて「異教徒」のアフリカ人に福音をのべ伝える役目も併せ持っていた。つまり、牧師と宣教師の二重の職責を帯びていたのである。当初彼は、「牧師」としての役割に専念し、ときに教派を超えて熱心に植民者の信仰に奉仕した。その結果、ショウは、東ケープのイギリス系植民者の間で名声を高めていった。現地社会の指導者層にはウェスリアン信徒も多く、東ケープの中心都市グレアムズタウンは「メソディストの町」とも呼ばれた。このように植民地社会での地歩をまず固めたうえで、ショウは一八二五年から「宣教師」としての活動を開始する。まず、接触領域に住むアフリカ人の集団コーサを相手に宣教を始め、徐々に活動範囲を東方に広げていった。一八三〇年代半ばまでに六つの宣教基地が建設され、その対象にはコーサのみならず、テンブ、ムポンドといった集団も含まれるようになった。その後、ＷＭＭＳ宣教団は、南東沿岸部のナタール、内陸部のベチュアナランド（現在の南アフリカ共和国北西部とボツワナ）、トランスヴァール、オレンジ自由国にも拠点を形成し、勢力を拡大していった。[3]

二、WMMS関連史料

(1)史料の構成と特徴

ここでは、WMMSに関連する史料の構成と特徴を紹介する。当該史料のうち、紙媒体のマニュスクリプトは一般公開されておらず、イギリスのメソディスト教会本部に保管されていると思われる。ただし、原史料はマイクロフィッシュに複写されており、世界の複数の史料館や大学図書館がコレクションの完全版あるいはその一部を所有している。代表的な機関としては、ロンドン大学東洋アフリカ研究院(School of Oriental and African Studies: SOAS)がある。SOASにはメソディスト宣教師協会アーカイブ(Methodist Missionary Society Archive)があり、WMMSのみならず他のメソディスト教派の宣教活動に関する史料が保管されている。さらに、WMMSが刊行した機関誌(現物)や宣教師が執筆した回想記・日誌などの文献も備えられている。なお、SOASは、WMMSと並んで南部アフリカにおける主要な宣教団体のひとつだったLMSの原史料(Council of World Mission Archive の一部を構成している)も管理しており、まさにイギリスにおける宣教史研究の一大拠点と言える。日本では、メソディスト教会を設立母体とする青山学院大学がWMMSのマイクロフィッシュ史料を所持しており、同大学図書館で閲覧できる。

WMMS関連史料は膨大だが、移動史料研究の観点からとくに重要なのは、「本部宛通信(Incoming Correspondence)」に含まれる文書群である。これは、アフリカ現地で活動する宣教師がロンドンの本部宛に送付した書簡からなり、財務や人事など組織運営や日常業務にかかる文書が多いが、宣教事業についての定期報告、宣教師による現地社会の分析、帝国・植民地政策についての私見を述べたものもあり、宣教事業の展開のみならず宣教師個人の生活や政治的見解を知るのにも有益である。とくに重要なのは、宣教師が現地の人々の生活や文化を描写した報告であり、接触領域でのヨーロッパ人やアフリカ人の動向、および、そうした諸アクター間の交渉・関係について多くを教えてくれる。これらは、必ずしも文字をもたないアフリカ社会の歴史を叙述するために不可欠の史料として、現在に至るまで参照され続けている。

「本部宛通信」に加えて、「部会議事録(Synod Minutes)」も現地の事情を知るうえで重要である。南部アフリカのウェスリアン教会は、規模を拡大するにつれて複数の部(District)に編成・再編されていった。各部では毎年の活動報告と翌年の活動方針を決定する場として部会が開催されており、その議事録は当該部における宣教活動の概要を教えてくれる。この他にも、主として特定の宣教師の個人文書を集めた「特殊系列（Special Series）」というカテゴリーがあり、南部アフリカで勤務経験がある宣教師たちの史料も含まれている。

以上のようなマニュスクリプトに加えて、WMMSが定期的に刊行する機関誌も重要な史料である。ここには、人事異動の情報や宣教基地ごとの信徒数、献金額など基礎的なデータが掲載されている。現地宣教師から届いた書簡の抜粋が掲載されていることもあるが、往々にして、本部の目からみて不必要な情報や読者（主にウェスリアン信徒）の目に触れさせたくない情報が削除されるなど、恣意的な編集が行われている点に留意する必要がある。その他、活字史料としては、同時代の宣教師が著した旅行記や回想録、現地社会を分析した書籍などもあり、有益である。ただし、これらの出版物は読者（とくにウェスリアン信徒）に特定のメッセージを伝えることを意識したものであり、記憶の曖昧さとあわせて、内容を慎重に吟味しながら読解する必要があることは言うまでもない。

（2）南アフリカに所在する史料

なお、WMMS関連史料は南アフリカにもある。グレアムズタウンのローズ大学には南アフリカ・メソディスト教会アーカイブ（Methodist Church of South Africa Archives）があり、南部アフリカにおけるメソディスト研究の拠点となっている。包括的なカタログがないためその全容は定かではないが、筆者が短期間訪問した際には、ロンドンのアーカイブにはない宣教師たちの日誌や個人文書を発見することができた。今後、より長期的な調査を行い、同アーカイブの構造と内容の詳細な把握に努めたい。

三、史料を読む——一八三〇年代東ケープ接触領域における宣教師と現地の人々

（1）W・B・ボイスと『覚書』

上述の通り、南部アフリカのWMMSに関連する史料は膨大で、その内容も多岐にわたる。それでも、本書の目的に適うためには、十九世紀前半の南部アフリカ接触領域で活動した宣教師がどのような人々で、何を考えていたのかを、史料に即して具体的に紹介する必要があるだろう。そこで、本節では、WMMS宣教師のW・B・ボイスが一八三八年に著した『南アフリカ問題についての覚書』(4)（以下、『覚書』と略記）という文献を取り上げ、当該史料がどのような文脈で作成され、当時の宣教師および現地の人々について何を語っているのかを検討してみたい。

ボイスは、一八〇四年にヨークシャアで生まれた。母方の

親族がウェスリアン信徒で、彼に影響を与えたと考えられる。ハルで商売の道に入ったが、一八二九年にウェスリアン教会の牧師となり、南部アフリカの宣教基地バンティングヴェイルに着任した。宣教活動に従事する傍ら、コーサ語の研究を続け、一八三四年にはコーサ語の文法書を刊行した。一八四三年にイギリスに戻りボルトンを任地としたが、一八四六年にWMMSオーストラレイシア宣教団の総責任者としてシドニーに向かい、同地でのウェスリアン教会の拡大と制度化に貢献し、シドニー大学評議員としても活躍した。その後、イギリスに帰国し、WMMS常任書記として宣教活動を統括する地位に就いた。一八七一年に再びシドニーに戻り、一八八九年に現地で死去した。(5)

次に、『覚書』がどのような歴史的コンテクストで著されたのかをみておこう。(6)一八三四年、コーサが東ケープの植民者を襲撃することで第六次コーサ戦争(一八三四〜三五)の火蓋が切って落とされた。戦争は、ケープ社会を分断した。一方で、LMS宣教団の総責任者ジョン・フィリップや『南アフリカ商業新聞(*South African Commercial Advertiser*)』の編集者ジョン・フェアバーンらが、コーサに対する東ケープ植民者の抑圧的な振る舞いを戦争の主因とする論陣を張った。他方で、東ケープの植民者たちはそうした主張に反論し、コーサの「残虐性と略奪を好む性向」が戦争を引き起こしたと訴えた。双方ともイギリス本国の有力者に支援を求めたので、この論争はアラン・レスターが「帝国ネットワーク」と呼ぶ広域の言説空間で展開されることになった。(7)一八三五年五月、コーサが降伏すると、ケープ総督ダーバンは、植民地の境界をカイ川まで延伸し、カイ川とカイスカンマ川に挟まれた地域にクイーンアデレイド州を創設した。コーサはカイ川東岸(トランスカイ)への移住を命じられた。だが、限られた軍事力でコーサをトランスカイに追いやるのは不可能だと認識したダーバンは、同年九月に新たな布告を出して、コーサの強制移住を撤回する一方、クイーンアデレイド州の一部を植民者向けに開放した。しかし、ダーバンの政策は、イギリス本国の植民地大臣グレネルグ卿によって覆された。グレネルグの指示により、クイーンアデレイド州は放棄され、植民地の東端はフィッシュ川まで戻されることになった。コーサは土地の再占有を認められ、イギリスはコーサのチーフたちと条約を結ぶことで境界地域の安定化を図ることとなった(条約システム)。そうしたなかで、イギリス支配に批判的な東ケープのブール人が、植民地の境界を越えて大規模な移動を開始した。ブール人移住者たちは、オレンジ川を越えて、南部アフリカ南東部(現在のナタール)や北東部に進出した。「グレートトレック」という名で知られるこの移住運動の結果、ブール人たちはオレンジ川北方にトランスヴァール（一八五二年）とオレンジ自由国（一八五四年）を樹立した。ボイスが『覚書』を執筆したのは、このような時代であった。

（2）戦争の原因をめぐる言説

『覚書』は、同時代のさまざまな言説が複雑に編み込まれたテクストである。ボイスによると、本書執筆の動機は、「植民者と先住民の宗教的利益に密接に関係すると筆者［ボイス］が信じる、さまざまな社会的、政治的問題」を論じることで、「南アフリカ問題について彼が健全と考える見解」を提示することにあった。[8] この目的のために、まずボイスが取り組んだのが、第六次コーサ戦争で批判を受けた人々——

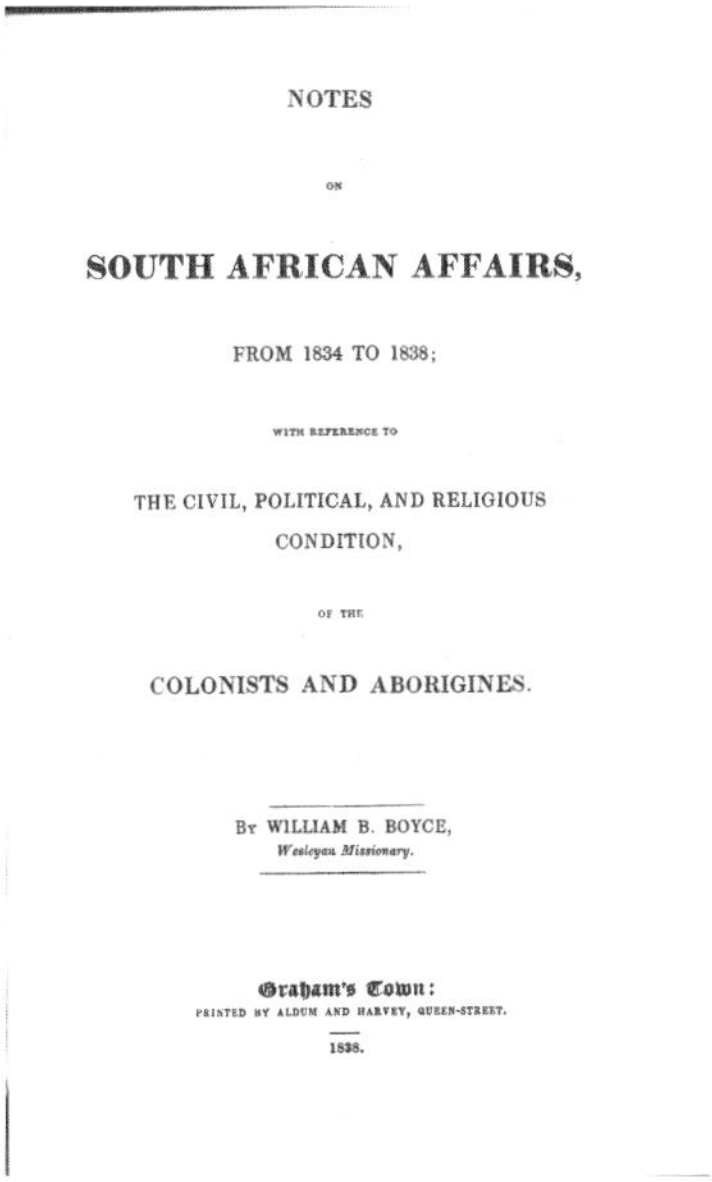
NOTES
ON
SOUTH AFRICAN AFFAIRS,
FROM 1834 TO 1838;
WITH REFERENCE TO
THE CIVIL, POLITICAL, AND RELIGIOUS
CONDITION,
OF THE
COLONISTS AND ABORIGINES.

By WILLIAM B. BOYCE,
Wesleyan Missionary.

Graham's Town:
PRINTED BY ALDUM AND HARVEY, QUEEN-STREET.
1838.

図2　ボイス『覚書』の内表紙

東ケープの植民者（とくにイギリス系住民）[9]——の弁明であった。LMS宣教師らが東ケープ植民者の抑圧的な振る舞いを戦争の原因として批判したのに対して、ボイスは植民者たちを断固として擁護した。彼によると、戦争は、コーサに対する植民者の振る舞いではなく、植民地政府がコーサとの約束を違えて土地を奪おうとしたことによって引き起こされた。原因は政府の失政にあり、植民者はむしろ被害者である。歴史を振り返れば、植民者たちは東ケープで土地を与えられると約束されて移住を決意したが、実際にはコーサの侵攻から植民地を守る防波堤として利用されてきた。にもかかわらず、植民者たちは必死に土地を開拓し、生計を立ててきた。そうしたなかで勃発した戦争は、植民者たちの生活を破壊した。[10] 東ケープの植民者が政府を戦争に誘引したとの主張があるが、そもそも植民者には参政権（植民地自治）が与えられていないのだから、政府の方針に意見する立場にない。よって、責めを負うべきは政府であり、植民者ではない。これがボイスの主張である。[11]

ボイスの批判の矛先は、コーサにも向かう。たしかにケープ政府の首尾一貫しない政策がコーサを追い込んだ面はあるが、植民者を襲撃することで戦争を開始したのはコーサであり、その咎を免れることはできない。なぜコーサは植民地を襲ったのか。それは、彼らが「戦争好きで、略奪を好む、異教徒」[12]だからである。よって、南部アフリカの平和のためには、キリスト教の普及を通じてコーサの悪しき習性と性向を改めていかねばならない。そのようにして初めて、植民地とコーサの間で恒久的平和が実現するのである。[13]

植民者を擁護しコーサの「性向」を批判する言説は、まさに当時の東ケープにおけるWMMSの立ち位置を反映したものだった。既に述べたように、WMMS宣教師は、植民者に対する牧師とアフリカ人に対する宣教師という二重の職責を帯びた存在だった。東ケープ植民地社会と密接な関係を持ち、宣教活動は植民者の支援にも依拠するところが大きかったがゆえに、宣教師たちは彼らと歩調を合わせて、戦争の責任を植民者に負わせようとする言説に対抗しようとしたと考えられる。[14]加えて、恒久的平和を実現するためには、キリスト教への改宗によってコーサの習性と性向を変えていかねばならないと主張している点も興味深い。言うまでもなく、この目標を実現するためには、宣教活動の拡充が欠かせない。宣教が南部アフリカに平和と安定をもたらすと説くことでその政治的、社会的意義を示し、想定される読者（とくにウェスリアン信徒）に宣教活動へのさらなる支援を求める意図が読み取れる。

（3）グレートトレックをめぐる言説

次に、グレートトレックをめぐるボイスの見解を検討しよう。ボイスは、ブール人のケープ外部への移住を抗い難い流れとみていた。何がおころうとも「移住は続くだろうし、いかなる権力もそれを制止できない」[15]からである。ただし、ブール人がなすがままにするのを座視しているわけにはいかない。移住者たちを管理下に置き、アフリカ人とも調整をはかりながら、法と文明を広げていく必要がある。[16]つまり、ボイスは、ブール人が新たに進出した土地にイギリスの植民地支配を拡大していくことを提案しているのである。

では、新たな植民地化のプロジェクトは、いかに推進されるべきか。ボイスは、植民地化に際して留意すべき三つの原則を提示している。（一）新しい植民地の統治にかかる費用の大部分は、植民地自らが負担すべきこと。（二）アフリカ人の文明化とキリスト教化を推進し、植民地はその支援をすべきこと。（三）先住民の権利を尊重すべきこと。以上である。このうち（二）については、文明化とキリスト教化の主体は明らかに宣教師であり、自分たちの存在意義をアピールすることで、宣教活動へのさらなる支援を求める思惑が透けてみえる。次に、（三）についてだが、ボイスは、イギリス政府が、新たに創設される植民地内に居住するアフリカ人と条約を結び、先住民が保有する土地の権利を自ら保障することを推奨している。ここで重要なのは、条約締結の主体を「イギリス政府」としている点である。この背景には、現地の植民者（ブール人）やケープ植民地当局よりも上位の権力主体（イギリス政府）が直接条約を結ぶことで、前者が一方的に条約を無視してアフリカ人の土地を奪うのを阻止する狙いがあった。さらに、そうしたアフリカ人との条約締結は、植民地内におけるブール人の居住権を正式に承認する前に行うべきだというのが、ボイスの考えであった。[17]

以上の提言から読み取れるのは、ブール人に対するボイスの不信感である。ブール人は、土地権利の重要性をよく理解していない。ゆえに、彼らは必要以上に広大な土地を占有しようとし、それが植民者とアフリカ人の間の土地をめぐる係争を引き起こしてきた。したがって、新しい植民地では、土地権利は明確な法規に基づいて付与されるべきであり、植民地の拡大も漸進的でなくてはならない。[18]土地に関する意識という点で、ブール人は「ヨーロッパの他の地域より少なくとも二世紀は遅れている」[19]のであり、植民地の安定のためにはイギリス人の同地への入植も奨励すべきである。これが、ボイスの提言だった。彼が、ブール人を劣位の存在とみていたのは明らかである。

もっとも、ブール人に関するこのような言説は、ボイスに特有のものではなかった。メアリ・プラットの著書『帝国の眼』は、十八〜十九世紀のヨーロッパ人が非ヨーロッパ世界を描写した旅行記を素材に、そのテクストを綿密に分析することで、当時のヨーロッパ人が帝国支配の拡大をどう意味づけようとしていたのかを明らかにした作品である。同書では、南部アフリカについての代表的な旅行記であるジョン・バローの『一七九七年と一七九八年における南部アフリカ内陸部への旅（*Travels into the Interior of Southern Africa in the Years 1797 and 1798*）』（以下、『旅』と略称）も検討されている。一八〇一年に出版された『旅』は南部アフリカについての体系的な記録であり、後のイギリス人の南アフリカ認識に大きな影響を与えた。ボイスも、『覚書』の序章でバローの名に言及している。[20]同書でバローは、南部アフリカの景観や地勢を冷静な筆致で描写する一方で、ケープにおけるイギリスの支配権を正当化しようともしている。若き外交官でケープ総督の秘書官でもある彼のテクストからは、露骨な植民地支配の唱道は避けつつも、将来における植民地の発展を想像する著者の姿が垣間見える。バローは、進取の精神（spirit of improvement）という観点から、南部アフリカとそこに住む人々をイギリスおよびイギリス人から区別しようとする。つまり、進取の精神が後者の特徴であるのに対して、南部アフリカはいまだに未開発であり、そこに住む人々も進歩の気運に乏しいと言うのである。このことは、ブール人にもあてはまる。実際、『旅』ではブール人がきわめて否定的に描かれている。ブール人は「怠惰」であり、自律や勤労の精神を欠き、その暮らしぶりはアフリカ人と何ら変わらない。バローがブール人を「アフリカ人農民（African peasants）」と呼称するゆえんである。[21]

バローのブール人観は、十九世紀前半のWMMSとその母体であるウェスリアン教会にも一定の影響を与えていたように思われる。例えばウェスリアン教会の代表的な新聞である『ウォッチマン（*Watchman*）』は、ブール人が奴隷や先住民を酷使する一方で自らは怠惰な生活を送っていると論じたが、これはバローの『旅』の一節をほぼそのまま引用した文章である。[22]同様に、現場の宣教師が作成した史料にも、ブール人への警戒心や批判意識を随所に見て取ることができる。[23]南部アフリカにおけるWMMS宣教の先駆者バーナバス・ショウは、宣教を批判する記事を掲載したブール人の新聞『南アフリカ人（*De Zuid-Afrikaan*）』を、「すべての正義の敵」[24]と断罪している。同様に、主としてコーサを対象とする宣教に従事していたジョン・エイリフも、「不道徳と残虐性が彼ら［ブール人］の振る舞いを特徴づけている。先住民がオランダ人植民者からこうむった苦痛は、最後の審判の日に明らかにされるだろう。彼らの叫び声が主のお耳に届いているのは間違いない」と述べている。[25]そうしたなかで、グレートトレックはWMMS宣教師たちの不安をかき立てた。実際、ブール人移住者がアフリカ人を襲撃して家畜を奪っていることを知ったウィリアム・シェプストンは、「［ブール人の］目的は、これらの気の毒な人々から誰彼構わず家畜を奪い取ることにある」と結論づけ、そうした行為を厳しく非難した。[26]ブール人に対する否定的なまなざしは、『覚書』が執筆された当時のWMMS内部で、広く共有されていたのである。[27]

グレートトレックに関するボイスの論評について、もう一点指摘しておきたい。それは、植民地化に対する彼の構えである。既にみたように、ボイスは、ブール人移住者を法の支配下に置くべく、イギリス支配の拡大を積極的に訴えた。再びプラットを引くと、十九世紀初頭までの旅行記では、彼女が「反＝征服（anti-conquest）」と呼ぶレトリックがしばしばみられた。「反＝征服」とは、露骨な征服や支配の唱道からは距離を置きながらも、科学的な調査や観察を通じて非ヨーロッパ世界を学知によって体系化し、知識と言説によってヨーロッパの優越を示そうとする修辞上の戦略である。[28]バローの『旅』も、将来における植民地の発展を想像しつつも、南部アフリカの自然や社会、人間に働きかけてその改造を主張するまでには至っていない。実際、彼は意識的に政治に関する議論を避けている。(29)ところが、『覚書』にそのような遠慮はもはやみられない。ボイスは植民地化を既成事実として受け止め、進んで政治的な議論を展開し、イギリス支配の拡大と文明化およびキリスト教化による現地の人間・社会の刷新を何の衒いもなく唱道しているのである。この点では、『旅』と『覚書』は言説編成の点で相当に異なるテクストであり、後者は植民地化に関する新たな言説が織り込まれた史料と言えよう。

（4）アフリカ人をめぐる言説

最後に、アフリカ人をめぐる言説を考察しておきたい。『覚書』では、とくにケープ植民地内部に居住する先住民コイを中心に、アフリカ人をどう扱うべきかが検討されている。ボイスによると、ケープに住むコイのうち、八〇〇〇から一万人ほどが定職を持たずに浮浪者として各地を徘徊し、植民者の家畜を盗んで糊口を凌いでいる。こうした浮浪者の存在は、非白人が植民地社会でリスペクタブルな中流階級になるのを妨げている。アフリカ人は勤労精神を身につけるべきだが、労働を法的に強制するのは好ましくない。それは形を変えた奴隷制だからである。では、どうすればよいのか。ボイスは、アフリカ人が経済的に発展する機会を担保することが重要だと説く。そのために是非とも必要なのは、土地の確保である。牧畜にせよ農業にせよ、アフリカ人の生業は土地と不可分に結びついている。よって、植民地は、彼らが自活に必要な土地の購入を支援すべきである。アフリカ人が土地を得て自給自足の生活をすることで、植民者がアフリカ人を労働力として使役できなくなるのではないかとの懸念もあるが、アフリカ人は閑散期に近隣の白人農場で働くはずだから心配する必要はない。最後にボイスは、現状において白人と有色人種（coloured races）は社会的に対等の立場にあるとは言えないものの、後者が社会的、市民的、道徳的に成長することで前者に並ぶ可能性はあるとし、最終的に非白人が白人社会に同化する未来を展望した。(30)

以上に要約したボイスの主張からは、さまざまな言説を抽出できる。まず、職を持たない浮浪者がネガティヴな筆致で描かれているが、そうした表象は、物乞いと怠惰を否定的にみる同時代イギリスの社会観に根差していると思われる。その一方で、アフリカ人がモラルの向上と刻苦勉励によりリスペクタブルな中流階級の地位を得て、白人に追いつく可能性も指摘されている。これは、聖書が提示する人類単一起源説を参照にすべての人種の進歩と成長の可能性を肯定する世界観と、福音主義の規範に基づき道徳および生活状態の向上を目指すモラル・社会改革の志向を反映したものだと言え、そうした言説は同時代の多くの宣教師に共有されていた。[31]

興味深いのは、アフリカ人をめぐるボイスの言説と東ケープイギリス系植民者のそれとの関係である。『覚書』の主目的のひとつが、植民者を擁護することにあったことは既に述べた。しかし、だからといって、両者の理念や思想がまったく同じだったわけではない。当時の東ケープでは羊毛業が発展し、牧羊に使用する土地と必要な労働力を確保するために、植民地の拡大とアフリカ人のより厳格な管理による安価な労働力への転化を求める声が強まっていった。そうしたなかで、アフリカ人の「劣等性」を強調することで、その土地を奪い、彼らを白人に奉仕する労働者として使役することを正当化する言説が、植民地社会に浸透していく。[32]だが、そうした見方は、ボイスが説く植民地支配のあり方、とりわけアフリカ人の土地権利を重視する見解とは一致しない。よって、植民者のなかからは、自らとは異なるアフリカ人統治の理想を語るWMMS宣教師を批判する者も出てきた。例えば、有力なイギリス系植民者のボウカーは、アフリカ人への宣教の意義と成果を説くボイスを名指しして、それが「まったくの偽り」でありアフリカ人は以前と変わらず不誠実で狡猾なままだと断言した。こうした発言は、WMMS宣教師と彼らが擁護しようとした東ケープ植民者の関係が、十九世紀半ばにかけて徐々に変化しつつあることを示唆するものでもあった。[33]

むすび

本稿では、WMMSに着目しつつ、移動史料のひとつとしての宣教関連史料の特徴と、そこに現れる言説やナラティヴを検討してきた。WMMS関連史料からは、南部アフリカの接触領域におけるアフリカ人のみならずヨーロッパ系植民者の様態、および、宣教師も含めたさまざまなローカル・アクターが取り結ぶ多様な関係を析出することができる。それは、WMMS所属の聖職者たちがヨーロッパ系植民者に対する牧師とアフリカ人に対する宣教師という二重の職責を併せ持っていたからであり、そのような宣教団の特質が、当時のプロテスタント福音主義の世界観やイギリス人の南部アフリカ認識とあわせて、史料の構造と内容を規定していたと言える。

以上に加えて、移動史料として宣教関連史料をみる場合、宣教師たち自身が絶えず移動していたことにも留意する必要がある。この場合の移動は、例えばケープ東部の接触領域という限定された地理空間内部での移動に加えて、異なる植民地や地域へのより遠距離の移動も含む。例えば本稿でみたボイスは、その生涯で南部アフリカ、イギリス、オーストラリアという三つの地域を移動した。そうした広域の移動を人々がどう経験し、[34] それが史料の生成や内容にどのような影響を与えたのかを考察することも、移動史料研究の重要な課題と言えるだろう。

注

(1) 大澤広晃「宣教師と植民地政治批判――一九世紀ケープ植民地東部境界地帯におけるウェズリアン・メソディスト宣教団の動向を中心に」(『歴史学研究』第八九〇号、二〇一二年)二〇―二一頁。

(2) Rodney Davenport, "Settlement, Conquest, and Theological Controversy: The Churches of Nineteenth-century European Immigrants," in Richard Elphick and Rodney Davenport (eds.), *Christianity in South Africa: A Political, Social and Cultural History*, Oxford: James Currey, Cape Town: David Philip, 1997, p.54; Hiroaki Osawa, "Conviction and Calculation: Wesleyan Methodists, Humanitarianism and the Colonisation of South Africa in the Nineteenth Century," unpublished Ph.D. thesis, London, 2009, pp.41-45.

(3) 大澤「宣教師と植民地政治批判」二一―二三頁。

(4) W. B. Boyce, *Notes on South African Affairs, From 1834 to 1838: With Reference to the Civil, Political, and Religious Condition, of the Colonists and Aborigines*, Graham's Town: Aldum and Harvey, 1838.(以下、*Notes*と略記)。

(5) S. G. Claughton, "Boyce, William Binnington (1804–1889)," *Australian Dictionary of Biography*(オンライン版)[http://adb.anu.edu.au/biography/boyce-william-binnington-3036](二〇一九年一一月四日閲覧)。

(6) 以下については、大澤「宣教師と植民地政治批判」二三―二四頁。

(7) Alan Lester, *Imperial Networks: Creating identities in nineteenth-century South Africa and Britain*, London, New York: Routledge, 2001, ch.5.

(8) *Notes*, 'Advertisement to the Reader'.

(9) ボイス自身はもっぱら「植民者(colonists)」という包括的な表現を使っているが、彼が擁護する対象として念頭に置いていたのは、明らかにイギリス系植民者あった。実際、ボイスは、イギリス系植民者の苦難を語り、彼らがコーサ戦争に責任を負うべきではない旨を語っている(*Notes*, pp.26- 27)。その一方で、すぐ後でみるように、それ以外の植民者たち、すなわちブール人に対する彼の評価は好意的とは言い難い。

(10) 戦争中、四三人の植民者が殺害され、七六五の農場が灰燼に帰した。農村地域に住む植民者は、かなりの財産を失ったという(Lester, *Imperial Networks*, p.63)。

(11) *Notes*, pp.3-27.

(12) *Notes*, p.28.

(13) *Notes*, pp.20-21, 27-28.

(14) 大澤「宣教師と植民地政治批判」二三頁。

(15) *Notes*, p.172.

(16) *Notes*, p.173.

(17) *Notes*, pp.180-195.

(18) *Notes*, pp.186-193.

(19) *Notes*, p.191.

（20） *Notes*, p.ii.

（21） Mary Louise Pratt, *Imperial Eyes: Travel Writing and Transculturation*, Second Ed., New York, Oxford: Routledge, 2008, pp.56-62. なお、プラットによると、同時代のイギリスでは、西インドのオランダ系植民者に対しても、ブール人と同様の表象が付与されていたという。地域をまたぐ情報と表象の連鎖を示唆しており、興味深い（Pratt, *Imperial Eyes*, pp.61-62）。

（22） 一八四二年十一月二日付け。この点については、Hiroaki Osawa, "Wesleyan Methodists, Humanitarianism and the Zulu Question, 1878–87," *Journal of Imperial and Commonwealth History* 43, no.3, 2015, pp.429, 434-435 (Note［85］)でも指摘した。

（23） Osawa, "Wesleyan Methodists, Humanitarianism and the Zulu Question," pp.427-428.

（24） WMMS Archives（以下、省略）, Incoming Correspondence from South Africa（以下、I.C.と表記）, Microfiche box number 7/fiche number 247, Barnabas Shaw to George Marsden, 17 Oct. 1832.

（25） I.C. 2/65, John Ayliff to General Secretaries, 19 May 1829.

（26） I.C. 4/117, William Shepstone to General Secretaries, 16 July 1840.

（27） こうしたブール人に対する現場の宣教師の姿勢には、筆者が〇章で指摘した、宣教活動と奴隷制をめぐる両者の見解の相違も影響を与えていたことは間違いない。

（28） Pratt, *Imperial Eyes*, pp.1-12. バローの「反＝征服」のレトリックについては、同書p.59を参照。

（29） Pratt, *Imperial Eyes*, p.59.

（30） *Notes*, pp.119-140.

（31） 長谷川貴彦『イギリス福祉国家の歴史的源流――近世・近代転換期の中間団体』（東京大学出版会、二〇一四年）一九二―二〇四頁；大澤「宣教師と植民地政治批判」二五頁。加えて、本書の前掲大澤論文（一四一頁～）も参照。

（32） こうした人種差別の言説は、中国、インド、ニュージーランド、西インドなどでも同時代的に形成され、相互に参照されながら、「帝国ネットワーク」を通じてイギリスと植民地に普及していった（Lester, *Imperial Networks*, ch.6）。

（33） 大澤「宣教師と植民地政治批判」二四―二七頁。

（34） この点についての重要な先行研究としては、以下を参照。David Lambert and Alan Lester (eds.), *Colonial Lives across the British Empire: Imperial Careering in the Long Nineteenth Century*, Cambridge: Cambridge University Press, 2006.

〔Ⅳ　変貌する東インド航路と帝国〕

ポスターのなかのアフリカの「自然」
――イギリス帝国通商局によるプロパガンダの環境史的考察

宮内洋平

みやうち・ようへい――社会理論・動態研究所研究員、立教大学アジア地域研究所特任研究員、立教大学兼任講師。専門は人文地理学、文化人類学。主な著書・論文に「祝祭の展示と都市空間の浄化――南アフリカの一九三六年帝国博覧会と二〇一〇年ＦＩＦＡワールドカップの負の遺産」（『MOUSEION立教大学博物館研究』六二号、二〇一七年）、『ネオアパルトヘイト都市の空間統治――南アフリカの民間都市再開発と移民社会』（明石書店、二〇一六年）などがある。

本稿の目的はイギリス帝国通商局（一九二六～一九三三年）が作成したポスターに基づいて、イギリス帝国によるアフリカの「自然」イメージの創造を考察することである。一流画家の手によるポスターは、当時のアフリカ各地の風景やイギリス本国との繋がりを鮮やかに描き出しており、「自然」の表象がイギリス帝国の覇権を支えるプロパガンダの一つとして重要な役割を果たしたと考えられる。

一、「接触領域」における社会的自然の表象

本稿の目的は非対称的な力関係からなる異文化同士が出会う葛藤の社会空間である「接触領域」[1]で「自然」がいかに表象されたのかを示すことである。そこでイギリス帝国による視覚的プロパガンダがアフリカの「自然」をいかに創造したのかに着目したい。

帝国主義的拡張と科学の関係はこれまでも論じられてきた。[2]とりわけイギリス帝国の植物資源の追求[3]やイギリス帝国による植民地の自然[4]をめぐる研究は、近年ますます重要性が喚起されている環境史[5]に貢献してきた。またプロパガンダがイギリス帝国の覇権を確かなものにするために大きな影響力をもっていたことも知られている。[6]

地理学では「自然の生産」論[7]や「社会的自然」研究[8]のような「自然の地理学」による「自然」概念の問い直しが始まっている。[9]「自然」は社会的に構築されたものであり、政治・経済の諸関係や社会的アイデンティティ、消費や文化活動に

よって生産され、意味を付与されたとする立場である。これらは社会正義と環境的正義を掲げ、既存の自然の社会的構成に対して異議申立てをしてきた。社会的自然研究には図像資料に基づいた研究がある。中島弘二によると、同種の研究には①絵画や地図に描かれた自然景観に関する解釈学的研究や、②テレビや新聞、雑誌に表象された自然や環境の意味を批判的に解読するメディア研究があるが、これらは自然の表象が現実そのものを映し出したのではなく、当該社会の支配的なイデオロギーや価値観のもとで自然に特定の価値や意味が込められたものであると批判的に明らかにするとともに、図像や記号などの文化的装置を通して自然の消費スタイルが導かれているという。(10)

上記の研究を踏まえて、本稿はイギリス帝国のプロパガンダに関する環境史的研究を試みるためにイギリス帝国通商局(Empire Marketing Board, 以下EMB)のポスターを分析対象とする。EMBは帝国内の貿易推進の機関であり、さまざまな手法でプロパガンダを実行したが、なかでもポスターはイギリス帝国各地の「自然」を表象したからである。

二、イギリス帝国通商局(EMB)のプロパガンダ

(1) EMBの活動

EMBとはイギリス政府が一九二六年五月に設置し、一九三三年九月に廃止したイギリス帝国内の物産購入を促進した機関である。(11)

EMBが生まれた背景には一九世紀後半から始まったイギリスの経済的優位性の揺らぎがあった。米国、ドイツ、日本といった新たな競争相手の挑戦を受けるとともに、輸出市場頼みのイギリス経済は第一次大戦後の諸外国の保護主義的傾向に対して脆弱であった。加えて第一次大戦後にイギリス経済は低迷し、一九二〇年代初頭に高失業率を抱えていた。これは一時的なものではなく根深い問題とされ、「帝国のパートナーシップ」を強化して低迷するイギリス経済の復活を目指した。本国に海外領土の物産の購入を促すことで、海外領土が購買力を高め、最終的に本国の製造品を購入してもらおうと目論んだ。一九二四年十二月にイギリス政府は帝国経済委員会(Imperial Economic Committee: IEC)を設置し、一九二五年にIECは帝国産品の購入を促す「国民運動」を指揮する機関の設立を推奨してEMBに結実した。南アフリカ連邦の

ヤン・スマッツ首相はEMBの設立は帝国の政策のなかで明るいニュースであると歓迎した。[12]

EMBは、調査委員会、広報委員会、マーケティング委員会の三部門からなり、帝国産品の生産と消費の振興につとめた。調査委員会は帝国内の食料生産に関する調査に対し資金援助し、マーケティング委員会は帝国産品の需要供給の問題を精査したが、もっとも重要な役割を担ったのが広報委員会だった。一九二六〜一九三三年のEMBの総支出の約四〇パーセントが広報委員会に使われ、「四億の人びとの慣習を変えなければならない」と意気込んだ。よってEMBの重要な役目は帝国の開発強化のためのプロパガンダであったといえるだろう。[13] 貿易・開発推進とプロパガンダからなるEMBは、現在のイギリス国際開発省（DfID）と英国放送協会（BBC）に理念的・構造的類似性があると指摘されておりEMBの活動に注目することは同時代的意義もある。[14]

（2）EMBポスターにみる「自然」の表象

EMBの活動の経済的効果を測ることは難しいが、イデオロギー的影響は大きかったと考えられている。EMBのプロパガンダはポスター、印刷広告、クリスマスカード、ポストカード、小冊子、講演、ラジオ放送、映画、帝国ショッピング週間、展覧会などあらゆる手段がとられた。とりわけ重要だったのがポスターであり、八年間で四二万七〇〇〇ポンドが費やされた。ポスター小委員会が設置され民間や専門家から助言を受けた。ポスターに写真はほとんど使われず絵画が使われた。この小委員会の議長はロンドン地下鉄のポスター政策を手がけたロンドン交通公社のフランク・ピックが務めたが、フレッド・テイラー（一八七五〜一九六三）、チャールズ・ピアース（一八七三〜一九五八）、フランク・ニューボルド（一八八七〜一九五一）やグレゴリー・ブラウン（一八八七〜一九四八）など、ロンドン交通公社によってしばしば起用された画家がEMBポスターでも採用された。EMBの存続した八年間で八〇〇種類のポスターが制作されたが、ポスター小委員会に制作の全工程の権限が付与され、「品質第一」の姿勢が貫かれ、アーティストの選定や印刷の質にまで気を配った。五枚のポスターが一組となる二五フィート幅で五フィート高の特注した巨大広告掲示板が、一九三三年までに四五〇の町に一八〇〇枚も建てられた。ポスターはショーウィンドウや工場などにも掲示されたほか、評判を呼び学校向けに再印刷されて配布された。世界地図にイギリス領土を色付けし、航路を記したマクドナルド・ジル作の《帝国の主要路》（Highways of Empire）を始め、EMBポスターは地理や歴史の授業で使われた。[15]

八〇〇種類のポスターの図像はどのようなものであったのだろうか。ＥＭＢがイギリス国内の消費者に売り込んだ商品は、ニュージーランドの羊毛や乳製品、カナダの小麦、モーリシャスの砂糖、セイロンの茶、南アフリカのオレンジ、ゴールドコーストのココア、スーダンの綿花、ニヤサランドのタバコ、マレーシアのパイナップルから、セント・ビンセントのクズウコンまで多岐に渡った。[16] ＥＭＢポスターの特徴は、単に上記の商品だけでなく、生産地の自然景観や人物も描きこんだ点である。イギリス帝国が視覚的表象を通して植民地の自然を創出したことは珍しくなかったが、なかでもＥＭＢポスターの役割は大きかったと言われている。例えば、オーストラリアのウシの飼養がなされたのは広い空の下、背後に丘の連なるユーカリの木の生える草原であり、南アフリカの果樹園に実るオレンジは天然の落葉果実のようであり、マレーシアのパイナップルは原生の熱帯植物のなかで生育しているように描かれた。青い海と貨物船は典型的な輸送風景だった。動物が一役買うこともあり、スプリングボックが、やや唐突に登場し「南アフリカのオレンジを買いましょう」と消費者に訴えかけた。自然を商品に変えるために働いた現地人を描いたポスターもあった。例えばマクナイト・カウファー作のココアを題材にしたポスターは、鬱蒼とした森のなかで、ピンクの腰布を巻いた黒人女性が描かれている。他のアーティストたちも、森の中に生育するココアを収穫中のカゴを手にしたエキゾチックでカラフルなアフリカ人女性を描いた。セイロン茶の茶摘みの風景は、空と連なる丘を背景に緑の海原で茶摘みをする腰布を巻いた女性が描かれている。[17]

このように自然・労働・貿易の繋がりを明示して、帝国各地の自然と現地人のイメージを創りだした。ポスターの中のアフリカ人は常に白人消費者や白人監督者のための労働者であり、現地女性は性的に挑発的に描かれた。実際の労働は苛酷だったが、搾取的に描かれることはなかった。あらゆるイギリス国内の日常生活を帝国各地と結びつけることも重要なプロパガンダだった。よって南アフリカの果樹園の風景と同じように、イギリス国内で帝国の食材で料理を作る母の姿や、帝国産品を販売する食料品店の様子も描かれた。[18]

三、ＥＭＢポスターにみるアフリカ

(1) アフリカ関連のポスターの諸特徴

現在、ＥＭＢポスターはビクトリア・アンド・アルバート博物館（Victoria & Albert Museum）、マンチェスター美術館（Manchester Art Gallery）、カナダ国立図書館・文書館（Library and Archives of Canada）などに収蔵されている。カナダ国立図書館・文書館は三七九点を所有し、三四九点をオンラインで公開している。本稿ではカナダ国立図書館・文書館がオンラインで公開しているポスター三四九点とコンスタンティンの紹介した六十点のポスターの中から[19]（なお両者には重複が見られる）、アフリカ関連のポスター、四十点を選び出して考察を加えたい。

四十点のアフリカ関連ポスター（**表1**）のうちアフリカの風景を描いたポスターは二十四点、イギリス国内のアフリカ産品販売の様子など描いたポスターは六点、文字とイラストからなるポスターは七点、文字のみのポスターは三点あった。四十点を国・地域で分類すると南アフリカが十一点あり、残りはモーリシャス、スーダン、ゴールドコースト（現ガーナ）、ニヤサランド（現マラウイ）、ナイジェリア、スワジランド（現エスワティニ）、北ローデシア（現ザンビア）、南ローデシア（現ジンバブエ）、ケニア、ウガンダとイギリス国内である。もっとも取り上げられた物産はオレンジの十一点であり、その他にタバコ、ココア、コーヒー、茶、バナナ、サトウキビ、落花生、魚、マホガニー（木材）、アブラヤシ、綿花、サイザル、金、マンガンなどがある。最も多い七作品を手がけたのはG・スペンサー・プライスで西アフリカの物産を描いた。ガイ・コートライトは南アフリカのオレンジ（四点）、E・マクナイト・カウファーは西アフリカの物産（三点）、フランク・E・ペイプは南部アフリカのタバコ（三点）のポスターを担当したが、いずれも当時活躍していた一流の画家だった。

まず文字のみのポスター、《帝国のクリスマス関連商品リスト》［AO0、以下のカッコ内の記号は**表1**のEMB ref.を表記］と《帝国クリスマス・プディング・レシピ》［AO2］を考察したい。《帝国のクリスマス関連商品リスト》には七面鳥、ガチョウ、カモ、ハム、牛肉、羊肉、豚肉、リンゴ、バナナ、ブドウ、グレープフルーツ、オレンジ、ナシ、ワイン・蒸留酒、タバコが上げられている。それぞれの産地が併記されているが、アフリカ関連の産品はワイン・蒸留酒（南アフリカ）とタバコ（南アフリカ、北ローデシア、南ローデシア、ニヤサランド）だった。その他の食材はオーストラリア、カナダ、ニュージーランド、西インド諸島、ジャマイカ、パレスチナ産で、イギリスのクリスマスディナーが帝国各地との結びつきで成りたつことを示している。《帝国クリスマス・プディングを作るためには、帝国各地の食材が不可欠であることに気づかせる。南アフリカ産のサルタナ（ブドウ）、干しレーズン、柑橘類の

	ポスターの内容	産品・内容	国／地域	作者
	アフリカの風景・様子	ココア	ゴールドコースト（現ガーナ）	G. Spencer Pryse
	アフリカの風景・様子	マンガン	ゴールドコースト（現ガーナ）	G. Spencer Pryse
	アフリカの風景・様子	マホガニー（木材）	ナイジェリア	G. Spencer Pryse
	アフリカの風景・様子	マホガニー（木材）	ナイジェリア	G. Spencer Pryse
	アフリカの風景・様子	魚	ナイジェリア	G. Spencer Pryse
	アフリカの風景・様子	アブラヤシ	ナイジェリア	G. Spencer Pryse
	アフリカの風景・様子	落花生	西アフリカ	G. Spencer Pryse
	アフリカの風景・様子	オレンジ	南アフリカ	Guy Kortright
	アフリカの風景・様子	オレンジ	南アフリカ	Guy Kortright
	アフリカの風景・様子	オレンジ	南アフリカ	Guy Kortright
	イギリスの様子	オレンジ	イギリス	Guy Kortright
	イギリスの様子	オレンジ	イギリス	Unknown
	文字とイラスト	ドライフルーツ	南アフリカ、ニュージーランド	F. C. Herrick
	文字のみ	クリスマス関連商品		Unknown
	文字のみ	クリスマスプディングのレシピ		Unknown
	アフリカの風景・様子	タバコ	南ローデシア（現ジンバブエ）	Frank E. Pape
	文字とイラスト	タバコ	南アフリカ、インド、カナダ	Unknown
	文字とイラスト	タバコ	アフリカ、インド	Frank E. Pape
	アフリカの風景・様子	タバコ	ニヤサランド（現マラウイ）	Frank E. Pape
	アフリカの風景・様子	サトウキビ	モーリシャス	Keith Henderson
	文字とイラスト	オレンジ、ハム・ベーコン	南アフリカ、カナダ	F. C. Herrick
	イギリスの様子	オレンジ	イギリス	Unknown
	アフリカの風景・様子	サトウキビ	モーリシャス	E. A. Cox
	アフリカの風景・様子	オレンジ	南アフリカ	Austin Cooper
	アフリカの風景・様子	鉱物採取機械	南アフリカ	Unknown
	アフリカの風景・様子		東アフリカ	Adrian Allinson
	アフリカの風景・様子		東アフリカ	Adrian Allinson
	イギリスの様子	ココア	イギリス	R. T. Cooper
	イギリスの様子	オレンジ	イギリス	R. T. Cooper
	イギリスの様子	コーヒー	イギリス	R. T. Cooper
	文字のみ	茶	東アフリカ、セイロン、インド	Unknown
	文字とイラスト	オレンジ、リンゴ	南アフリカ、オーストラリア、カナダ	Unknown
	アフリカの風景・様子	オレンジ	南アフリカ	George Sheringham
	アフリカの風景・様子	マホガニー（木材）	西アフリカ	Keith Henderson
	アフリカの風景・様子	綿花	スーダン	E. Barnard Lintott
	アフリカの風景・様子	サイザル	ウガンダ	E. Barnard Lintott
	アフリカの風景・様子	ココア	西アフリカ	E. McKnight Kauffer
	文字とイラスト	金	熱帯アフリカ	E. McKnight Kauffer
	アフリカの風景・様子	バナナ、アブラヤシ	西アフリカ	E. McKnight Kauffer
	文字とイラスト	南アフリカ地図（農水産品）	南アフリカ	MacDonald Gill

表1　アフリカ関連のEMBポスターリスト

EMB ref.	作品名
AA1	Gathering Cocoa Pods
AA5	Sorting Manganese Ore
AB1	Mahogany Rafts on the Oluwe
AB2	Felling Mahogany
AB3	A Niger fisherman
AB4	Gathering Palm Fruit - Nigeria's Export
AB5	Niger Steamers Loading Groundnuts
AJ1	Loading the Oranges at Capetown.
AJ2	Picking the Oranges - There are over 3,000,000 Orange Trees in South Africa.
AJ3【図4】	South African Orange Orchards
AJ4	Landing Boxes of Oranges in England - South Africa sent to the United Kingdom.
AJ5	Buy South African Oranges : Buying the oranges.
AN5	Buy South African Dried Fruits / Buy New Zealand Lamb
AO0	The Empire's Christmas Provisions : List of Goods for the Christmas Provisions in the Empire
AO2	The Empire Christmas Pudding : A Christmas Pudding Recipe.
AU1	Tobacco Plantation in Southern Rhodesia
AU2	Smoke Empire Tobacco
AU3	Smoke Empire Tobacco
AU5【図3】	Tobacco Plantation in Nyasaland
AV4	Mauritius - Sugar - Rum.
AZ5	Buy South African Oranges Buy Canadian Hams and Bacon
B04	Buy South African Fruit.
B1	Sugar Growing in Mauritius
BO1	A South African Fruit Farm
BO2	United Kingdom Machinery at a South African Mine.
BR1	East African Transport-Old Style
BR5	East African Transport-New Style
BW2	1891 First Cocoa from Gold Coast - 1929 Gold Coast.
BW3	1907 First Oranges from South Africa, 1903 First Sultanas and Currants from Australia : Buy Empire every day.
BW4	1902 First Coffee from Kenya, 1929.
DC5	Empire Tea from India, Ceylon & East Africa.
F4	Oranges from South Africa, Apples from Australia & New Zealand, -Try Them.
F5【図5】	[untitled] : South African Oranges.
G5	West African Mahogany.
M1【図2】	A Sudan Cotton Field
M5	Sisal in Uganda.
N1【図1】	Cocoa
N3	Jungles today are gold mines tomorrow : Growing markets for our goods.
N5	Banana Palms
RCY3	A map of the Union of South Africa. Portraying her agricultural products & fisheries [cartographic material]

皮の砂糖漬け、ブランデーとザンジバル産の挽いたクローブ（チョウジ）がアフリカ産であり、アフリカとの繋がりなくしてクリスマス・プディングは完成しない。

文字とイラストからなるポスターには、《南アフリカ連邦地図：農水産品の描写》［RCY3］があるが、これは南アフリカの地理的イメージを醸成するのに一役買ったと考えられる。

図1　西アフリカのココア栽培の様子（E. McKnight Kauffer 作）

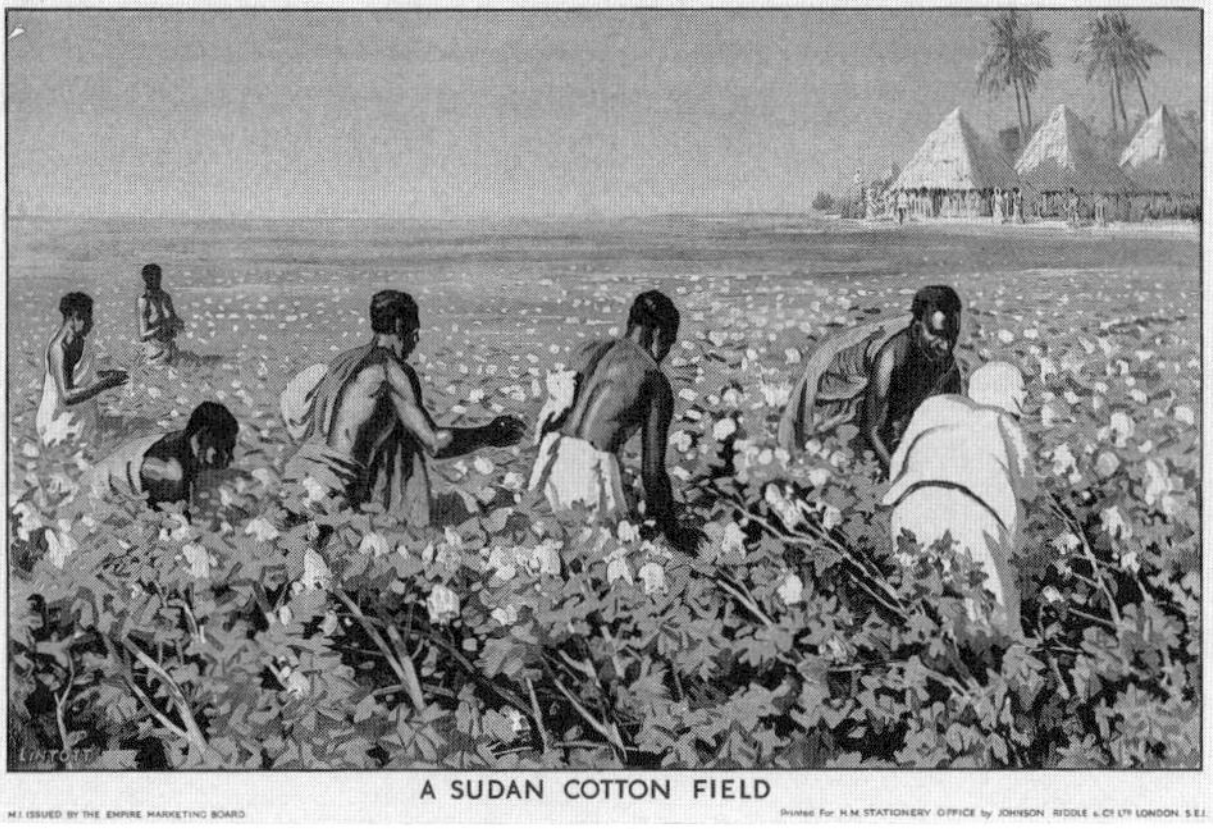

図2　スーダンの綿花栽培の様子（E. Barnard Lintott 作）

地図上に各地の特産品が一目瞭然で分かるように示されていて、たとえば羊毛の産地にはたくさんのヒツジのイラストが描きこまれている。

（2）アフリカの自然景観の創造

次にアフリカの自然景観がEMBポスターにどう描かれたのかを見てみたい。今回調べた四十点のアフリカ関連ポスターのうちアフリカの風景を描いたポスターは二十四点あった。地域別に分類すると、西アフリカが十点［AA1, AA5, AB1, AB2, AB3, AB4, AB5, G5, N1, N5］、東アフリカが四点［BR1, BR5, M1, M5］、南部アフリカが十点［AJ1, AJ2, AJ3, AU1, AU5, AV4, B1, BO1, BO2, F5］だった。これらには西アフリカのココア（**図1**）、マホガニー（木材）、アブラヤシ、落花生、魚や、スーダンの綿花（**図2**）、ウガンダのサイザル、南アフリカのオレンジ、南ローデシアとニヤサランドのタバコ（**図3**）、モーリシャスのサトウキビの生産風景が描かれている。

(3) 小農の西アフリカとプランテーションの東南部アフリカ

二十四点のほぼ全てが緑色を基調とした自然豊かな農村風景であるが、西アフリカと東南部アフリカでは違いも見られる。西アフリカでは現地人が中心となって自然のなかで農業に従事しているように見えるのに対して、東南部アフリカでは広大な農園で白人監督者の下で働く現地人の姿が描かれる。アフリカの植民地経済はアフリカ人の小農がココアなどの換金作物の栽培に従事した西アフリカの小農型と白人プランテーションでコーヒー、紅茶、サトウキビなどの栽培に現地人が従事した東南部アフリカの鉱山・プランテーション型に大きく二分されるが、この違いが図らずもポスターに表現されている。

図3　ニヤサランドのタバコ農園とタバコ輸送（Frank E. Pape作）

エイドリアン・アリンソン作の《東アフリカの旧型運搬》[BR1]と《東アフリカの新型運搬》[BR5]は、移動とモノの輸送の新旧を対照的に描いた作品である。前者はアフリカ人がうつむき加減で列をなして枯れた草原を歩いている。手にはさまざまな家財道具やヤギを抱え、子どもの手を引いている人もいる。乾季が到来し、食料不足で別の場所に移動を余儀なくされているのであろうか。苛酷なアフリカの自然と人びとの姿を表現している。後者で画面の中心を占めるのはキセルを手に持つサファリ・ルックの白人男性である。画面奥の新しく架けられた橋の上には、たくさんの人と荷物を載せたトラックが渡る様子が描かれている一方で、手前には船と人力で荷物を運ぶ人の姿も描かれていて両者は対照的である。「未開な」アフリカ人がヨーロッパの開発で恩恵を受けると宣伝しているかのようだ。キャプションには「植民地の進歩は本国に富をもたらす」と書かれている。[20]

(4)南アフリカのオレンジ果樹園

南アフリカ関連のポスターの多くはオレンジに関連する。オレンジの生産地の風景、収穫の様子、ケープタウン港での積み出しの場面、イギリスでの積み下ろしの場面、イギリスの商店での販売の様子など、当時オレンジがどのように

図4　南アフリカのオレンジ果樹園(Guy Kortright作)

図5　南アフリカのオレンジ果樹園と労働者(George Sheringham作)

本国に輸出されていたのかを想像できる。まず生産地を描いたポスターを見てみよう。一枚は山を背景に整然とオレンジの樹木が並び、人物はまったく描かれていない[AJ3](図4)。もう一枚は山を背景にケープダッチ様式の白壁の家の前にオレンジの木が並んでいて、手前には上半身裸でブルーの作業ズボンを履いたカラード男性がオレンジのたくさん入ったカゴの傍らで一人座って休憩をとっている[F5](図5)。いずれも現在のケープ地方のオレンジ果樹園の風景を思い起こさせる。収穫の場面[AJ2]では、ハシゴに上った三人の男性が収穫作業をし、一人の男性が木の下で箱詰めをしている。ハシゴに上っている三人のうち二人は白人であるが、残りの一人は顔が木に隠れているので分からない。箱詰めをしているのは白人のようである。ケープタウン港に停泊している船にオレンジが積み込まれる場面を描いた作品もある[AJ1]。テーブルマウンテ

ンを臨むケープタウン港からの風景は現在も馴染みのものだが、中心街のビル群はまだない。現在、港の周辺はウォーターフロント・エリアとして開発され観光地化し、画面の中央部に見える穀物サイロは現代美術館として再利用されている。オレンジを積み込んだ船が停泊している埠頭は現在、大型客船が時折来航する埠頭となっているが、当時は積出港として活況を呈していたことが見て取れる。イギリスに到着した場面を描いた作品［AJ4］には、オレンジの絵が書かれた箱が山積みの倉庫で、複数の作業員が仕分けをしている。同作品には「南アフリカからイギリスへ、オレンジを一九一九年に四万五千箱、一九二七年に八五万箱送った」と書かれており、短期間で輸出量が大幅に増加したことが分かる。

（5）南アフリカの柑橘産業の歴史

ここで南アフリカの柑橘産業の歴史を簡単にまとめておこう。南アフリカに柑橘類が持ち込まれたのは一六四五年のことだった。オランダ東インド会社がセントヘレナ島からオレンジの苗木を運んで、ケープのカンパニーズ・ガーデンに植えた。歴史は飛んで、一八五〇年になると西ケープ州のいくつかの町、東ケープ州のグレアムズタウン、北西州のラステンバーグ、リンポポ州のザニーンで柑橘類が植えられた。一般にオランダ、イギリスともに南部アフリカの農業開発には熱心ではなかったと言われており、柑橘類に関しても同様だった。カリフォルニアで柑橘産業が発達したきっかけには金の発見があったと言う。同時期にヨハネスブルグでも金の発見があり、ラステンバーグの農園から運ばれたオレンジがヨハネスブルグの広場でよく売れたようだ。だが、南アフリカの柑橘産業の幕開けと言えるほどの規模にはならなかった。南アフリカの柑橘産業の発展はカリフォルニアの支援が大きい。気候が似通っていたこともあり、カリフォルニアの専門家が南アフリカの柑橘産業を変革した。一八〇〇年代後半に冷蔵庫付き貨車や冷却チャンバーが開発されたことも大きかった。南アフリカからヨーロッパへと北半球の夏場に輸出できる可能性が出てきたからである。南アフリカから初めて柑橘類が輸出されたのは一九〇七年のことだった。一九一〇年に南アフリカ連邦が誕生すると、投資家や投機家がこぞって土地を買って農地に変えていった。第一次大戦後、退役軍人が「陽のふりそそぐ」南アフリカに引き寄せられて柑橘類栽培を始めた。一九二二年に柑橘類、パイナップル、落葉果樹の生産者を代表する「南アフリカ果物生産者協同取引所」が開設され、一九二五年には百万ケースの柑橘類を輸出するようになった。一九二七年に柑橘類のみを扱う柑橘類取引所が設立され、これが南アフリカの柑橘産業の唯一の代表組織

となり、一九三七年の取引法が施行されると、同取引所は絶大な力を持つようになった。(21)

この歴史を見ると、EMBが活動した一九二六〜一九三三年は南アフリカの柑橘産業の発展の歴史と軌を一にしていたことが分かる。EMBのキャンペーンがどれほどの貢献をしたのか、ポスターで描かれた果樹園の風景は、柑橘産業の実態をどこまで反映したものだったか（そこには、例えば有色人種の労働者の姿はほとんど描かれていない）など興味は尽きない。

おわりに

本稿ではイギリス帝国の「接触領域」であるアフリカで「自然」がいかに創造されたのかをEMBポスターを通して概観した。当時のイギリス人がアフリカ各地の「自然」をEMBポスターから学び、内面化していったことは想像に難くない。同ポスターに描かれたアフリカの自然は現実をかなり忠実に再現しようとしたと同時に再構築したものと考えられる。なぜその場面が選ばれたのか、その場面に付け加えられたものは何か、逆にその場面から消されたものは何だったのか、アーティストは何を参照して描いたのかなど不明点が残されており今後の課題としたい。開発・改善といった近代を支えてきたイデオロギーが視覚的プロパガンダを通して醸成されたとするならば、現在の環境や開発をめぐる表象文化を批判的に捉える上でもEMBポスターは大いに示唆的である。プロパガンダのメディアが多様化するなかで、プロパガンダの環境史的研究の意義はさらに大きくなるだろう。

注

（1） Marry Louise Pratt, *Imperial Eyes: Travel writing and transculturation*, London: Routledge, 1992.

（2） 塚原東吾「『科学と帝国主義』が開く地平」（『現代思想』二九巻一〇号、二〇〇一年）一五六—一七五頁。

（3） ルシール・H・ブロックウェイ（小出五郎訳）『グリーンウェポン——植物資源による世界制覇』（社会思想社、一九八三年）。Richard Drayton, *Nature's Government: Science, imperial Britain and the 'improvement' of the world*, New Haven and London: Yale University Press, 2000. Richard H. Grove, *Green Imperialism: Colonial expansion, tropical island edens and the origins of environmentalism*, 1600-1860, Cambridge: Cambridge University Press, 1995. 草光俊雄・菅靖子『ヨーロッパの歴史II——植物からみるヨーロッパの歴史』（放送大学教育振興会、二〇一五年）。

（4） William Beinart and Lotte Huges, *Empire and Environment*, Oxford: Oxford University Press, 2007. John M. MacKenzie (ed.) *Imperialism and Natural World*, Manchester: Manchester University Press, 1990.

（5） J・ドナルド・ヒューズ（村山聡・中村博子訳）『環境史入門』（岩波書店、二〇一八年）。

（6） John M. MacKenzie, *Propaganda and Empire: The manipulation* of *British public opinion 1880-1960*, Manchester: Manchester University Press, 1984. 菅靖子『モダニズムとデザイン戦略――イギリスの広報政策』(ブリュッケ、二〇〇八年)。

(7) Neal Smith, *Uneven Development: Nature, capital and the production of space*, Oxford: Basil Blackwell, 1984.

(8) Noel Castree and Bruce Braun, *Social Nature: Theory, practice and politics*, Oxford: Blackwell, 2001.

(9) 中島弘二「『自然』の地理学」(水内俊雄編『空間の政治地理』朝倉書店、二〇〇五年)八五―一〇八頁。中島弘二「自然の地理学――自然と社会の二元論を超えて」(淺野敏久・中島弘二『自然の社会地理』海青社、二〇一三年)一三―三七頁。

(10) 中島弘二「自然の地理学――自然と社会の二元論を超えて」(淺野敏久・中島弘二『自然の社会地理』海青社、二〇一三年)一九頁。

(11) Stephen Constantine, *Buy and Build: The advertising posters of the Empire Marketing Board*, London: HMSO, 1986. Stephen Constantine, "The Empire Marketing Board, tobacco advertising and the imaging of the white male imperial archetype" (Anandi Ramamurthy ed. *Imperial Persuaders: Images of Africa and Asia in British advertising*, Manchester: Manchester University Press, 2003). John M. MacKenzie, *Propaganda and Empire: The manipulation of British public opinion 1880-1960*, Manchester: Manchester University Press, 1984. 菅靖子『モダニズムとデザイン戦略――イギリスの広報政策』(ブリュッケ、二〇〇八年)。

(12) Stephen Constantine, *Buy and Build: The advertising posters of the Empire Marketing Board*, London: HMSO, 1986, pp. 1-4. Stephen Constantine, "The Empire Marketing Board, tobacco advertising and the imaging of the white male imperial archetype" (Anandi Ramamurthy ed. *Imperial Persuaders: Images of Africa and Asia in British advertising*, Manchester: Manchester University Press, 2003) pp. 132-133. 菅靖子『モダニズムとデザイン戦略――イギリスの広報政策』(ブリュッケ、二〇〇八年)四九頁。

(13) Stephen Constantine, "The Empire Marketing Board, tobacco advertising and the imaging of the white male imperial archetype" (Anandi Ramamurthy ed. *Imperial Persuaders: Images of Africa and Asia in British advertising*, Manchester: Manchester University Press, 2003) p. 133.

(14) April Biccum, *Global Citizenship and the Legacy of Empire: Marketing development*, Abingdon: Routledge, 2010.

(15) Stephen Constantine, *Buy and Build: The advertising posters of the Empire Marketing Board*, London: HMSO, 1986, pp. 10-13. Stephen Constantine, "The Empire Marketing Board, tobacco advertising and the imaging of the white male imperial archetype" (Anandi Ramamurthy ed. *Imperial Persuaders: Images of Africa and Asia in British advertising*, Manchester: Manchester University Press, 2003) pp. 134-135. 菅靖子「イギリスの『ポスター芸術』のおけるパトロネージの役割――英国グラフィックデザインの諸相(一)」(『デザイン学研究』四六巻六号、二〇〇〇年)四四頁。

(16) Stephen Constantine, *Buy and Build: The advertising posters of the Empire Marketing Board*, London: HMSO, 1986, p. 12.

(17) William Beinart and Lotte Huges, *Empire and Environment*, Oxford: Oxford University Press, 2007, p. 227.

(18) William Beinart and Lotte Huges, *Empire and Environment*, Oxford: Oxford University Press, 2007, p. 228. Stephen Constantine, "The Empire Marketing Board, tobacco advertising and the imaging of the white male imperial archetype" (Anandi Ramamurthy ed.

Imperial Persuaders: Images of Africa and Asia in British advertising, Manchester: Manchester University Press, 2003) p. 136.

(19) Stephen Constantine, *Buy and Build: The advertising posters of the Empire Marketing Board*, London: HMSO, 1986.

(20) Stephen Constantine, *Buy and Build: The advertising posters of the Empire Marketing Board*, London: HMSO, 1986, Plate 49.

(21) Amelia Genis, "Oranges and Labourers: The potential for job creation in the citrus sub-sector of South Africa," (PLAAS Working Paper 54, Institute for Poverty, Land and Agrarian Studies, 2018, pp. 8-9.

図版出典

図1 Cocoa〈Library and Archives Canada, accession number 00073 1983-027, reproduction copy number e010758893〉

図2 A Sudan Cotton Field〈Library and Archives Canada, accession number 00067 1983-027, reproduction copy number e010758887〉

図3 Tobacco Plantation in Nyasaland〈Library and Archives Canada, accession number 00211 1983-027, reproduction copy number C-108449〉

図4 South African Orange Orchards〈Library and Archives Canada, accession number 00151 1983-027, reproduction copy number C-109403〉

図5 [untitled] South African Oranges〈Library and Archives Canada, accession number 00034 1983-027, reproduction copy number e010758885〉

水島司［編］

環境に挑む歴史学

環境が人類史にもたらした影響をどう捉えるか——

人間社会を揺さぶる〈環境〉。
地震や津波が指し示す自然災害の威力は、
環境が人類の歴史にとてつもなく大きなインパクトを
与えてきたことを我々に知らせる。
環境とその人類史にもたらした影響を
歴史学はどのようにとらえうるのか。
環境史への歴史学の取り組みとその成果を、
日本から、アジア、アフリカ、ヨーロッパ地域にまで
視点を広げて示す。

本体4,200円(+税)
A5判上製・416頁

【執筆者】※掲載順
水島司◎斎藤修◎佐藤洋一郎◎宮瀧交二◎池谷和信◎飯沼賢司
卯田宗平◎菅豊◎海老澤衷◎高橋学◎北條勝貴◎保立道久
鶴間和幸◎梅崎昌裕◎上田信◎クリスチャン・ダニエルズ
応地利明◎田中耕司◎澤井一彰◎加藤博◎長谷川奏◎野田仁
石川博樹◎水井万里子◎徳橋曜◎森田直子◎落合一泰

勉誠出版
千代田区神田三崎町2-18-4 電話03(5215)9021
FAX 03(5215)9025 WebSite=https://bensei.jp

オランダ領東インドにおける旅券制度の展開(1)

――植民地パスポートの様式と機能をめぐって

吉田　信

国境を越える移動に不可欠なパスポート。近年、パスポートへの学術的関心が高まってきている。ここでは、脱植民地化により現在では存在していない「植民地パスポート」に着目し、本国パスポートとの共通点・相違点に留意しつつ植民地におけるパスポートの展開をたどっていく。

はじめに

一九八〇年代に進展したアンダーソンやホブズボームに代表されるナショナリズム研究は、その後の人文社会科学研究において、ひとつのパラダイムとして機能してきた。国民国家の形成を主権者である国民の政治的生成過程として叙述してきたそれまでのナショナリズム研究に対して、国民意識の醸成を担保する諸々の国家装置の形成に着目することにより、政治史的叙述を越えた多様な側面から国民国家の分析を可能としたのである。もはや古典的研究と化したアンダーソンの『想像の共同体』増補版には、「人口調査・地図・博物館」という章が新たに加えられており、国民意識を無自覚に想像させる国家装置としてこれらの分析がなされている（アンダーソン　二〇〇七）。

本稿の対象とする「旅券（パスポート）」も、国民意識を担保する装置のひとつと位置づけることができる。旅券は、その所持人に対して帰属する国家との結びつきを可視化させる唯一といってよい公文書である。今日の国際社会において、国境を超える人々の移動は、国家の発給する旅券を所持する

よしだ・まこと――南山大学国際教養学部教授。専門は国際関係論。主な論文に「旅券・国籍・公定アイデンティティ――蘭印における台湾籍民の国籍証明をめぐって」（『立命館国際研究』31巻5号、二〇一九年）、「植民地の旅券制度――オランダ領東インドにおける移動の自由と旅券」（松方冬子編『国書がむすぶ外交』東京大学出版会、二〇一九年）、「法主体としての『インドネシア人』の創造」（島田弦編『アジア法整備支援叢書　インドネシア』、旬報社、二〇二〇年）などがある。

ことではじめて実現する。[2]旅券制度とは、国家による人の移動の独占的管理の制度化ともいえる。

他方、旅券制度にはフーコー的意味での近代の監視装置としての性格も備わっている（Tjin 一九八八）。旅券には、その所持人と旅券の記載人が同一であることが常に想定されている。国家は、旅券を所持する自国民の同一性を確定し、確保し続けねばならない。この同一性が確保できなければ、旅券の真正性は確保されず、旅券の真正性が確保されないことは、その旅券を発行する国家の主権に係わってくる。[3]旅券の様式の変遷をたどると、記載人の身体的特徴の記載から写真、さらに指紋・虹彩認証の導入といった同一性を確定する技法の展開をみることができる。これら生体認証の技術的進展により、旅券の所持人とその記載人との同一性を客観的に担保することが現在では可能となってきている。

旅券を対象とする研究は、これまで実務的な観点からの研究が主であった（春田 一九八七：旅券法研究会 一九九九）。しかし、上述した研究動向を背景として、旅券制度の生成を歴史的に検討する研究があらわれている。ジョン・トーピーにより一九九九年に著された『パスポートの発明――監視・シティズンシップ・国家』は、フランス革命を契機とする国民国家形成が、ヨーロッパ各国で基本的人権として人の移動の自由を認めていった一方、近代的なパスポートの発明／創造（invention）を通して、国家が人々の移動を管理し、その帰属を独占していく過程を描いていた（トーピー 二〇〇八）。トーピーの研究を受けて、日本でもパスポートに関する研究があらわれてきている。二〇一六年には『パスポート学』と題する研究書が刊行され、パスポートに備わる多様な側面を紹介した（陳他 二〇一六）。他方、必ずしも旅券のみを対象としているわけではないものの、生体認証に係わる研究領域でも、近年、研究の進展がみられる。[4]

本稿では、パスポートをめぐるトーピーの歴史社会学的研究、あるいは『パスポート学』において展開されている比較研究を補う意図のもと、植民地の旅券を検討する。トーピーの研究は、植民地における旅券制度の展開に関してほとんど言及していない。『パスポート学』では、マレーシアの旅券を扱った箇所で植民地の旅券について言及がなされている（陳他 二〇一六：七二―七八）。しかしながら、紙数の制約もあってか、そこでの叙述の主な対象は植民地の旅券そのものというより、植民地に旅券制度が導入されたことに伴う越境住民の管理との関わりにおいて、間接的に植民地の旅券制度が触れられているにとどまっている。

本稿は、植民地の旅券として、オランダ領東インドにおいて発給された旅券を対象としている。そもそも、植民地という空間は、本国から地理的に隔たった空間という意味以上に、政治的空間としてどのように捉えればいいのだろうか。あるいは、本国の主権が地理的に延長された空間であったのか。あるいは、一種の外国に相当するような異質な政治的空間として把握されていたのだろうか。

ここで「政治的空間」と表現している空間は、政治権力により空間が区切られ（境界の創出）、行政領域として再構成された空間を意味している。オランダ領東インドにおける政治的空間は、後述するように本国における政治的に均質な空間と異なり、性質の異なる行政領域の混在する空間として構成されていた。このような植民地という政治的空間の移動に際しては旅券が必要とされたのだろうか。必要であったとするならば、どのような旅券が用いられたのか。植民地における旅券を検討することは、本国と植民地における政治的空間、およびその境界がどのように認識されていたのかを間接的に示す作業ともいえるだろう。

以上の問題意識のもと、初めにオランダ本国における旅券制度の展開について概観した後、東インドにおける居住移転に関する規定を整理する。さらに、現時点で確認できた植民地の旅券について紹介するとともに、植民地旅券の様式の変遷をたどることで、旅券に付与された機能の展開についても検討したい。

一、近代旅券制度における旅券とオランダ本国における旅券制度の展開

政治権力は、その支配下にある領域内の住民の移動をなんらかの形で制約してきた。自由な移動を認めては、国家により課される税、賦役や賦課といった片務的義務から逃れる者が確実に生じるからである。そのため、自由な移動を管理する手段としてのパスは、古くから存在してきた。[5] 人の移動に対する制約を自由への制約として認識し、その撤廃を模索するようになるのは、フランス革命において移動の自由が人権のひとつとして認められてからである。日本においても、この移動の自由は、自由権を構成する経済的自由（居住移転の自由）として、現憲法の保障するところとされている（二二条一項）。それでは、移動の自由が人権として認められるのを境にして、旅券の概念にどのような変化が生じたのだろうか。

移動の自由が人権として保障されていない時代におけるパスとは異なり、「近代旅券制度における旅券とは、その発行対象は個人であり、その本質は当該個人の所属する国の権限

ある当局による所持人の国籍及び身元の証明である」と定義されている（旅券法研究会 一九九九：七 傍線筆者）。この定義からは、近代旅券に二つの特質が備わっていることを理解できる。第一に、旅券の所持人が帰属する国家の国籍を証明すること、第二に、所持人自身が何者であるかを証明すること。これら二つが旅券に備わる属性なのである。(6) 国民国家から構成される現在の国際社会において旅券を発行できるのは、原則として国家のみである。(7) 発行された旅券は、記載人の国籍を証明する。同時に旅券には所持人と記載人の同一性を担保する措置が講じられており、それにより、所持人の身元を証明するのである。

近代旅券制度における旅券の特質は、現在のオランダにおけるパスポートの規定にもうかがうことができる。オランダの旅券法（paspoortwet）は、二条一項において旅行書類（reisodocument）として七種類のパスを列挙している。そのうち、パスポートの語が用いられている旅行書類としては、一般旅券（nationaal paspoort）、外交旅券（diplomatiek paspoort）、公用旅券（dienstpaspoort）の三種類があげられている。(8) 続く三条はパスポートの記載事項について定めており、同条一項は、すべての旅行書類に所持人の個人情報（氏名、生年月日、出生地、性別、居住地、住所、居住期間）の記載を義務付けている。同条二項は、顔写真の貼付、二本の指の指紋登録、署名を旅券に記載することを定めている。三条六項は、オランダ人に発給される旅券には、オランダ国籍が記載される旨、定めている。オランダの旅券法は、パスポートそのものの定義を記してない。だが、三条の一連の規定が示しているように、一項が旅券記載人の身元を証明する個人情報について定め、二項が所持人と記載人の同一性を担保する生体認証の情報となっており、六項が国籍の証明となる。

近代旅券の特質である国籍証明と身元証明の二点を基準としてオランダの旅券制度の歴史的起源を求めるならば、オランダにおける初の国民国家として成立した一七九五年のバタフィア共和国にその起源を求めることができる。バタフィア共和国では、一七九二年に成立したフランスの旅券法の影響下、一七九七年に旅券に関する規則が制定された。バタフィア共和国以前のオランダ連邦共和国においても、旅券に類似するパスは存在していたようである。しかしながら、国籍証明・身元証明という近代旅券の要件からは不十分なものであった。

そもそも、オランダ連邦共和国自体が単一の主権のもとに構成される国家というより、七つの州に主権の認められた連合体であった。さらに、国籍概念それ自体がバタフィア共和国において初めて成立したことは、国籍証明としての近代旅券という要件がそれ以前には満たされていなかったことを意味する（吉田 二〇〇〇）。加えて、連邦共和国時代に発行されていたパスは、個人を対象として発行されるというよりも、複数人あるいは集団を対象に一括した形で発給されていた（Tjin 一九九〇：八〇）。

一七九七年にバタフィア共和国において導入された旅券は、発行の対象を個人とした。記載人の身分証としての旅券の機能も、それに応じて強化される。ホラント王国に移行した一八〇六年からは、旅券に所持人の身体的特徴の記載がはじまる。記載された項目は、年齢・性別・髪・眉・額・眼・鼻・口・顎髭・顎・顔の輪郭・顔色・その他の特徴であった。旅券はフランス語により表記された。この間の事情を、ある研究者は次のように述べている。

パスポートは今や真の『身分証』となった。すなわち、見ず知らずの個人を特定することを可能とするのに信頼たる証明書となったのである。あらゆる人物に備わる身体的特徴の一覧から記載はなされるのだが、個々人の特徴は十分に異なっている（Tjin 一九九〇：八一）

旅券が身元証明としての機能を付与されることになったこの年には、現在の旅券制度のもとではみられなくなった「内国旅券（binnenlandse pas）制度」も導入されている。この内国旅券制度も、フランスの一七九二年旅券法にならい導入されたものといわれている（Tjin 一九九〇：八二）。一般旅券（内国旅券との対比においてこの表現を用いる）は、入国に際して必要とされるのだが、外国人はオランダ（ホラント王国）入国後に到着する最初の自治体で内国旅券の申請をすることが必要とされた。内国旅券は、市長もしくは警察署長により申請者に対して発給された。この内国旅券を所持することにより、外国人はオランダ国内の移動が認められたのである。内国旅券は、移動先によっては外国人のみならずオランダ国籍保持者も所持を求められる場合があった。[9] さらに、一八一〇年にホラント王国がフランス帝国に併合された後は、国内全域に内国旅券の所持が義務付けられた。移動先の警察署に出頭し、警察署長からの許可を得ることが求められたのである。

オランダは、一八一三年にフランス支配から脱し、一八一五年にはベルギーを加えたオランダ王国として成立する。一八一三年十二月十二日の勅令では、オランダ人はオランダ連合国内での移動は自由とされた一方、外国人はオランダ到着に際して旅券に査証を受けねばならなかった（Leenders 一九九三：一八）。勅令は、内国旅券の廃止も宣言している（ただし訪問地域による例外あり）。しかし、一八一五年のベルギー併合後は、南部王国地域（ベルギー）での内国旅券の所持が義務付けられた。一八三〇年のベルギー独立にともない、内国旅券は完全に廃止されるはずであった。だが、内国旅券は、オランダ本国では本来の機能とは異なる意図のもと使われ続けた。オランダ本国内での移動、とりわけ転居に際して、内国旅券は居住資格の証明書として用いられたようである。(10)

このようにヨーロッパでの国民国家形成は近代旅券制度を整える契機となった。旅券制度の起源が、フランス革命に端を発する市民革命であったとすれば、二重革命を構成するもう一方の産業革命は、ヨーロッパ諸国に資本主義の急速な展開をもたらすこととなる。ヨーロッパ大陸への産業革命の波及を背景とする資本主義の展開は、活発なモノとカネ、人の移動を生じさせた。とりわけ、鉄道の普及による交通網の整備は、人々の移動に要する時間を短縮し、大量かつ長距離輸送を可能とした。トーピーの研究でも指摘されているように、ヨーロッパ各国は、このような事態を受けて一九世紀中葉に旅券の携帯義務を廃止するようになる（トーピー 二〇〇八：一二一―一二五）。

オランダにおいても、一八五九年、国外渡航に際して旅券の携帯義務を廃止する方針がとられるようになった（Beek 一九九五：四三―四四）。これを受けて一八六一年には、二国間条約によって旅券携帯を免除していくようになる。条約の締結相手国としては、スウェーデン、デンマーク、フランス、ベルギー、イタリア、イングランド、後にドイツ、オーストリア＝ハンガリー、スイス、スペインが加わった。

しかしながら、旅券携帯が免除されたことと、実際に旅券を携帯せずに渡航したかは別の事柄に属する。現実には、旅券の携帯が不要とされても、国外に出国する際に身分証明書として旅券を携帯することがみられたようである。一般旅券を携帯しない場合でも、近隣のヨーロッパ諸国への訪問に際して、内国旅券を代わりに所持したとも言われている。このような移動の自由への比較的緩やかな規制が終わり、旅券の携帯が再び義務付けられるのは、第一次大戦を契機とする（トーピー 二〇〇八：一七八―一八五）。

大戦のもたらした戦時動員体制の確立に伴い、各国では徴兵忌避者の逃亡防止や治安維持のため外国人の管理を目的とした旅券による管理が厳格化していく。第一次大戦に対して中立を宣言していたオランダでも、ベルギーからの避難民の管理、ドイツからの徴兵忌避者の流入防止といった理由により一九一五年以降、オランダの旅券には、所持人の国籍が記載されるようになる（Beek 一九九五：四八）。それにより、旅券に国籍証明（nationaliteitsbewijzen）としての機能が付与されることとなった。加えて、旅券の所持人と記載人の同一性を確実とするうえで重要な役割を果たすことになった写真の貼り付けも同年に実施されている。

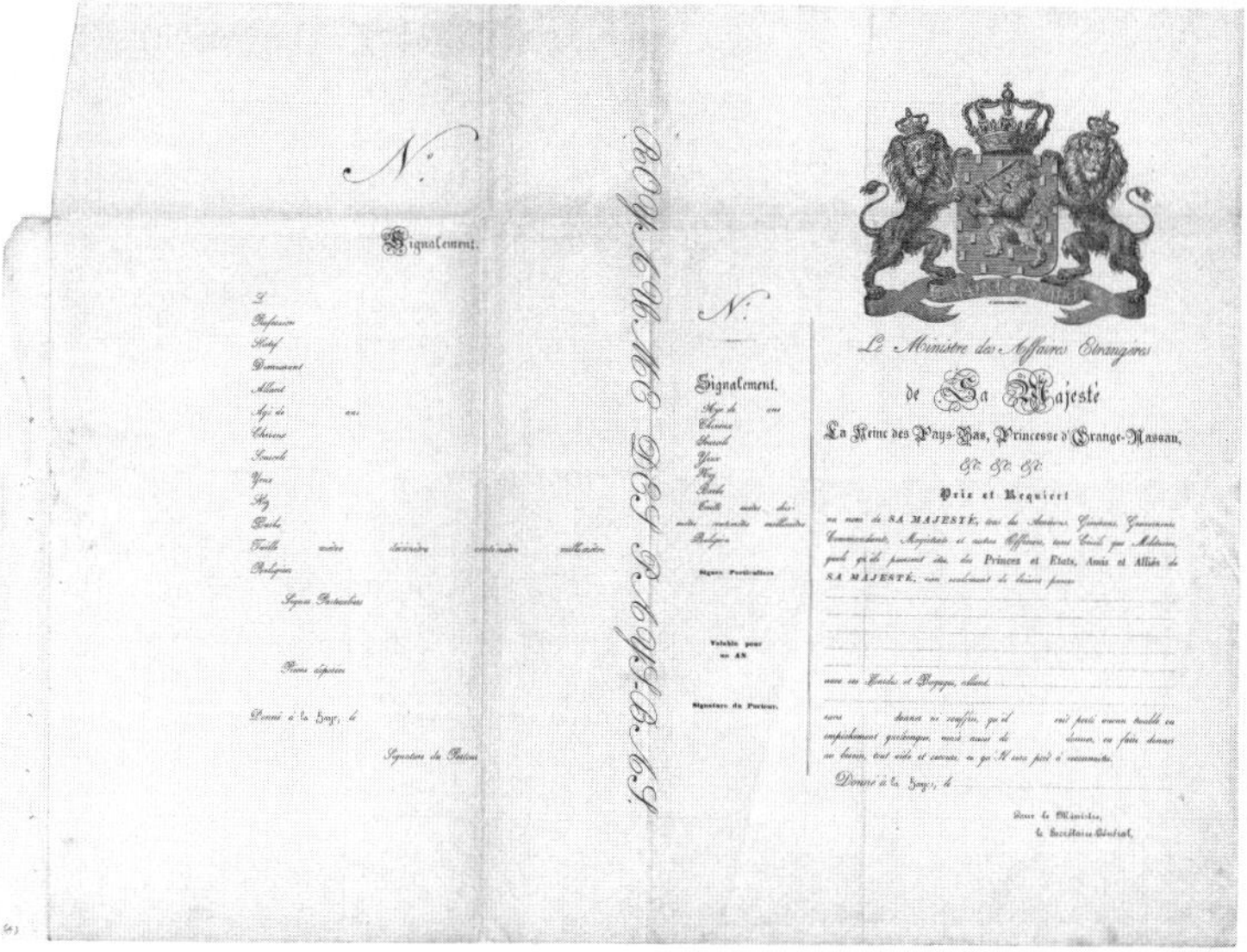

図1　1815年のオランダ王国旅券（外交史料館所蔵）。左半分は発給時に官庁が保管し、右半分を旅券として用いた。縦約45センチ横約63.5センチ。

一九一七年には、旅券の様式が改定され、それまでの一枚の紙（**図1**）から冊子型（二〇×一三センチ）へと変更された。言語も、それまで標準とされていたフランス語に加え、オランダ語、英語、ドイツ語による四言語表記へと改められた。一九二七年からは、妻の個人情報記載欄が独立で設けられ、一九二九年以降、夫の旅券に併記されるようになっていく。この旅券の様式は、戦後に継承されることとなる。

なお、一九二二年には国際連盟の取極を受け、ロシア難民に対する身分証明書（いわゆるナンセン・パスポート）を発行している。

二、オランダ領東インドにおける移動の自由と旅券の分類

オランダの植民地である東インドにおいても旅券は存在した。だが、オランダ本国とは異なる状況のもと、移動に関わるパスは複雑な様相を呈していた。人々の移動する空間を構成していたオランダ領東インドの領土は、ジャワおよびマドゥラ（以下、ジャワ・マドゥラ）に加え、それ以外の外領(buitenbezittingen)という領域に行政上区分されていた。さらに、ジャワ・マドゥラには、直轄領と王侯領、外領には直轄領と自治領が下位の行政区分として存在しており、本国のよ

うに単一の主権のもと均質な空間が国境で囲まれ、それを前提に行政上の区分がなされたわけではなかった。植民地内部の空間は、いわば性質の異なる領域がパッチワークのように併存する状況におかれていたのである。

このような性質を異にする領域を移動する人々もまた、オランダ本国のように均質な国民から構成されていたわけではなかった。オランダ領東インドには、支配者であるオランダ人に加え、被支配層を形成したいわゆる「原住民（inlander）」、さらには法令上「外来東洋人（vreemde oosterlingen）」という範疇に属した華人といった複数の民族が居住していた。

このような状況のもと、移動に関わるパスは、植民地社会の変化にともない複雑に展開していった。植民地のパスは、オランダ王国成立以降、植民地における居住移転に関する規定に関連付けられるようになり、その改廃にともない改定されていった。移動に関する規定を詳細に検討することは本稿の主たる課題ではないこともあり、ここでは概要を整理する程度にとどめておきたい。なお、移動に関する規定も、先述したようにジャワ・マドゥラ／外領という領域に応じて公布された。さらに、法令もヨーロッパ人と「原住民」、外来東洋人といった住民集団に対して、個別に適用される場合、あるいは統一的に適用される場合も存在していたことに留意する必要がある。一八一六年から東インドで公布される法令には、居住移転に関するものが多く存在する。以下、そのうちの重要な法令について、パスとの関連に限定し、その概要を説明しておく。

オランダ領東インドに公布された移動に関する最初期の法令は、一八一六年十二月六日（一八一六年官報二十五号）の決定である。この決定はオランダ領東インド全域を対象としており、「原住民」および外来東洋人に対して適用されたが、ヨーロッパ人は対象とされなかった。これに対して、移動に関する初期の法令で重要なものは、一八一八年八月二十八日オランダ領東インド総務委員会布告（東インド官報第六十号）である。領域的にはジャワを対象とした法令であるものの、あらゆる住民集団を対象とした規則であり、一時滞在と定住との区別を設けていた。

ヨーロッパ、アメリカおよびそれらの植民地からジャワを訪問する場合、到着に際して港の上陸係官に「パスポートもしくはそれに相当する書類（de paspoorten, of andere diergelijke papieren）」を提示することが義務付けられた（四条）。ジャワの居住者（現地生まれのヨーロッパ系住民）は、理事官に旅券（reispas）を申請し（十七条）、通過地の理事官に旅券を提示すること（十八条）によって、ジャワでの移動が認められた。

これらの居住者が、オランダ領東インドを退去する場合、最低六週間前にその旨をバタフィア官報に告示するものとされた（十九条）。退去に際しては、居住地の理事官よりパスの交付を受け、乗船地の理事官に提示する義務があった（二十条）。

移動の自由に関する規定は、その後交付された一連の規定において、制約と緩和の間を揺れ動く（制約一八二三年二十号、一八三四年三号：緩和一八二七年五十三号）。一八二五年に生じたジャワ戦争（〜一八三〇）、さらに東インド政庁と華人との緊張関係の高まり（一八二五年、一八二九年、一八三二年、一八三六年）、強制栽培制度の導入を背景に、ジャワ・マドゥラにおける移動の自由は制限を受ける時代が続いていく。とりわけ華人は、一八三五年以降、居住移転の自由に著しい制約を受けた。一八六一年の東インド官報四十、四十一号では、制約が緩和へ向かい、ジャワ・マドゥラへの来訪者（ヨーロッパ人）は、総督による移動の許可を得れば開港場における一定の居住の自由が認められるようになった。これは、六ヶ月の延長が可能であったものの、公の秩序の維持を理由に取り消されることも定められていた（Brokx 一九二五：九一—九三）。

一八七二年以降、ヨーロッパ人の居住者については、ジャワ・マドゥラ領内の移動は、基本的に自由とされ、ヨーロッパ人およびヨーロッパ人と同等視される住民にとっては、移動の自由に対する制約の大幅な緩和を意味した（一八七二年東インド官報三十八号）。他方、ジャワ・マドゥラに入領するヨーロッパ人は、領内の移動に際して許可が必要であった。当初、これは総督からの許可であったが、一九〇六年からは司法長官による許可へと変わっていった（一九〇六年東インド官報二八八号）。一九一一年以降は、ヨーロッパ人で入国した者にも移動の自由が認められるようになった。

ジャワ・マドゥラのみならず外領を含むオランダ領東インド領内での移動の自由が「原住民」・華人に対しても原則として認められるようになるのは、一九一八年に制定された「旅行規則（Reisregeling）」によってである（一九一八年東インド官報六九四号）。これ以降、オランダ領東インドにおける居住移転に関する制約は撤廃された。

移動に関する規定のこのような変遷を背景として、オランダ領東インドでは数種類のパスが発行されていたことが確認できる。それらのパスは、移動の範囲、発行主体、発行対象に着目すると、大きく四つに分類することができる。

（一）一般旅券。オランダ領東インド領外への渡航に際して用いられた旅券である。オランダ領東インドに居住するオランダ国籍保持者（後にオランダ臣民籍保持者を加える）に対して、理事官が交付した。[11] 時代に応じて様式が改定されており、本稿では現時点で確認できた五種類の旅券を検討する（図2・3・4・5・7）。

（二）内国旅券。オランダ領東インド領内での移動に際して発給された旅券である。理事官が発給している。ヨーロッパ人に対して発行された内国旅券と「原住民」・華人向けに発行された内国旅券では様式が異なっている（図9・10）。内国旅券は、一九一八年にオランダ領東インド領内での居住移転の制限が原則として撤廃された後、身分証明書にその機能を移した。ヨーロッパ人と「原住民」・華人では異なる様式の身分証明書が発行されている（図11・12）。

（三）それ以外のパスで移動に用いられた証明書。ここに分類されるパスは多様である。本来は移動に用いるパスではないものの、状況に応じて移動に用いる権能を一時的に行政機関から付与された場合がある。例えば、本稿でも検討する略式の身分証明書（図13）、あるいは第二次大戦直後、オランダ本国へ渡航するために臨時に発行された身分証が旅券の代わりに用いられた事例を確認できる。前者は地方行政長の権限において独自に発行され、後者はその性格ゆえ、全容を把握することが難しい。

（四）渡航目的が限定された特殊なパス。メッカ巡礼に用いられたパスをあげることができる。[12] 巡礼者を対象とし、渡航目的が巡礼に限定されている。

本稿では、主に（一）の一般旅券、および（二）の内国旅券について、実際に発行された旅券を紹介しつつ、その変遷を整理していく。

ZEE-PAS（図2）

ここに示すパスは、ゼー・パス（zee-pas）と呼ばれるパスである。一八四七年四月二十四日付、バタフィア理事州において発給されている。最上部には、「オランダ領東インド（NEDERLANDSCH OOST-INDIË）」、その下に「バタフィア理事州（Residentie Batavia）」とイタリックで記されている。「バタフィア理事州」のほぼ水平の左には、発行番号（七十七番）、その下に「ゼー・パス（ZEE-PAS）」とパスの名称が太字で記されている。数行分下の中央部に、「バタフィア理事官（DE RESIDENT VAN BATAVIA）」とあり、パスの文面が続く。

ゼー・パスの本文は、三つの段落から構成されている。第一段落は、パスの根拠となる規則および出港地が印刷されている。ゼー・パスの根拠とされる法令は、先述した一八一八年八月二十八日のオランダ領東インド総務委員会布告（一八六〇年官報六十号）となる。このパスには出港地が記載されておらず、代わって目的地としてオランダ（Nederland）と手書きで記入されている。第二段落は、パスの所持人に関する記載（氏名・出生地、このパスには所持人が三人の子供をともなうことが記されている）、船舶に関する情報（船名と船長名）、さらに船の目的地（このパスではオランダ）が記されている。第三段落は、保護要請文の箇所であり、パス所持人の氏名、出生地、注記事項（子三名をともなう）が再度手書きで記載されている。最後は発行主体、発給年月日（西暦の上三桁は印刷）に関する記載であり、バタフィア理事官による署名と秘書官の副署が添えられ、バタフィア理事州の公印（黒）が押されている。

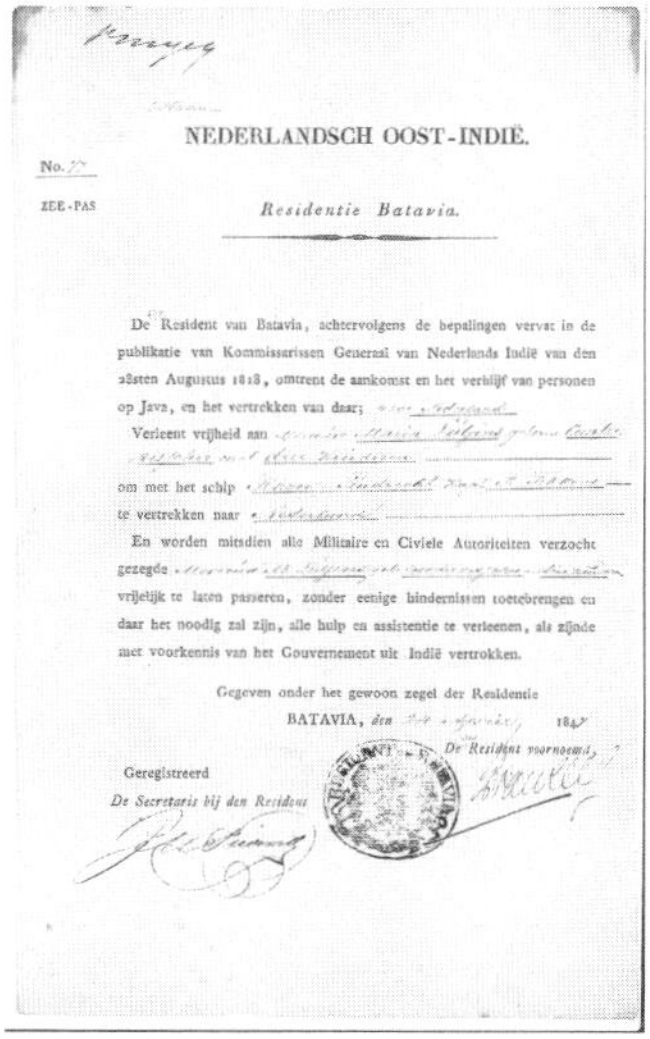
NEDERLANDSCH OOST-INDIË.

No.

ZEE-PAS

Residentie Batavia.

De Resident van Batavia, achtervolgens de bepalingen vervat in de publikatie van Kommissarissen Generaal van Nederlands Indië van den 25sten Augustus 1818, omtrent de aankomst en het verblijf van personen op Java, en het vertrekken van daar;

Verleent vrijheid aan

om met het schip

te vertrekken naar

En worden mitsdien alle Militaire en Civiele Autoriteiten verzocht gezegde

vrijelijk te laten passeren, zonder eenige hindernissen toetebrengen en daar het noodig zal zijn, alle hulp en assistentie te verleenen, als zijnde met voorkennis van het Gouvernement uit Indië vertrokken.

Gegeven onder het gewoon zegel der Residentie

BATAVIA, den 184

De Resident voornoemd,

Geregistreerd

De Secretaris bij den Resident

図2　1847年にバタフィアで発給されたゼー・パス（CBG所蔵）。図3の様式による旅券が導入されるまではゼー・パスによる渡航が一般的であったと思われる。

INDES ORIENTALES NÉERLANDAISES

INDES ORIENTALES NÉERLANDAISES

SIGNALEMENT.

AU NOM DE SA MAJESTÉ

LA REINE DES PAYS-BAS.

LE GOUVERNEUR-GÉNÉRAL DES INDES ORIENTALES NÉERLANDAISES,

prie les Autorités Civiles et Militaires de tous les Pays amis ou alliés de Sa Majesté, de laisser passer et librement circuler, avec ses hardes et bagages,

M. Bernardus Bos

natif de

profession

domicilié à

venant de

allant

et accompagné de

Et de lui donner aide et protection en cas de besoin.

De par Son Excellence le Gouverneur-Général,

Délivré

Valable pour Trois Ans

Signature du porteur

図3　1900年発給の植民地旅券（CBG所蔵）

　オランダ領東インドからヨーロッパのオランダ本国への渡航に際して発行されたこのパスは、パスポート（paspoort）という名称ではなく、「ゼー・パス（zee-pas）」という名称を用いている。ゼー・パスとは、文字通りには「海のパス」を意味する。縦長一枚（二九・五×二一センチ）のパスであり裏面に記載事項はない。現在一般的である数次旅券ではなく、記載された目的地の渡航に際して発給された一度限り有効なパスである。そのため、有効期間に関する記載はみられない。

　ゼー・パスの様式については、なにを根拠とし、いつ定められたのか不明である。ゼー・パスの根拠規定である一八一八年東インド官報六十号を確認しても、パスの様式に関する記載はない。この規則が公布された同日には、船舶の登録に関する規則を定めた東インド官報五十九号も公布されている。移動の主たる手段たる船舶に関する規則の官報五十九号と移動に関する官報六十号は一体のものとして理解すべき規定である。この五十九号は、「海事書類（zeebrieven）と船舶パス

(scheepspassen)」に関する規則であり、官報には両書類の雛形が記載されている。[13] しかし、官報六〇号は、パスに関する言及が散見されるにもかかわらず、ゼー・パスの様式に関する記載はみられない。

いずれにせよ、ゼー・パスには東インド官報六十号を根拠とすることが印刷されていることから、規則の公布された一八一八年八月二十八日以降、このパスの交付年が印刷されている一八四〇年までにはパスの様式が定められた可能性、あるいはパスの様式は東インド官報に記載されておらず、オランダ本国もしくは東インド政庁のいずれかの部局において定められた可能性も存在している。なお、一八四七年に発行されたこのパスの他、一八六二年七月三日に発行されたゼー・パスの存在を確認できている。[14] この期間にオランダ領東インドからオランダ本国への渡航に対して、ゼー・パス以外のパスを用いて渡航したことを示すパスの存在は確認できておらず、ゼー・パスの所持が一般的であったものと思われる。

一九〇〇年に東インドで発給された旅券（図3）

一九〇〇年十一月一五日に発給された旅券である。本国の旅券の様式（図1参照）を基本的に踏襲しており、縦長一枚の旅券である。記載はすべてフランス語による。向って左端には、横向きのフランス語でオランダ領東インド（INDES ORIENTALES NEERLANDAISES）と割書がある。割書の右、縦の罫線二本により区切られた欄には、最上部に「オランダ領東インド」の印刷、下段にはオランダ王国紋章、発給番号、さらに申請者の身体的特徴の記載欄が続いている。記載すべき項目は、「年齢、身長、髪、額、眉、眼、鼻、口、顎、顔の輪郭、顔色、その他の特徴」となっている。最下段には申請者のサインが続いている。旅券の交付に際して、この割書より左には、申請者の社会的属性および身体的特徴を記載する欄が本来付属しており、交付に際して切り離され発給官庁が保管したものと考えられる。[15]

身体的特徴の欄より右の旅券本体は、最上部にオランダ王室の紋章が印刷され、「オランダ王国国王の名代として」という文言が二行にわたり記載されている。装飾的な罫線により左右を区切った下には、「オランダ領東インド総督」と書かれ、関係機関への要請文が印刷されている。続いて、所持人の身元に関する項目が一行毎に続く。氏名（Bernardus Bos）、出生地（オランダのリッデルケルク）、職業、居住地（パスルアン）、出港地（バタフィア）、目的地（旅行のためヨーロッパ）、同伴者の有無が記され要請文が閉じられている。続いて、旅券の発給主体であるバタフィア理事官の署名、その左には発給地（バタフィア）と発給年月日（一九〇〇年十一月一五日）が記入されバタフィア理事州の印が押されている。様式の最下部には、有効期間三年と印刷されている。

また、発行年月日欄を詳細に確認すると、「一九〇〇」という発行年は修正によるものであることがわかる。本来「一八九」と印刷されている箇所のうち、「八九」を上から「九〇」と書き換えたうえで下四桁の数として「〇」を加え、「一九〇〇」と訂正していることがわかる。このことから、この旅券の様式が一八九〇年代には導入されていたことをうかがうことができる。この旅券は、有効期間の記載欄の下に、イタリア語での査証と発行年月日が手書きで記入され、バタフィアのイタリア領事館印が押されている。(16)

MODEL A.

INDES ORIENTALES NÉERLANDAISES.

№ 881

SIGNALEMENT.

Age
Taille
Cheveux
Front
Sourcils
Yeux
Nez
Bouche
Barbe
Menton
Visage
Teint

Signes particuliers:

AU NOM DE SA MAJESTÉ

LA REINE DES PAYS-BAS.

LE GOUVERNEUR-GENERAL DES INDES ORIENTALES NEERLANDAISES,

prie les Autorités Civiles et Militaires de tous les Pays, amis ou alliés de Sa Majesté, de laisser passer et librement circuler, avec ses hardes et bagages, le sujet néerlandais, M.
natif de
profession
domicilié à
venant de
allant à
et accompagné de

Et de lui donner aide et protection, en cas de besoin.

De par Son Excellence le Gouverneur-Général,
Le Gouverneur de
Résident

Donné
à
le

Valable pour trois ans.

図4　1916年の旅券（CBG所蔵）。図は仏語による旅券

一九一六年発行の旅券（図4）

一九〇〇年の旅券と比べると、フランス語に加え、英語でも同内容の旅券が発行されるようになっている。有効期間は三年である。全体の形は、縦長の一九〇〇年の旅券に対して、縦が相当短くなり、全体の割合としては横が若干長めのようである。旅券の基本的な様式、記載項目に変更はなく、英文による旅券が発行されるようになったという以外、大きな変化は認められない。

ただし、この旅券の上部右端にモデルAという表記が印刷されていることは、モデルA以外のBあるいはそれ以上の異なるタイプの旅券の存在を示唆しているが、現時点では未確認である。

冊子型移行後の植民地旅券

オランダ領東インドで発行される旅券が冊子型に変わるのは、一九一九年である。変更は、オランダ本国での旅券の変

更を受けたものと思われる。既に述べたように、オランダ本国では一九一七年に冊子型旅券への切り替えが始まっていた。この時に切り替えられた旅券から四言語（蘭・仏・英・独）表記が採用される。さらに、モデルA（二四ページ）とモデルB（一二ページ）が用意され、モデルAは本国外務省、モデルBは領事館により発行されるようになる。

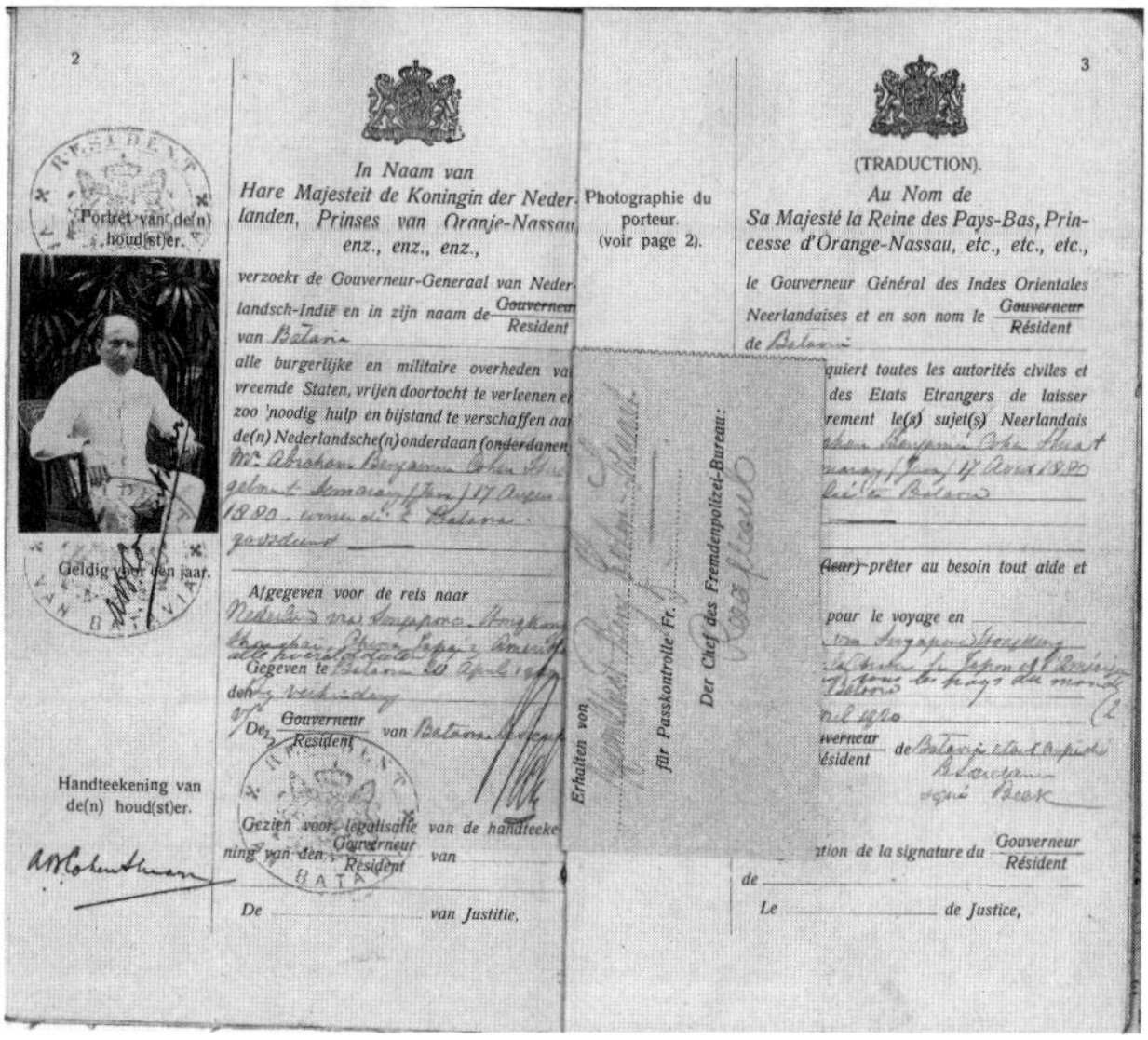

図5　1920年に交付された旅券（CBG所蔵）。当時の東インド司法官僚であったコーヘン・スチュアートに発給されている。

一九二〇年発給の旅券（図5・6）

全体で一二ページからなり、本国旅券モデルBの様式をほぼ踏襲している。所持人記載ページは縦の罫線で左右に分けられている。向かって右上部にはオランダ王国紋章、要請文、申請者の氏名、生年月日、発行地、発行主体（知事／理事官）の記載、署名欄と下段に向って続く。左側別欄の記載事項と

図6　同旅券の査証欄。各領事からの査証の詳細については本書所収のコラムを参照のこと。

して、写真、有効期間（一年）、自署欄となっている。写真には割印が二箇所押されている。

なお、この頃になると査証あるいは入国に際して押される入管の印、文言なども現在通用するものとほとんど相違ない。この旅券の記載人が一九二〇年に旅券を申請した理由は、確実に推定できる。オランダ領東インドでは、公務員が一定期間の勤務の後、長期休暇を取得できる制度が整えられていた。この旅券の記載人も、この長期休暇制度（verlof）によって家族とともにオランダ本国に帰還するため、旅券を申請したことは疑いない。

ここに示す旅券（図5から8）は、東インド司法官僚であったコーヘン・スチュアート（Cohen Stuart）に対して発給されており、査証欄を確認するとバタフィア出港後の寄港地と到着年月日を正確にたどることが可能である。査証欄からは、オランダに到着した後、約一年後に東インドへ向けて再び出国していることが確認できる。さらに興味深いことは、オランダ本国への帰還に際して、この人物は当時既に開通していたスエズ航路をとらず、あえて香港、日本を経由、太平洋を横断した後にアメリカ合衆国のニューヨークからオランダへ向けて出港していることが査証欄からたどれるのである。(17)

一九二八年の旅券（図8）

同一人物に対して一九二八年に発給された東インドの旅券である。旅券発行に要する手数料分の収入印紙が左上に印刷されるようになった点以外、様式の変更点はほとんどない。

ここで注意すべき点としては、一九二〇年に交付された旅券の証明写真（図5）が椅子に腰掛け、ほぼ全身が若干引き気味の撮影、一九二五年の旅券（図7）ではうつむき気味に写っていたのに対して、この写真はバスト・アップ撮影となり現在用いられている証明写真の規格にほぼ対応していることだろう。加えて、一九二五年の証明写真が屋外で撮影されたのに対して、一九二八年の証明写真は、屋内で撮影環境を整えて（おそらく写真スタジオ）写したものであることがわかる。

旅券記載人の写真を貼付するようになった一九一〇年から二〇年代の旅券では、記載人の証明写真の規格には相当のばらつきがあった。事実、この旅券の記載人の妻も、同時期（一九二〇年）に旅券の交付を受けており、妻は子どもたちと証明写真を撮影している。屋外で撮影された子供との証明写真は、強い光のコントラストのため表情がつぶれてしまい個々人の表情の判別が難しくなっている。

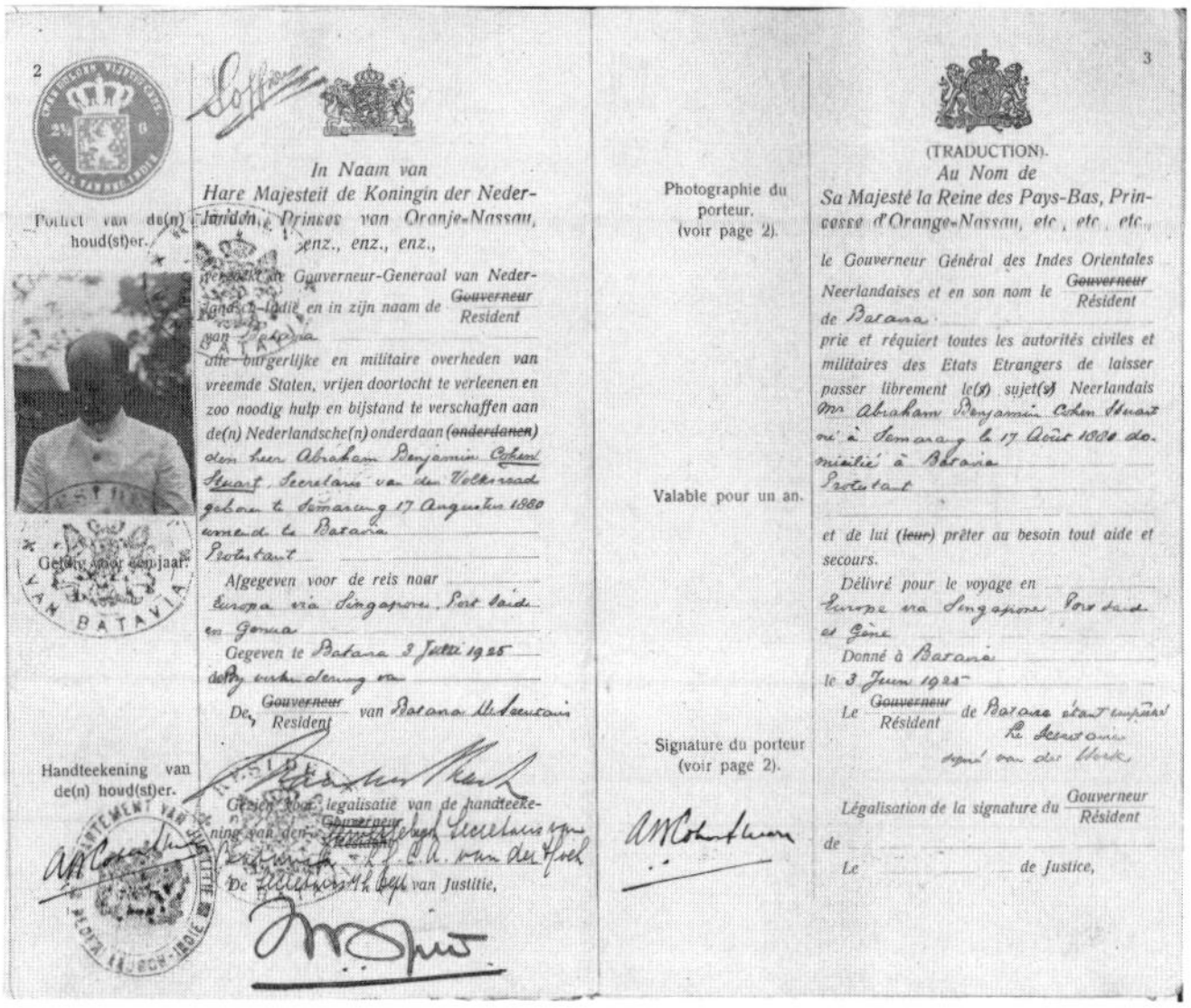
2

Portret van de(n) houd(st)er.

Geldig voor een jaar.

In Naam van
Hare Majesteit de Koningin der Nederlanden, Prinses van Oranje-Nassau, enz., enz., enz.,
verzoekt de Gouverneur-Generaal van Nederlandsch-Indië en in zijn naam de ~~Gouverneur~~ Resident van Batavia
alle burgerlijke en militaire overheden van vreemde Staten, vrijen doortocht te verleenen en zoo noodig hulp en bijstand te verschaffen aan de(n) Nederlandsche(n) onderdaan ~~(onderdanen)~~
den heer Abraham Benjamin Cohen Stuart, Secretaris van den Volksraad geboren te Semarang 17 Augustus 1880 wonende te Batavia
Protestant

Afgegeven voor de reis naar Europa via Singapore, Port Said en Genua
Gegeven te Batavia 3 Juli 1925
De ~~Gouverneur~~ Resident van Batavia

Handteekening van de(n) houd(st)er.

Gezien voor legalisatie van de handteekening van den

De ... van Justitie,

3

(TRADUCTION).
Au Nom de
Sa Majesté la Reine des Pays-Bas, Princesse d'Orange-Nassau, etc., etc., etc.,
le Gouverneur Général des Indes Orientales Neerlandaises et en son nom le ~~Gouverneur~~ Résident de Batavia
prie et réquiert toutes les autorités civiles et militaires des Etats Etrangers de laisser passer librement le(s) sujet(s) Neerlandais
Mr. Abraham Benjamin Cohen Stuart né à Semarang le 17 Août 1880 domicilié à Batavia
Protestant

Photographie du porteur. (voir page 2).

Valable pour un an.

et de lui ~~(leur)~~ prêter au besoin tout aide et secours.
Délivré pour le voyage en Europe via Singapore Port Said et Gène
Donné à Batavia
le 3 Juin 1925
Le ~~Gouverneur~~ Résident de Batavia

Signature du porteur (voir page 2).

Légalisation de la signature du ~~Gouverneur~~ Résident
de
Le de Justice,

図7　1925年に発給された旅券（CBG所蔵）。

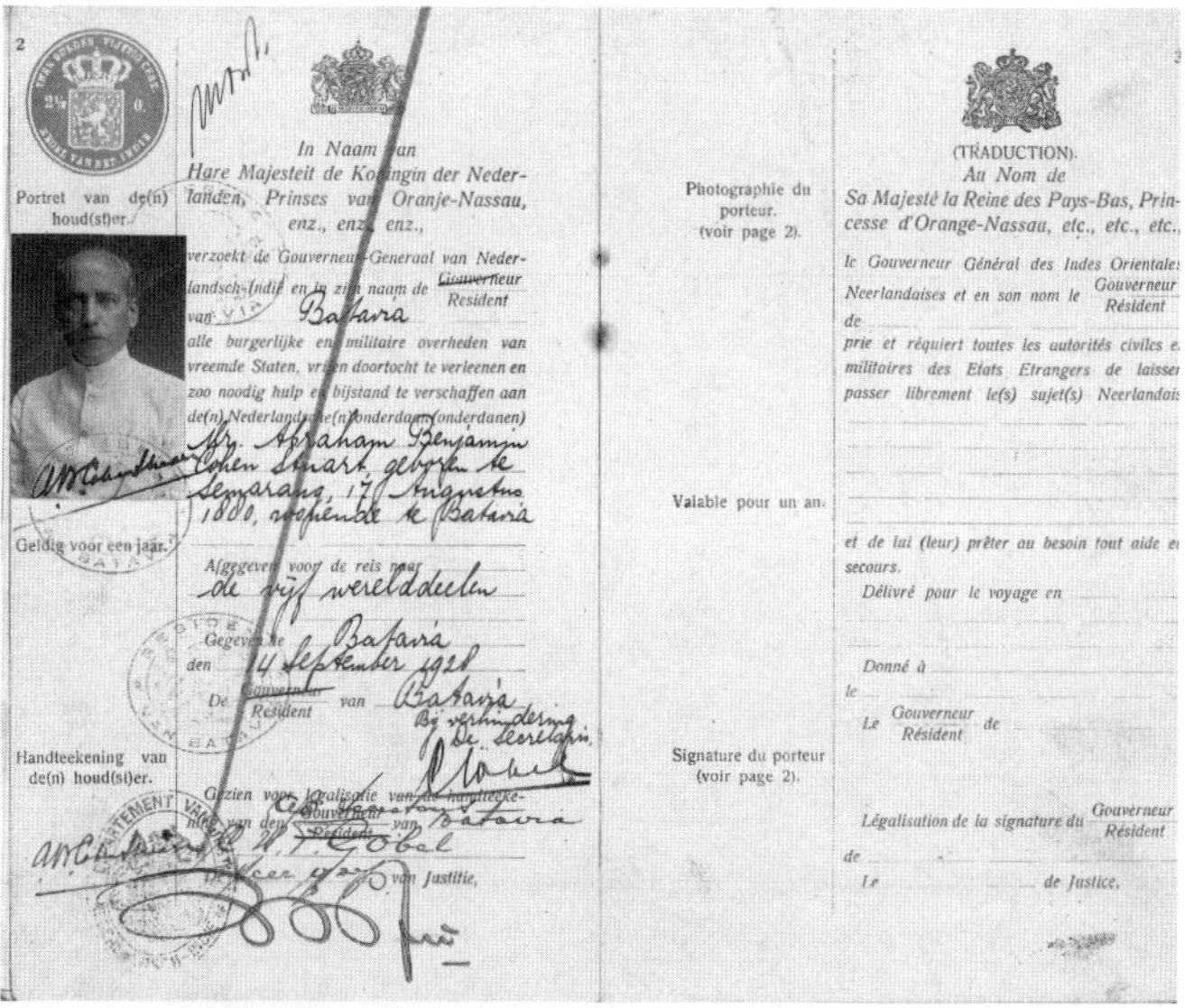
2

Portret van de(n) houd(st)er.

Geldig voor een jaar.

In Naam van
Hare Majesteit de Koningin der Nederlanden, Prinses van Oranje-Nassau, enz., enz., enz.,
verzoekt de Gouverneur-Generaal van Nederlandsch-Indië en in zijn naam de ~~Gouverneur~~ Resident van Batavia
alle burgerlijke en militaire overheden van vreemde Staten, vrijen doortocht te verleenen en zoo noodig hulp en bijstand te verschaffen aan de(n) Nederlandsche(n) onderdaan (onderdanen)
Mr. Abraham Benjamin Cohen Stuart, geboren te Semarang, 17 Augustus 1880, wonende te Batavia

Afgegeven voor de reis naar de vijf werelddeelen
Gegeven te Batavia
den 14 September 1928
De ~~Gouverneur~~ Resident van Batavia
Bij verhindering De Secretaris,

Handteekening van de(n) houd(st)er.

Gezien voor legalisatie van de handteekening van den ~~Gouverneur~~ Resident van Batavia

De ... van Justitie,

(TRADUCTION).
Au Nom de
Sa Majesté la Reine des Pays-Bas, Princesse d'Orange-Nassau, etc., etc., etc.,
le Gouverneur Général des Indes Orientales Neerlandaises et en son nom le Gouverneur Résident de
prie et réquiert toutes les autorités civiles et militaires des Etats Etrangers de laisser passer librement le(s) sujet(s) Neerlandais

Photographie du porteur. (voir page 2).

Valable pour un an.

et de lui (leur) prêter au besoin tout aide et secours.
Délivré pour le voyage en
Donné à
le
Le Gouverneur Résident de

Signature du porteur (voir page 2).

Légalisation de la signature du Gouverneur Résident
de
Le de Justice,

図8　1928年に発給された旅券（CBG所蔵）。

三、植民地の内国旅券

オランダ領東インド領内の移動のために発行されたパスが内国旅券である。既に述べたように、領外への移動と異なり、領内の移動は複雑な様相を呈していた。まず、発行されたパスが住民集団（ヨーロッパ人と外来東洋人を含む原住民）に応じて異なっている。移動に関する初期の規則のいくつかは、両住民集団に適用されたにも関わらず、両集団に共通する統一された様式による内国旅券の存在は現時点では確認できていない。さらに、東インド官報を調べる限りでは、内国旅券の様式を定めた規則の存在も確認できない。
ゼー・パスの箇所で述べたように、移動に関する初期の規則として重要な一八一八年東インド官報五十九号と同日に公布された六十号は、両者を一体のものとして理解すべき規定である。船舶証明に関する規則である五十九号には「海事書類（zeebrieven）」と「船舶パス（scheepspassen）」の雛形が記載されている。これに対して、六十号は移動に関する規則であり、パスに関する言及が散見される。さらに、六十号の対象としている移動が、東インドへの出入港に加え、領内の移動をもカバーしているにも関わらず、一般旅券および内国旅券の様式を定めてはいない。

以下に示す二種類の内国旅券は、ヨーロッパ人と華人に対してそれぞれ発行されたものである。東インド官報に領内の移動に関するパスの様式が記載されるのは、内国旅券が廃止され、身分証明書がその機能を代替するようになる一九一八年になってからである。

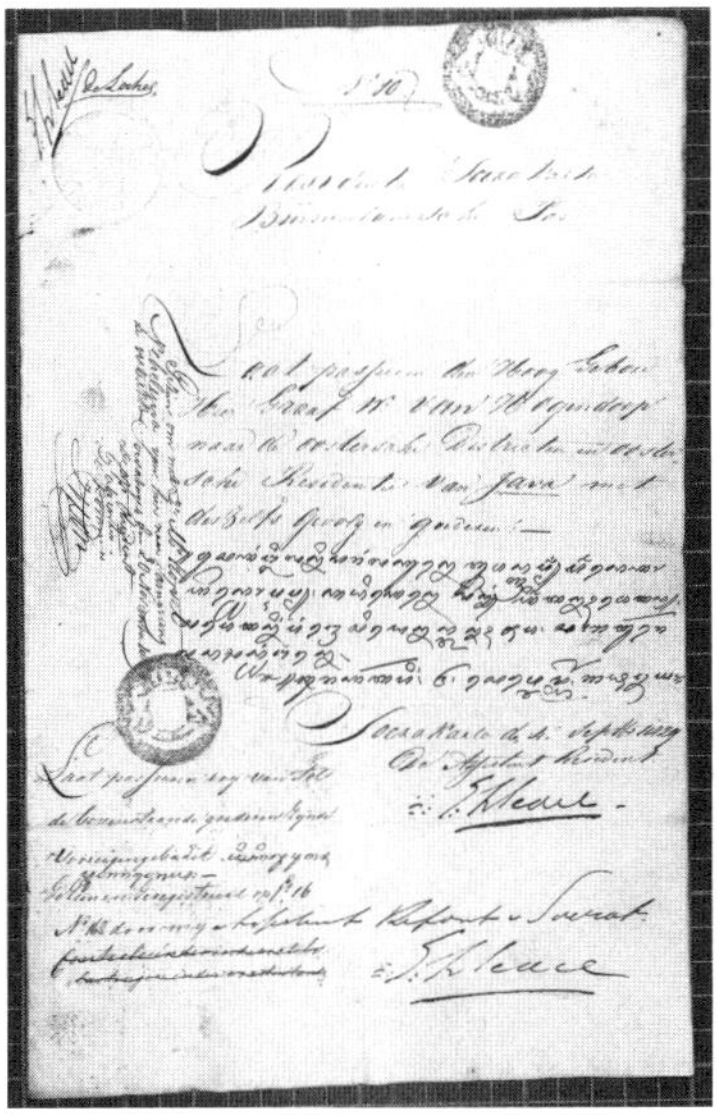
図9　1829年の内国旅券（NA所蔵）

ヨーロッパ人向け内国旅券（図9）

一八二九年に発給された内国旅券であり、縦長一枚（三〇×二〇センチ）のパスである。全文手書きで記載されている。中央最上部には、発行番号、その右には朱印が押されている（スラカルタ理事州印と思われる）。発行番号の下には「スラカルタ理事州（Residentie Soerakarta）」、その下には「内国旅券（Binnenlandsche Pas）」と記載されている。向かって左端には、押出印を確認できる。これは旅券の発行に際して要する手数料の支払いを証明するものである。押出印周囲には二名の署名があり、うち一名は後述するスラカルタ副理事官の署名と確認できる。もう一名（de Loches）は収納を確認した者かと思われる。

本文に相当する箇所には、内国旅券の交付された人物「グラーフ・ファン・ホーヘンドルプ（Graaf van Hogendorp）」氏に対して、東部の郡（Districten）および東部ジャワの理事州への旅行を許可するという内容が手書きで記載されている。召使と荷物をともなうことも記されているものの、その数、

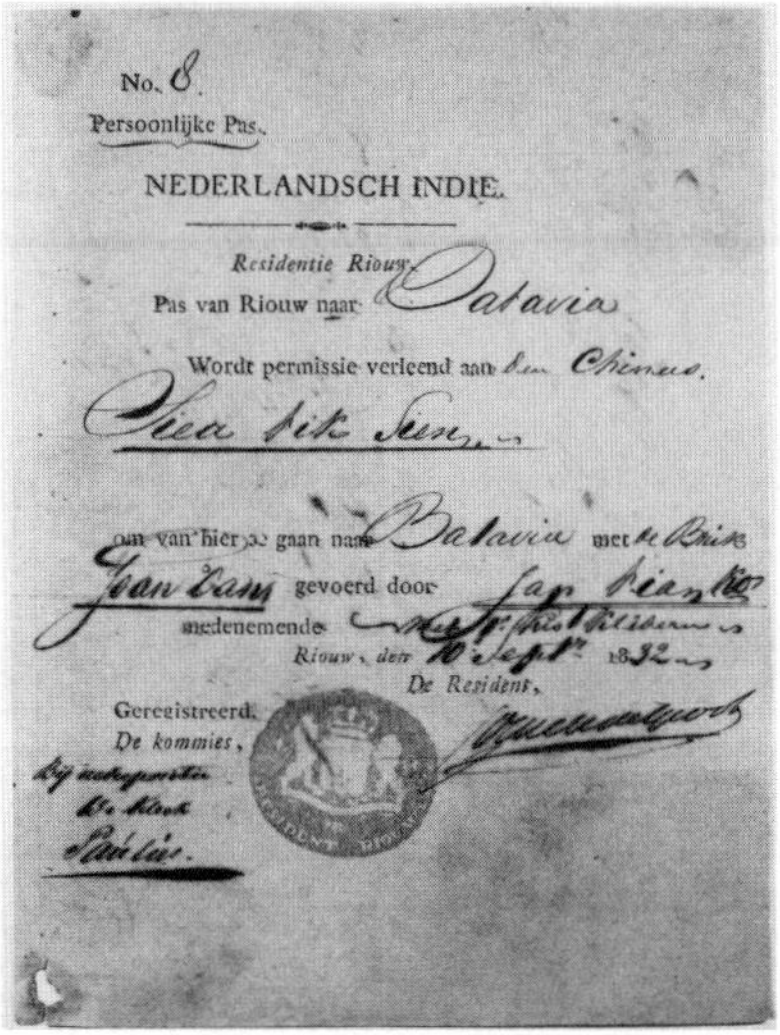
No. 8
Persoonlijke Pas.
NEDERLANDSCH INDIE.
Residentie Riouw.
Pas van Riouw naar Batavia
Wordt permissie verleend aan den Chinees
om van hier te gaan naar Batavia met de Brik
gevoerd door
medenemende
Riouw, den 10 Sept 1832
De Resident,
Geregistreerd.
De kommies,

図10　1832年に華人へ交付された個人パス(EAP 153/3/12)。

氏名については書かれていない。本文の下には、スラカルタの副理事官による署名がある。この内国旅券の例外的な点として、オランダ語で記載された本文に続き、同じ内容がジャワ文字でも記載されていることである。[18] また、内国旅券という性質を反映してか、旅券に記載されている要請文はここにはみられない。

領内移動用「個人旅券（Persoonlijke Pas）」（図10）

一八三二年九月十日華人のSiea Tin Sienに対して、居住地のリアウからバタフィアへの移動を許可したパスである（二〇.五×一五センチ）。内国旅券という名称は用いられておらず、「個人パス（Persoonlijke Pas）」という名称が用いられている。印刷された様式を基に必要部分を手書きで記入するようになっている。向かって左端上部に発行番号（八番）、その下にパスの名称、さらにその下にオランダ領東インドと記されている。短い横罫線による上下の区切りがあり、その下には発行主体が記されている。このパスは、リアウ理事州の発行になる。続いて下に、目的地に関する記載があり、ここではリアウからバタフィアを目的地としている。その下は、パスの申請者名が記載されており、華人の（Siea Sin Tien）という人物に交付されたパスであることが分かる。人名に続いて、目的地、船名、通過地に関する項目が下に記載されている。発行年月日、理事官署名が続き、代理の副署が添えられている。

ヨーロッパ人向けに発行された内国旅券と比較しても、印刷済みの書式に必要な項目を記載するものであり、パスの様式としては整っている。この様式によるパスが、リアウ以外の州でも踏襲されていたのか。いつからいつまでこのパスが用いられたのか。さらに、外来東洋人という法的住民集団に区分されていた華人のみならず、「原住民」に対しても発行されたのかなど不明の点は多い。しかしながら、移動の自由を管理する目的で一八一六年に「原住民」および外来東洋人に対して導入された居住移転に関する制限（Passen-en Wijken stelsel）のもと、一八三〇年代の時点で、パスによる移動の管理がある程度機能していたことは、ここからも間接的に確認できる。

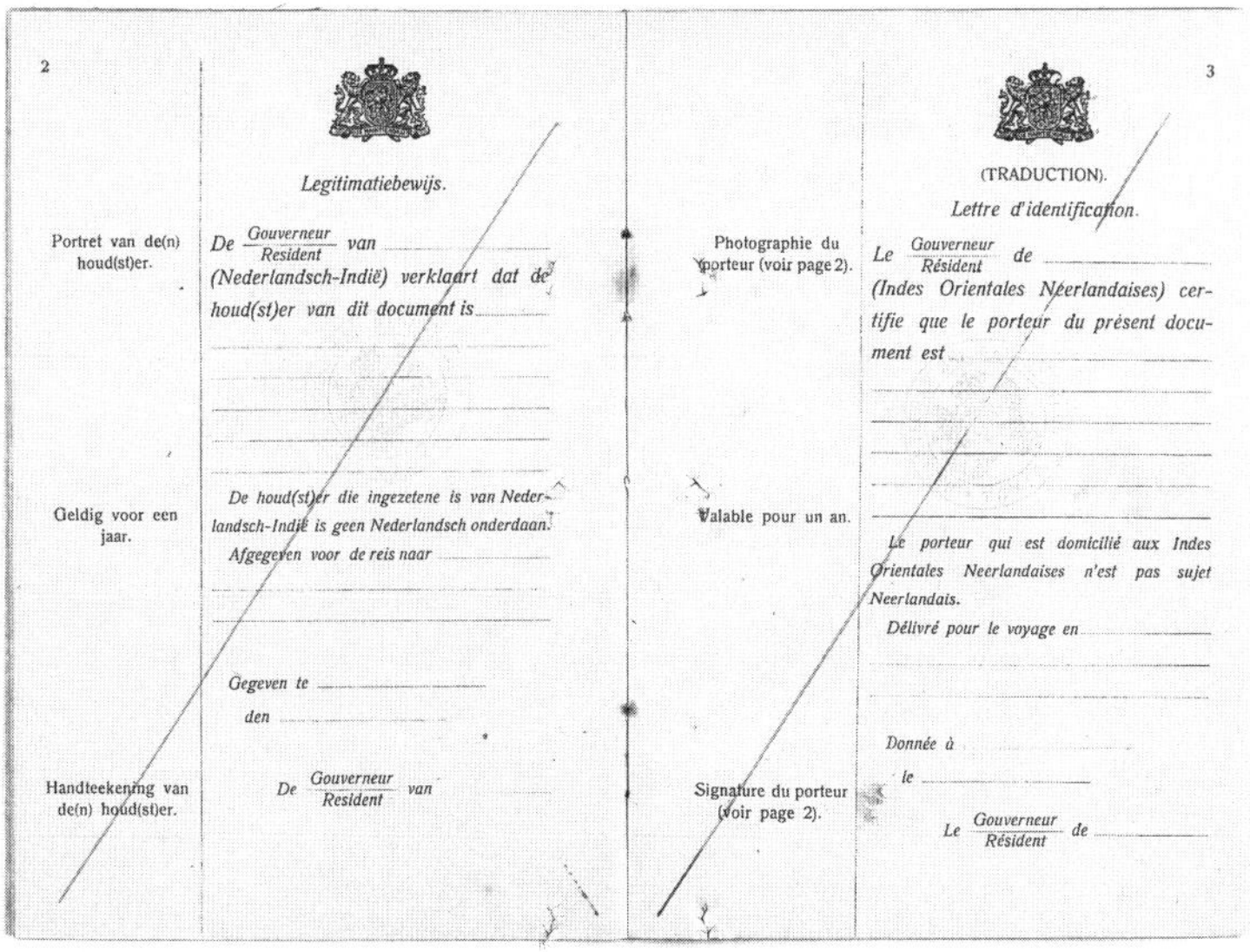
2

Legitimatiebewijs.

Portret van de(n) houd(st)er.

De Gouverneur / Resident van (Nederlandsch-Indië) verklaart dat de houd(st)er van dit document is

Geldig voor een jaar.

De houd(st)er die ingezetene is van Nederlandsch-Indië is geen Nederlandsch onderdaan.
Afgegeven voor de reis naar

Gegeven te
den

Handteekening van de(n) houd(st)er.

De Gouverneur / Resident van

3

(TRADUCTION).
Lettre d'identification.

Photographie du porteur (voir page 2).

Le Gouverneur / Résident de (Indes Orientales Néerlandaises) certifie que le porteur du présent document est

Valable pour un an.

Le porteur qui est domicilié aux Indes Orientales Neerlandaises n'est pas sujet Neerlandais.
Délivré pour le voyage en

Donnée à
le

Signature du porteur (voir page 2).

Le Gouverneur / Résident de

図11　ヨーロッパ人向け身分証明書（外交史料館蔵）。

既に述べたように一九一七年に移動の自由に関する規則は原則的に自由となる。これは内国旅券制度の完全な撤廃を意味していた。これにともない、領内の移動に際してパスは不要になった。(19)

領内の移動に際しては、一九一八年に制定された「旅行規則（Reisregeling）」に基づき導入された身分証明書が内国旅券に代わり移動の際に携帯されるようになる。次にこれらの身分証明書について検討しよう。

ヨーロッパ人向け身分証明書（Legitimatiebewijs）（図11）

オランダ領東インドに居住するヨーロッパ人向けに発行された身分証明書である。パスポートの様式を踏襲していることがわかる。全体で一二ページ、蘭・仏・英・独四言語で表記されている。オランダ王国の紋章が最上部に印刷されており、文書の名称がその下に記載されている。知事（Gouverneur）もしくは理事官が所持人の詳細を証明する旨の文言が印刷され、所持人の情報を記入する項目が続く。中間部には、「所持人はオランダ領東インドの居住者（ingezetene）であり、オランダ臣民（onderdaan）ではない」と記されている。旅行先を記載する欄がその下に続く。発行地、発行年月日がさらに続き、最下部に知事あるいは理事官の署名欄となる。罫線で縦に区切られた左端の欄には、上からページ数、所持人の顔写真、有効期間一年、所持人署名欄が設けられている。

この身分証明書は、オランダ国籍保持者のみに発行されたわけではない。オランダ領東インドの「居住者」で、かつヨーロッパ人に法律上区分されるものは、オランダ国籍の有無に関わらず身分証明書を申請できた。「居住者」とは、オランダ領東インドに定住している親から生まれた者を意味した。(20)

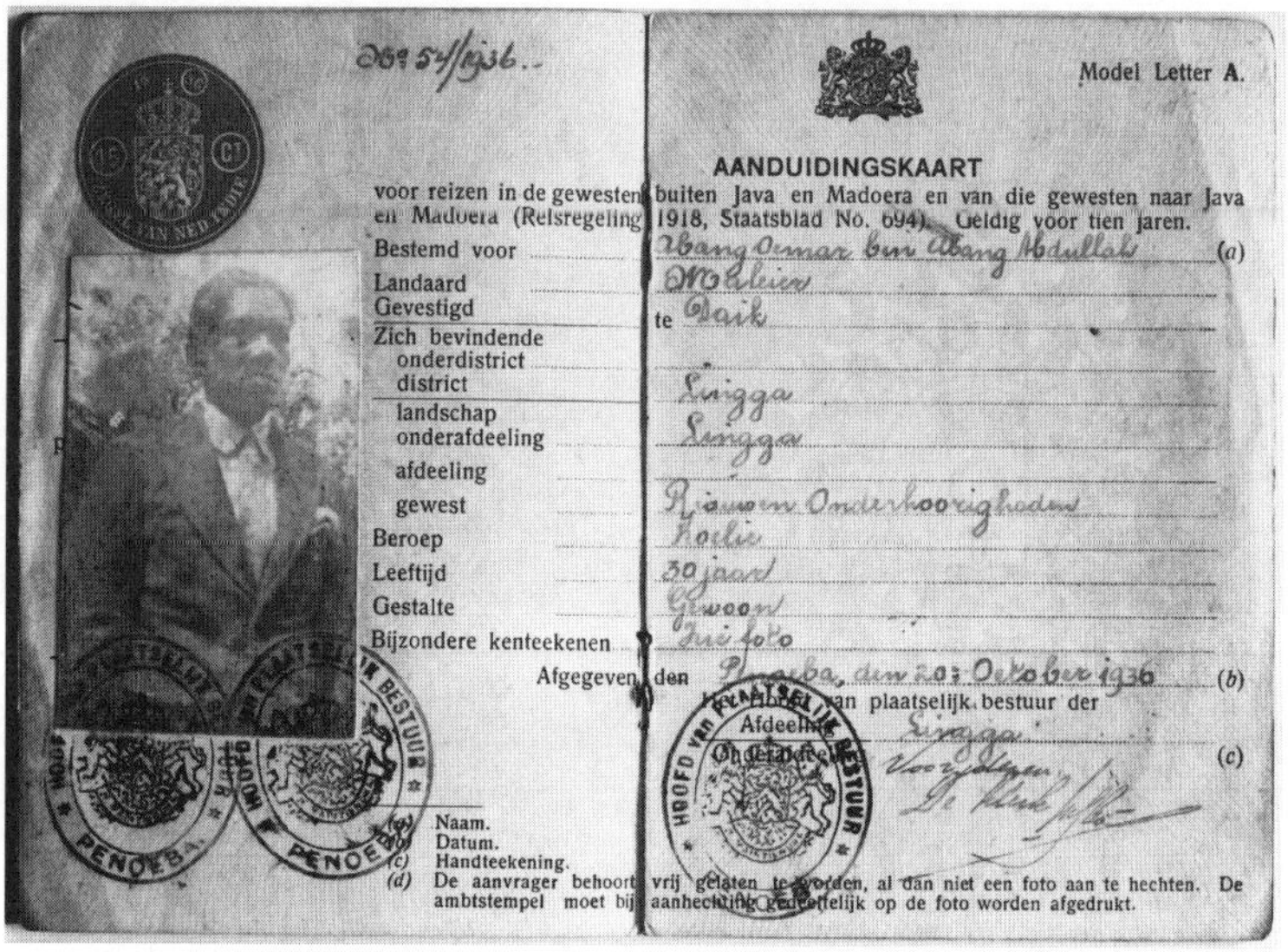
Model Letter A.

AANDUIDINGSKAART

voor reizen in de gewesten buiten Java en Madoera en van die gewesten naar Java en Madoera (Reisregeling 1918, Staatsblad No. 694). Geldig voor tien jaren.

Bestemd voor (a)
Landaard
Gevestigd te
Zich bevindende
onderdistrict
district Lingga
landschap
onderafdeeling Lingga
afdeeling
gewest Riouw en Onderhoorigheden
Beroep
Leeftijd 30 jaar
Gestalte Gewoon
Bijzondere kenteekenen Zie foto
Afgegeven den 20 October 1936 (b)
Het Hoofd van plaatselijk bestuur der
Afdeeling
Onderafdeeling Lingga (c)

(c) Naam.
Datum.
Handteekening.
(d) De aanvrager behoort vrij gelaten te worden, al dan niet een foto aan te hechten. De ambtstempel moet bij aanhechting gedeeltelijk op de foto worden afgedrukt.

図12　原住民・外来東洋人向け身分証明書（EAP 153/1/52）。

原住民・外来東洋人向け身分証明書（Aanduidingskaart）（図12）

「原住民」・外来東洋人向けの身分証明書は、パスポートの様式にのっとっているものの、見開き一ページの体裁を採用している。オランダ語のページの次には同体裁・同項目のマレー語ページがある。左ページの上部には、収入印紙欄があり、発行年（一九三六年）と発行番号（54）が手書きで記され、収入印紙の下には所持人の写真欄がある。この身分証明書の写真には、ペヌバ地方行政長官（PENOEBA HOOFD van PLAATSELIJK BESTUUR）の割印が二箇所押されている。

右ページには、上部にオランダ王国紋章、その右にはモデルA（Model Letter A）と記載されている。(21) 王国紋章の下には、身分証明書の名称が印刷され、その下に両ページにまたがって記載事項が印刷されている。まず、身分証明書がジャワ・マドゥラ外の領域での旅行およびそれら地域からジャワ・マドゥラへの旅行用途のパスであることが記され、根拠となる法令（一九一八年旅行規則、東インド官報六九四号）、有効期間十年とある。以下、所持人の個別の記載事項が続く。氏名、民族籍（landaard）、居住地、居住地の位置する行政区、職業、年齢、容姿（Gestalte）、顕著な身体的特徴、発行年月日、発行者署名欄となっている。

一九三六年に発行されたこの旅券の記載人物（アラブ系）は、証明写真が貼付されているものの表情はやや不鮮明である。既に検討した一九二八年の植民地官僚に交付された旅券の写真が、屋内の撮影環境を整えたもとで撮影された証明写真であったのに対して、この写真は屋外での撮影のため、光のコントラストが強く、顔が鮮明には認識できない。旅券の記載人と所持人との同一性確認を飛躍的に向上させたと言われる写真であるが、旅券（ここでは身分証明書）の交付された状況あるいは対象によっては、同一性の確認に障害を残した可能性も存在したかもしれない。

「原住民」・外来東洋人向けの身分証明書は、ヨーロッパ人向け身分証明書と名称が異なっている。ヨーロッパ人向け身分証明書が、'Legitimatiebewijs' と呼ばれるのに対して、「原住民」・外来東洋人向けの身分証明書は、'Aanduidingskaart' と呼ばれている。ほぼ同じ機能を付与されているパスであるにもかかわらず、名称および様式が異なっている。ヨーロッパ人と「原住民」・外来東洋人という法律上の住民区分に基づき身分証明書の規則も定められていることから、それにのっとって身分証明書も住民集団に応じて決められたことが異なる様式のパスの制定理由であることは理解できる。この身分証明書は、第一義的には領内の移動に際して用いられた。しかしながら、この身分証明書を用いた領外（シンガポール）への渡航も確認できている。(22)

略式の身分証明書（図13）

正規の様式に基づかず、行政による簡便な形式で発行された身分証明書の存在も確認できる。リアウ州タンジュンピナンにおいて一九三八年十二月二十三日付けで発行されているこの行政文書は、「証明（Verklaring）」という文言が中央上部にあり、向かって左には発行番号と発行年の欄がある。オランダ語とマレー語のタイプ打ちにより記載されており、中央上段には発行主体となる行政区長が当該の人物に許可を与える旨記載されている。続けて、この文書の交付される者の名（Wanpah）が中央に記されており、名には下線が引かれている。名の下は三段落からなり、最初の段落にはこの文書の交付される人物の居住地、職業、年齢および渡航先と渡航目的が記載されている。次の段落には、この人物が治安上問題のない旨が記されている。最後はこの文書の発行地、発行年月日が記され、発行主体である行政区長の署名が書かれている。左端下段隅には、この人物の顔写真が添付されており、割印が二箇所押されている。写真は傷みが激しく表情を判別できない。行政区の印は、行政区長署名欄左にも一箇所押されている。

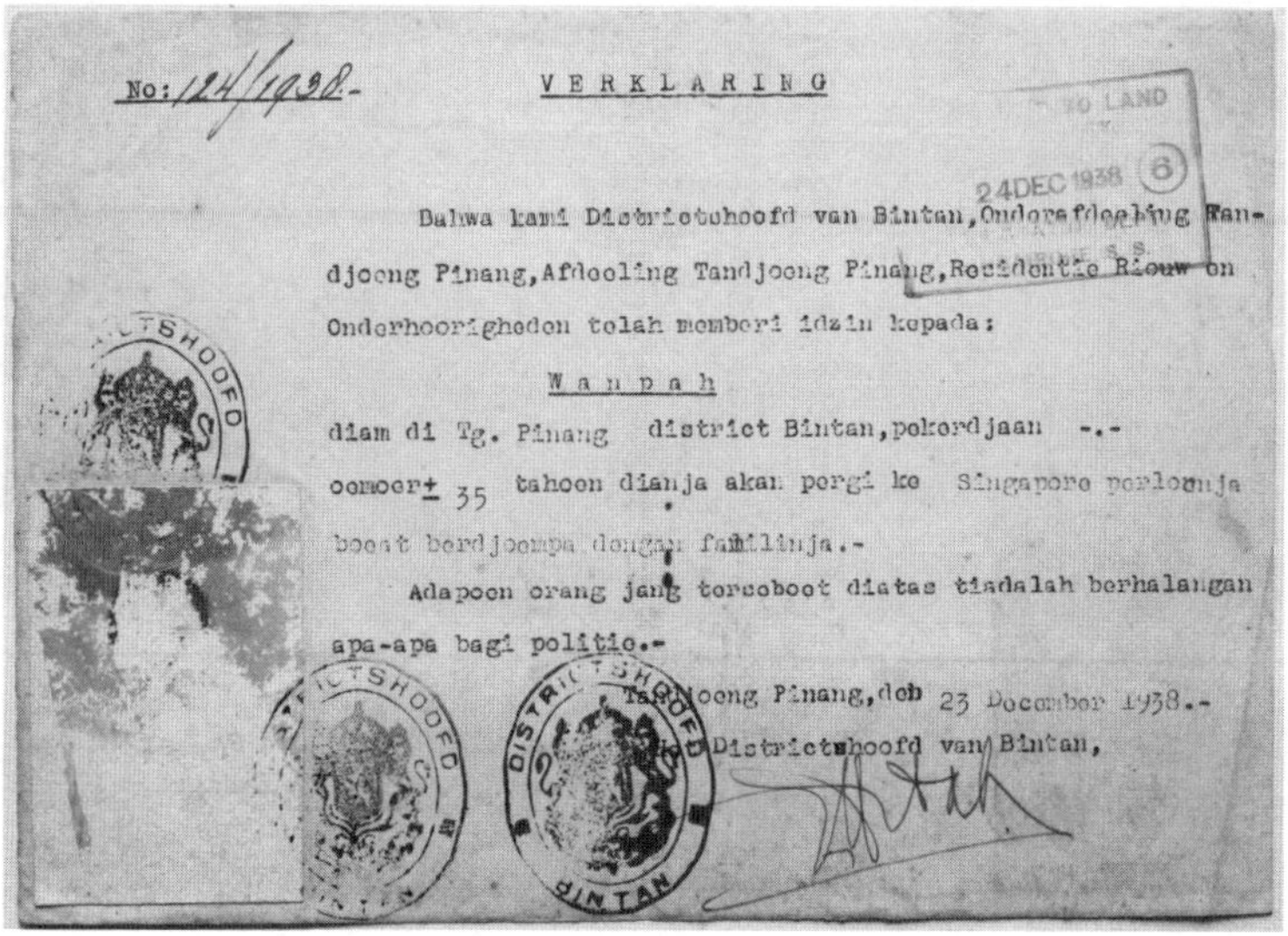
No: 124/1938.-

VERKLARING

24 DEC 1938 6

Bahwa kami Districtshoofd van Bintan,Onderafdeeling Tandjoeng Pinang,Afdeeling Tandjoeng Pinang,Residentie Riouw en Onderhoorigheden telah memberi idzin kepada:

Wanpah

diam di Tg. Pinang district Bintan,pekerdjaan -.-
oemoer± 35 tahoen dianja akan pergi ke Singapore perloenja boeat berdjoempa dengan familinja.-

Adapoen orang jang terseboet diatas tiadalah berhalangan apa-apa bagi politie.-

Tandjoeng Pinang,den 23 December 1938.-
De Districtshoofd van Bintan,

DISTRICTSHOOFD BINTAN

図13　略式の身分証明書（EAP 153/2/49）。

この行政文書に記載された渡航目的地はシンガポールである。この人物（ワンパという三十五歳位の女性）の渡航目的は、シンガポールに居住する家族に会うことであり、実際に渡航のためにこの文書が用いられたことは、文書上部右に一九三八年十二月二十四日付のシンガポール上陸許可印が押されていることからもわかる。一般旅券でもなく、法令により定められている身分証明書でもないこの行政文書の性格については、現時点では不明な点が多い。

おわりに

ここまで、オランダ領東インドにおいて発行されてきた一般および内国旅券を検討してきた。史料上の制約が多く残されているとはいえ、これまでの検討からいくつかの論点を整理することが可能である。第一に、植民地外への渡航に際して用いられたいわゆる一般旅券の変遷についてである。一九世紀の相当の期間、ゼー・パスという様式の渡航書による渡航が一般的であった可能性が高く（史料上確認できているものとしては一八六二年まで）、本国の旅券に類似する様式の植民地旅券は本論中の**図3**が示すように一八九〇年代から整えられていったようである。特に二十世紀に入ってからは、本国旅券の様式改定が植民地旅券にも連動していくことが植民地旅券の変遷からうかがえる。

第二に、植民地旅券における身元保証の問題、すなわち記載人と所持人の同一性の確保に関わる論点である。ゼー・パスには記載人の身体的特徴に関する項目は存在していない。本国旅券には導入当初より身体的特徴の項目が存在していたことを考慮すると、ゼー・パスには近代的旅券の特質である身元保証という特質が欠けている。その後の植民地旅券における身元保証は、身体的特徴の記載欄の導入から証明写真の貼付へと、ほぼ本国旅券と同様の展開をしている。しかし、証明写真の規格は導入段階ではさほど厳格ではなく、徐々に適正化されていったことがうかがわれる。

第三に、内国旅券／身分証明書の複雑な展開である。東インドの政治的空間および住民の多様性は、内国旅券、後にはそれに相当するパス（身分証明書）に反映されていった。国民国家形成後の本国において、単一の国民から構成される均質な政治的空間の成立が内国旅券の存在を不要にしていくのに対して、東インドにおいては性質を異にする行政領域の混在、法的に区分された複数の住民集団に対応する形で内国旅券制度が展開していったのである。

最後に、今後に残された課題として以下の三点をあげておきたい。第一に、二十世紀初頭までの植民地旅券制度の運用実態を明らかにする作業が残されている。植民地旅券制度が本国の旅券制度と連動するようになるまで、本論で取り上げたゼー・パスのみにより渡航が行われていたのか。加えて、ゼー・パスから植民地旅券への移行過程など不明な点は多い。

第二に、査証（ビザ）の問題である。ゼー・パスに査証は裏書きされていないにもかかわらず、オランダへの渡航に際して用いられていた。東インドからオランダ本国までの航海では、燃料や食料、飲料水などの補給を目的とする寄港が数回存在したものと推測でき、通過あるいは一時上陸などの必要から寄港地において査証が必要とされた可能性も高い。一九〇〇年発行の植民地旅券においてはイタリア領事館からのビザが裏書きされていたことからも、ヨーロッパでの上陸地点における査証のチェックは少なくとも存在していたものと思われる。査証を受けた旅券による渡航という制度がいつ、どのように本国と植民地間の移動に際して構築されていくのかは、国際的な移動体制の構築を理解する上でも興味深い論点である。

第三に、植民地間移動の問題である。東インド領内の移動に際して発行された身分証明書は、本論で示したようにシンガポールへの渡航に際して旅券として機能していた。本来の旅券ではなく、領内の移動に用いる身分証明書による渡航がなぜ可能であったのか。オランダと英国の両植民地政庁間において、なんらかの条約もしくは協定に基づいてこの措置が講じられたのか。さらに身分証明書による植民地外への渡航は、どの地域まで可能であったのかなど、今後の検討課題として残されている。

植民地という政治的空間、そしてその空間を移動する人々の実相は、国民国家から構成され、旅券および出入国管理制度の整備された現在の国際社会に生きるわれわれが想像するよりも多面的かつ複雑な様相を呈していた。そのことだけはおそらく確実に指摘することができる。

注

(1) 本稿は(二〇一八 吉田)として公表した論考に若干の修正を加えたものである。

(2) 日本人の出国について定めた出入国管理及び難民認定法第六〇条第一項は、日本国外への出国に際して「有効な旅券」の所持を義務付けている。

(3) 旅券制度の黎明期に明治日本は旅券の真正性を確保することが主権に係る問題であることを明確に意識していた。この点については(二〇一九 吉田)を参照のこと。

(4) 例えば、(Caplan et.al. 二〇〇一)、(渡辺 二〇〇三)、(高野 二〇一六)、(ブリッケンリッジ 二〇一七)など。

(5) 例えば、日本でも用いられていた各種の手形など(陳他 二〇一六：九四―一〇四)。

(6) 明治日本初の旅券に関する規則である『海外旅券規則』(一八七八年)は、その前文において旅券の定義を次のように定めていた。「旅券ハ日本國民タルヲ證明スルノ具ニシテ海外各國ニアリテ要用少ナカラサルヲ以テ外務省ヨリ之ヲ發行ス…」。『海外旅券規則』における旅券の定義からは、主たる関心が旅券の所持人の国籍証明にあったことがうかがわれる。現在では生体認証により同一性が確保されつつある所持人の身元証明については、未だ主要な関心とはなっていないようである。

(7) 『パスポート学』には、国連コソボ暫定行政ミッション(UNMIK)によるコソボ住民へ発給した渡航証明書に関する興味深い事例が紹介されている(陳他 二〇一六：二九―三〇)。

(8) 他の四種類としては、難民向け旅行書類(reisdocument)、外国人向け旅行書類、非常用旅行書類、外務大臣の定めるその他の旅行書類があげられている。

(9) 西フリースラント諸島訪問に際して必要とされた(Tjin 一九九〇：八二)。

(10) 研究によれば内国旅券は一九一四年頃まで存在したとのことである(Tjin 一九九〇：八四)。しかしながら、一九〇〇年にアムステルダム市で申請された内国旅券は二件であり、二十世紀初頭には内国旅券はほぼ通用していなかったとみなしてよいだろう。

(11) オランダ国籍およびオランダ臣民籍については、(吉田 二〇〇四)を参照。

(12) メッカ巡礼とメッカ・パスについて日本語の文献としては、(國谷 二〇〇四)が、メッカ巡礼用パスポートの制度化について論じている。

（13）海自書類には、積荷の数、船名船舶パスには船主と船長名を登録することが定められている。
（14）一八六二年のゼー・パスは、ウェブサイト（Geheugen van Nederland）の以下リンク先で確認することができる。http://resolver.kb.nl/resolve?urn=urn:gvn:KIT01:143095
（15）申請に際して記入し、切り離された書類片に記載された項目はわからないが、旅券本体部分の身体的特徴の記載事項は一八〇六年の旅券記載事項と同じである。
（16）イタリア語は、Visto in questo Reale Consolato（一行目）、vale per viaggiare e recarsi in Italia（二行目）、Batavia li 16 9bre 1900（三行目）、Il Console reggente（四行目）、Cloeber（五行目）。なおイタリア語の判読については、原田亜希子氏（大阪市立大学都市文化研究センター）よりご教示いただいた。
（17）コーヘン・スチュアートの辿ったルートの詳細については、本書に収められているコラム「旅券のスタンプからたどる植民地と本国の移動」を参照のこと。
（18）ジャワ文字を含むこの内国旅券の判読については、王立言語地誌民族学研究所（KITLV）のウィレム・ファン・デル・モーレン（Willem van der Molen）氏からご教示いただいた。
（19）移動の自由と密接に関連している居住の自由も制約が緩和された（Verslag 一九二〇：四一）。
（20）オランダ領東インドの法的住民区分については、（吉田 二〇〇二）、「居住者」については（Kleintjes 一九〇三：九四―九七）を参照のこと。
（21）一九一八年官報六九〇号には、モデルBの様式も記載されている。モデルBは、総督の許可を必要とする地域への移動に際して発行されたパスである。
（22）シンガポールのプラナカン博物館一階常設展示室内に展示されているパネルには、オランダ領東インドからシンガポールに渡航し、定住した華人の身分証明書（Aanduidingskaart）が掲示されている。この人物はこの身分証明書を用いて複数回シンガポールへ渡航していたことが展示資料から確認できる。

参考文献

Beek, Tom van., *Paspoort: Een parade van Nederlandse reisdocumenten*, Amsterdam: Dick Kok Producties, 1995.
Brokx, W., *Het Recht tot Wonen en tot Reizen in Nederlandsch-Indië*, 's-Hertogenbosch: C.N. Teulings' Koninklijke Drukkerijen, 1925.
Caplan, J. et.al, *Documenting Individual Identity: The Development of State Practices in the Modern World*, Princeton: Princeton University Press, 2001.
Kleintjes, Ph., *Het Staatsrecht van Nederlandsch-Indië: Beginselen en Beschouwingen*, Amsterdam: J. H. De Bussy, 1903.
Leenders, M., *Ongenode Gasten: Van Traditioneel Asielrecht naar Immigratiebeleid, 1815-1938*, Hilversum: Uitgeverij Verloren, 1993.
Tjin, R., 'Panoptisme en Paspoorten', *Krisis : tijdschrift voor filosofie*, nr. 1, 1988, 43-56.
Tjin, R., 'Nederlandse paspoorten: De politiek van reizen en de identificatie van personen', *Amsterdams Sociologisch Tijdschrift*, jrg. 17, nr. 1, mei 1,990, 74-100.
Verslag van de commissie tot herziening van de staatsinrichting van Nederlandsch-Indië, Weltevreden: Landsdrukkerij, 1920.
アンダーソン、ベネディクト・O、『定本 想像の共同体――ナショナリズムの起源と流行』（白石隆、白石さや訳、書籍工房早山、二〇〇七年）
國谷徹「一九世紀末の蘭領東インドからのメッカ巡礼について

——巡礼パスポート制度の展開過程を中心に」（『日蘭学会会誌』二九巻一号、二〇〇四年）
高野麻子『指紋と近代——移動する身体の管理と統治の技法』（みすず書房、二〇一六年）
陳天璽他（編）『越境とアイデンティフィケーション——国籍・パスポート・IDカード』（新曜社、二〇一二年）
陳天璽他（編）『パスポート学』（北海道大学出版会、二〇一六年）
トーピー、ジョン・C、『パスポートの発明——監視・シティズンシップ・国家』（藤川隆男訳、法政大学出版局、二〇〇八年）
春田哲吉『パスポートとビザの知識　新版』（有斐閣、一九九四年）
ブレッケンリッジ、キース『生体認証国家——グローバルな監視政治と南アフリカの近現代』（堀内隆行訳、岩波書店、二〇一七年）
吉田信「オランダ国民の形成：一八五〇年国籍法の検討を通して」（『神戸法学雑誌』五〇巻三号、二〇〇〇年、一—五六）
吉田信「オランダ植民地統治と法の支配——統治法一〇九条による『ヨーロッパ人』と『原住民』の創出」（『東南アジア研究』四〇巻二号、二〇〇二年）
吉田信「包摂と排除の政治力学——オランダにおける市民権／国籍の過去・現在・未来」（『地域研究』六巻二号、二〇〇四年）
吉田信「オランダ領東インドにおける旅券制度の展開－植民地パスポートの様式と機能をめぐって」（『国際社会研究』七、二〇一八年）
吉田信「旅券・国籍・公定アイデンティティ——蘭印における台湾籍民の国籍証明をめぐって」（『立命館国際研究』三一巻五号、二〇一九年）
旅券法研究会編『逐条解説旅券法』（大蔵省印刷局、一九九九年）
渡辺公三『司法的同一性の誕生——市民社会における個体識別と登録』（言叢社、二〇〇三年）

史料

CBG (Centrum voor familiegeschiedenis)
Familiearchief Bos38 inv.nr. 13
Familiearchief Cohen Stuart inv.nr. 321
EAP (Endangered Archives Programme)
EAP 153/1/52：https://eap.bl.uk/archive-file/EAP153-1-52（二〇二一年五月六日閲覧）
EAP 153/2/49：https://eap.bl.uk/archive-file/EAP153-2-49（二〇二一年五月六日閲覧）
EAP 153/3/12：https://eap.bl.uk/archive-file/EAP153-3-12（二〇二一年五月六日閲覧）
NA (Nationaal Archief)
NL-HaNA, 2.21.293, inv. nr. 320
Staatsblad van Nederlandsch-Indië
外務省外交史料館
内外旅券見本 J.2.2.0.J1X2

◎コラム◎

十九〜二十世紀におけるフランス植民地帝国間の移動

――マルセイユ―サイゴン定期便

岡田友和

おかだ・ともかず――大阪大学大学院言語文化研究科准教授。専門はフランス植民地帝国史。主な論文に「フランス植民地帝国における現地人官吏制度――インドシナを事例に」(『史学雑誌』第一一九編六号、二〇一〇年六月)、「一九三六―三七年ハノイにおける労働者ストライキ運動」(『東南アジア研究』第五二巻二号、二〇一五年一月)などがある。

一、フランスとインドシナを繋ぐ航路

十九世紀以降、植民地の拡張を目指したフランスは、距離の近いアフリカだけでなく、ヨーロッパから遥か遠くに位置する極東やオセアニアにまで進出し、約一〇〇年のあいだに世界中に植民地を領有する巨大な帝国を築き上げた。欧米列強にとって、植民地の領有にはいつも移動の問題が浮上したが、フランスの場合、それは植民地を新たに獲得する動機にもなった。十九世紀の詩人ゴーティエは、フランスの植民地拡張政策が「自らの意志とかかわりなく征服者になってしまった者という軽喜劇のテーマ」であると揶揄している。

実際、インドシナの領有をめぐっては、世界市場の拡大にともなう海運ネットワークの構築が関連していた。フランスは、初めから計画的にインドシナ半島を植民地化しようと考えていたわけではない。インドシナの植民地化は、一八五〇年代に蚕に感染する微粒子病がヨーロッパ全体に蔓延したことがきっかけであった。十六世紀頃からフランスでは、南部ラングドック地方の養蚕業と中部リヨン地方の絹織物業が盛んであり、それらは国家の経済を支える基盤産業になっていた。ところが、一八五〇年代に蔓延した微粒子病の影響によって、絹織物の原料となる生糸の生産がストップしてしまう。フランスの第二帝政政府は、国内の絹織物業を救済するために、当時、上質な生糸の生産で世界に名を知られはじめていた日本から生糸を輸入しようと考えた。フランスは、すぐに日本と修好通商条約を結んで生糸の輸入を開始したが、ここで移動の問題が浮上する。実は、フランス人はそれまで極東へ来ることなどなかったので、仕入れた生糸を定期的に運ぶための航路を開いていなかったのであ

る。フランスはすぐに定期航路の道筋を模索したが、その寄港地として目をつけたのがインドシナ半島の南端にあるサイゴンであった。こうして、フランスはインドシナの植民地化を開始することになる。

　インドシナの植民地化以降、ようやくフランス―インドシナ―日本を結ぶ極東線の定期航路が開かれた。一八六九年にスエズ運河が完成した後は、主に一八五一年に創設されたメサジュリ・マリティーム会社（la Compagnie des Messageries Maritimes：以下、MM社）と、一八七二年に創設されたシャルジュール・レユニ航海会社（la Compagnie de Navigation des Chargeurs Réunies：以下、CR社）の二社に定期船の運航が委ねられた。MM社は、マルセイユ（またはダンケルク）―横浜間に二週に一回の極東路線を開き、貨客船一〇隻を配備した。その航路では、（マルセイユ）―ベイルート―ポートセッド―スエズ―ジブチ―アデン―マドラス―ポンディシェリー―コロンボ―シンガポール―サイゴン―トゥーラン（現・ダナン）―ハイフォン―香港―上海―神戸―（横浜）が寄港地となった。他方で、CR社は、ボルドー（またはダンケルク）―ハイフォン間に四週に一回貨客船を配備し、同社の船舶はMM社に比べて小さいが、サービスは快適であると利用客から評価されていた。そのほかに、極東までの航路上には、イギリス、中国、オランダ、タイ、日本など各国の汽船会社の運航する定期船があり、目的地に応じて寄港地で乗り換えることも可能であった。なお、二十世紀前半においてマルセイユ

図1　MM社のポスター

図2　CR社のポスター

―サイゴン間にかかる移動日数は、ＭＭ社の場合、通常は二十四日間であった。寄港地での船の整備や積み荷作業の具合や、天候に応じて出港が遅れることもしばしばあったので、フランスから極東までかかる時間は、おおよそ一か月前後というのが一般的であった。いずれにせよ、フランスはこの極東路線によって世界に市場を獲得し、インドシナを拠点にアジア地域でプレゼンスを高めることができたのである。

二、植民地を介した知的交流

　ところで、フランスはインドシナを単なる海運の中継点とするのではなく、そこに近代ヨーロッパの文明を注ぎ込み、この地をアジアのフランスにつくりかえようとする使命感に取り憑かれていた。そしてその文明化の使命の一つに学校の創設があった。インドシナでは、学校教育はもともと通訳官の養成を目的としてはじめられたが、現地の行政組織が徐々に大きくなり複雑になると、フランス人の官吏と同等（あるいはそれ以上）に現地の行政に携われる官吏を多数育成することが急務とされ、現地人に中等・高等レベルの教育を施すことのできる学校の創設が目指されるようになった。まず一九〇七年にインドシナの首都ハノイに大学が創設され（これは政治的な理由により一度閉鎖されるが）、一九一七年以降になると学校教育政策が本格的に開始された。一九二〇年代までにハノイ、サイゴン、フエに一校ずつのリセ（高校）がつくられ、ハノイ大学には、医学部、薬学部、法学部、商学部、土木学部、芸術学部が設置された。また、都市部に五年制の小学校と、農村部に三年制の基礎教育学級がつくられ、フランスによるインドシナの文明化は大衆教育にまで及んだ。

　ハノイ大学は、インドシナに創設された唯一の高等教育機関であった。その卒業生の多くは、インドシナ植民地行政の官吏に採用され、破格の給与待遇と高い社会的地位を得た。医学部の卒業生は、国家資格を取得すれば医師になることができ、医官として公務に携わるかたわら、町のお医者さんとして住民から多くの支持と信頼をあつめる名士的な存在になった。実際、医師は、植民地住民の代表とみなされることが多く、彼らの多くは市議会や地方議会の議員になった。

　高度な教育を植民地で施すハノイ大学医学部の名声はフランス本国のみならず世界中に広まっていた。その教育プログラムは、病院での研修も含め、フランス本国の大学とほとんど変わらなかった。一九二二年以降は、医学部・薬学部・法学部で博士号の取得が可能になり、博士論文を提出して口頭試問に合格すると博士の免状が授与された。医学部では、一九〇七年から一九三〇年のあいだに二九四人が卒業して医師免許を取得しており、一九二二年から一九三〇年のあいだに五七人が博士論文を提出して医学博士の免状を取得した。博士論文の口頭試問のためにフランスから審査員が派遣されることもあった。一九三五年十月に医学部で行なわれた博士論文の口頭試問には、パリ大学から一名の教授が招へいされている。その教授によれば、提出された博士論文はどれも秀逸で素晴らしく、ハノイ大学の教育水準はシンガポールやタイあるいはフランス本国の大学の平均を超えていたという。ハノイ大学は、もはやフランスから遠くにあって、孤立した、未開の大学などではなかった。なお、この教授は、ハノイ大学での試問の審査以外にも、国際学会への参加や大学の視察のために六か月半にわたって東アジアの各国を周遊しており、そのあいだに、北京総合医療大学（北京）、中華大学（北京）、カトリック大学（福州）、斉魯アメリカン大学（南京）、オロル大学（上海）、アモイ大学（香港）、台北医療学校（台北・台湾）、九州帝国大学（福岡）、岡山の医学校、大阪帝国大学、北里研究所（東京）、東京帝国大学（東京）などの大学・研究所を訪れて、多くの研究者たちと交流している。

当時、こうした知的交流は植民地を介して行なわれた。とりわけ感染症の研究分野では、熱帯地域に特有の生物や細菌が注目されており、世界中の医師や研究者が調査のために各国の植民地を訪れた。インドシナでは、一八八七年にパリに開設されたパストゥール研究所が植民地の調査を積極的に行なっており、一九三四年までにハノイ、サイゴン、ニャチャン、ダラット、プノンペンの各都市に支部が置かれていた。パストゥール研究所は、アフリカにおける仏領植民地の各都市にも支部を置いていたから、調査のためのネットワークを世界各地に構築することが可能となり、あらゆる情報をパリに集約させて包括的な研究を進めることができた。同様に、インドシナには東洋の文明研究を使命とするフランス極東学院が一九〇〇年にハノイに創設されている。極東学院は、インドシナを拠点に中国、中央アジア、タイ、インドネシア、インド、朝鮮、日本などアジア諸地域における遺跡の発掘調査や、言語、宗教、習慣にかんする研究を行なっており、現在に至るまで多くの研究者に参照される優れた成果を残した。極東学院の初代院長ルイ・フィノーは、学院の創設にあたって、オランダがインドネシアに組織したバタヴィア学術・芸術協会を現地に赴いて視察し、植民地における学術調査の方法を学んだというが、植民地を介した知的交流は、このように国を超えて自由な雰囲気の中で展開されていたのである。

三、エールフランスが運ぶ学知

研究者が自身の知見を広げるために世界を飛び回る姿は今も昔も変わらない。しかし、研究者が外国へ行くためには、一九三〇年代はまだ多くの移動時間を要する時代であった。少なくともフランスの汽船会社を利用して移動する場合、十九世紀後半に航路が開かれて以来、マルセイユ－サイゴン間の移動にかかる日数はほぼ変わらず一カ月程度であった。船による移動が、フランスの植民地帝国間を行き来する唯一の手段であった。しかし、一九三四年に博士論文の審査員としてハノイ大学を訪れたパリ大学の（先述とは別の）教授は、フランス－インドシナ間を船以外の方法で移動している。この教授が利用したのは飛行機であった。ちょうどこの頃、フランスの航空会社エールフランスが飛行機による旅客サービスを始めていた。この教授は、パリ大学へ提出した出張報告書において、博士論文の審査に関することよりもむしろ、マルセイユからサイゴンまでの道程をエールフランスの飛行機で移動してきたことについて多くのことを述べている。そこには、科学技術の進歩を目の当たりにして驚きと興奮を隠しきれない、まるで子供のように感動を表わす言葉が随所にみられる。それほどまでに飛行機とは、新しい時代の到来を象徴するような乗り物であった。

図3　エールフランスのポスター

　この教授によれば、エールフランスがマルセイユ－サイゴン間の定期便を開港したのは一九三一年のことであった。ただ、エールフランス社が設立されたのはフランスにあった四つの航空会社が統合された一九三三年のことなので、マルセイユ－サイゴン間の極東路線は統合された一つの航空会社エールオリアンから引き継がれたと考えられる。マルセイユの空港を飛び立った飛行機は、ナポリ（イタリア）－コルフ（ギリシア）－アテネ（ギリシア）－カステロリゾ島（アナトリア半島沿岸のギリシア領）－ベイルート（レバノン）－ダマスカス（シリア）－バグダード（イラク）－ブーシェフル（イラン）－ジャースク（イラン）－カラチ（パキスタン）－ジャイプル（インド）－イラーハーバード（インド）－カルカッタ（インド）－アキャブ（ビルマ）－ラングーン（ビルマ）－バンコク（タイ）に寄航しながらサイゴンを目指した。この航路からは、エールフランスが当時のフランス領（ベイルートやダマスカス）だけでなくイギリス領（カルカッタやラングーンなど）の各都市の飛行場も利用していたことがわかる。報告書には、飛行機の窓から見た風景や、飛行機に長時間搭乗し続けた経験についての率直な感想が綴られている。マルセイユ－ベイルート間は「水、水、そして水」、ダマ

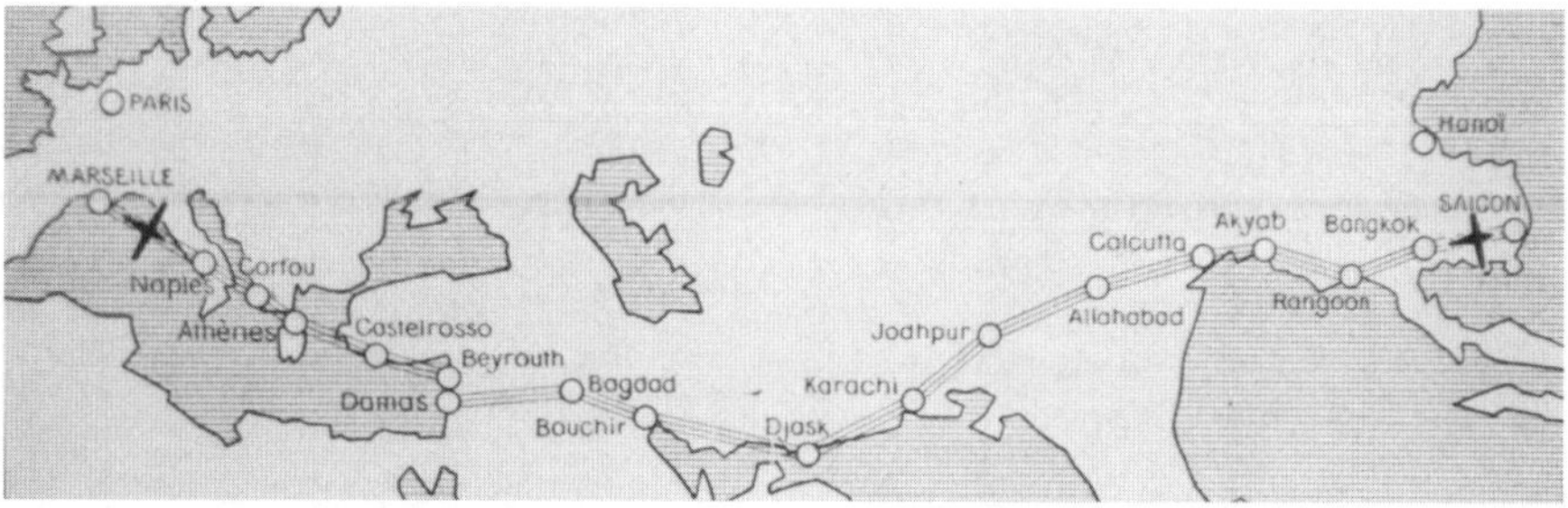

図4　エールフランスの極東路線寄港地

スーカラチ間は「砂、砂漠、不毛、荒涼たる風景」、カラチ―カルカッタ間は「格子縞の繰り返し」そしてカルカッタ―サイゴン間は「小灌木地帯の草木だけしかなかった」と表現されている。乗客はほとんどおらず、エンジンの音だけが響き渡り、操縦士二人と整備士一人にわが身の安全を預けた飛行機の中にいると不安を感じることもあるが、楽観的な気分になることもあり、「空中では孤独な存在であった」と述べられている。

　マルセイユ―サイゴン間の総距離は約一万二〇〇〇キロメートルになったというが、その移動にかかる時間は、エールフランスの飛行機では通常七～八日であった。船による移動の三分の一程度の日数で極東まで行くことができるようになったのである。一九三〇年代は飛行機の技術開発が急速に進んだ時代であり、世界中の航空会社や飛行士のあいだでは、いかに長距離を早く飛行することができるかが競われていた。一九三五年にフランス人の飛行士アンドレ・ジャピィは、パリ―サイゴン間を三日と十五時間で飛行しており、当時、この区間の最短飛行時間を記録した。ところで、先述の教授はインドシナに滞在している時に、偶然、ジャーナリストとして活動していた作家のサン＝テグジュペリに会う機会を得たという。『星の王子さま』の作者として有名なサン＝テグジュペリは、郵便機の飛行士としても知られており、ジャピィの記録を更新すべくパリ―サイゴン間の長距離飛行にも挑戦している。サン＝テグジュペリは、「インドシナのサイゴン―ハノイ間（約二〇〇〇キロメートル）の交通路がまだ十分に整備されておらず、移動が不便である」という内容の会話を教授と交わしており、目下、パリ近郊のル・ブルジェとハノイを結ぶ新しい航路の開拓を計画中であることを教授に伝えていた。サン＝テグジュペリの計画を聞いた教授は、同じ頃、オランダ人がアムステルダム―ジャワ間の夜間飛行を試みていたことを思い浮かべ、いずれはフランス―インドシナ間に以前よりも多くの都市と都市が結ばれる路線が増加し、乗客はより速く目的地に到着できるようになるだろうと予想している。

しかし、少なくとも一九三四年に教授が利用したエールフランスの飛行機は、早朝の四〜五時から夕方の四〜五時までの日中の飛行に限られており、宿泊地以外の各寄航地で三十分程の休憩をとる経由を繰り返しながら移動した。寄航地は少なくなかったが、マルセイユ―ベイルート間の移動には三二時間を要したとあるので、例えば、早朝にマルセイユを出発すれば、翌日の午後四時までにはベイルートに到着することができた。マルセイユ―ベイルート間の移動について、教授は次のようなことを回想している。「二年前（一九三二年）は、（スエズ運河経由の一般的な旅客船を利用すると）ベイルートまで七日間もかかったが、今回（一九三四年）は二日間で到着することができた。ベイルートで会うはずだった友人は、一週間前にすでに船でマルセイユを出発していたのだが、まだ来ていない」。「次の目的地のダマスカスへ向かう前に友人と握手だけでも交わしたかったが、友人の乗る船が到着することはなかった」。結局、「ハノイ大学の学生が私を待っているから、みずからの職務を優先してベイルートを去るしかなかったのだ」と。

この教授が経験した移動手段の革新的な進歩については、後の時代に引き継がれ、われわれがその恩恵に預かるところとなっている。興味深いのは、飛行機の登場によって人や物の行き来するスピードが加速し、学知の移動すらも短時間でなされるようになったことである。飛行機によって、必要な情報が世界中の人びとに共有され、世界中の研究や教育の水準が等しくなったと言い換えることもできるだろう。植民地であっても、高度な水準の研究と教育が持続的に行なわれるようになった。エールフランスが運んだ学知は、あらゆる研究を発展させ、多くの優秀な人材を輩出したのである。その事実と植民地帝国の歴史を短絡的に結びつけて語ることには十分な配慮が必要だが、学知の移動が果たした役割については、もっと多角的な考察が加えられるべきであるように思われる。

◎コラム◎

旅券のスタンプからたどる植民地と本国の移動

吉田　信

海外旅行につきものである旅券へのスタンプ（証印）やビザ（査証）。この見慣れた光景が大きく変わろうとしている。政府間の協定によってビザなし渡航が拡大する一方、旅券の生体認証技術（指紋や顔・光彩認証）の進展にともない出入国審査も自動化されつつある。旅をとりまく環境の急激な変化は、旅券のスタンプを不要にし、過去のものへと追いやろうとしている。

このコラムでは、一九二〇年代から四〇年までの期間、植民地と本国との移動に際して使われた旅券を手がかりに、かつておこなわれた旅の軌跡を浮かび上がらせたい。

現在の私たちが経験する旅は、国内での移動を別とすれば、ある国から別の国へと移動する形が一般的である。しかも、空路を用いる場合は一つか二つといった少ない経由地で長距離を移動することも珍しくない。

だが、戦前には世界の多くの地域が植民地とされていた。本国と植民地、あるいは植民地から植民地への移動こそが普通の光景であり、様々なルートによりそれらの地域はつながっていた。交通手段の変化も旅のスタイルに影響を与えていた。汽船の大型化や高速化にともなう経由地の変更。航空機の発達による空路の開拓。旅券に残されたスタンプには、その時その時の旅の背景が刻印されている。

一、ある官僚の帰還
――太平洋横断航路

一九二〇年、当時のオランダ領東インド（以下、蘭印）で司法官僚として勤務していたアブラハム・ベンヤミン・コーヘン・スチュアート（Abraham Benjamin Cohen Stuart: 1880-1955）は、長期休暇を取得して、オランダ本国へ帰還することとなった（**図1**）。植民地に勤務する公務員は、一定期間の勤務後に長期休暇を取

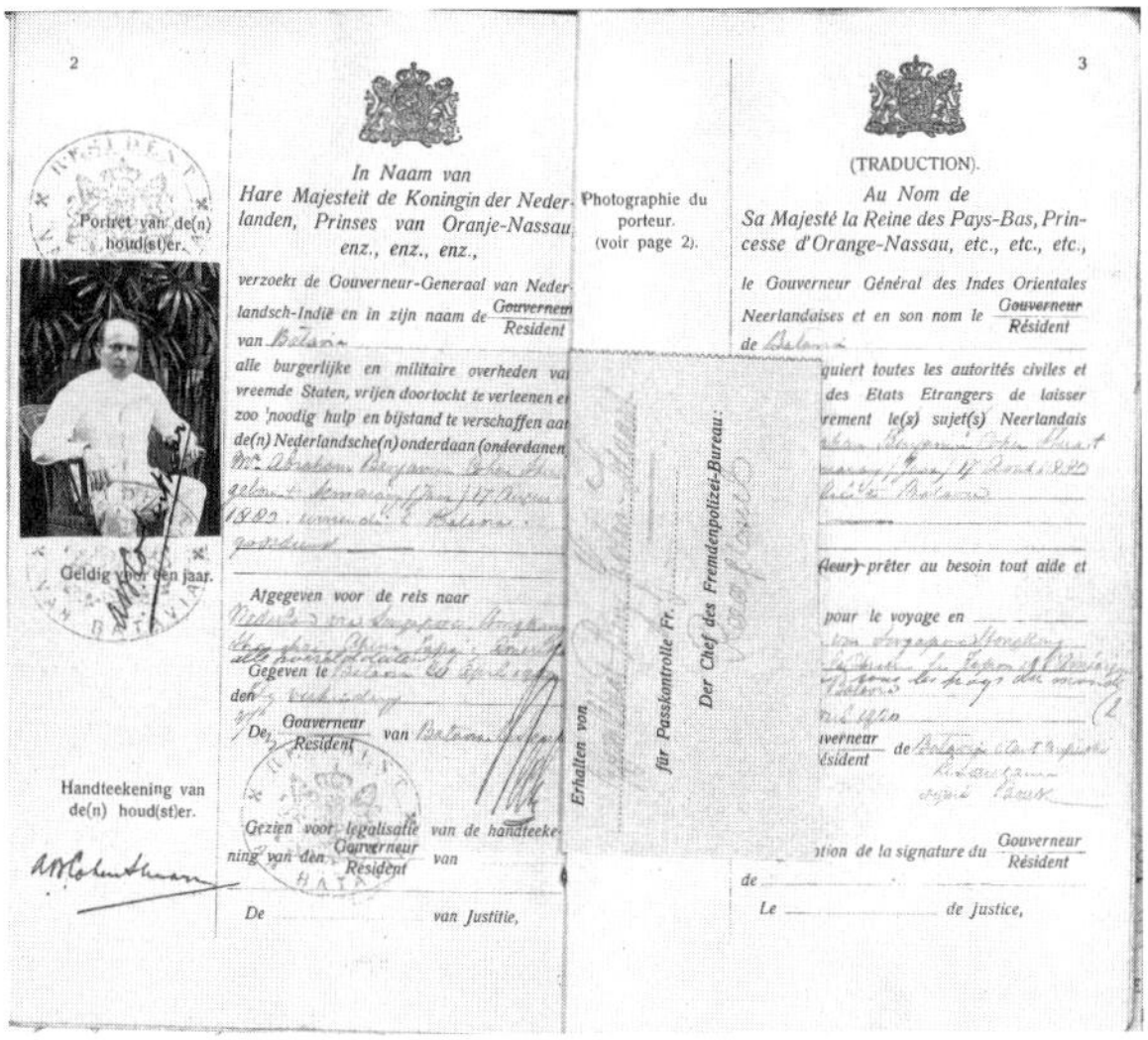

図1　1920年にオランダ領東インドバタフィアで発給されたコーヘン・スチュアートの旅券の身元証明欄（CBG Familiearchief Cohen Stuart inv.nr. 321）

得できたのである。この長期休暇制度は、公営企業で働く職員にも適用されていた。

一九二〇年四月二十日にパスポートを取得したコーヘン・スチュアートは、翌二十一日にバタフィアの各国領事館を訪ね、移動に必要な査証を取得した(1)。旅券の査証欄には英国、アメリカ、中華民国、日本の各領事が発給した査証を確認できる。このオランダ本国への一時帰国は、家族をともなうものであり、彼の妻ヤコバ（Jacoba Zeverijn Cohen Stuart）も同じ日に旅券の発給を受け、各国領事から査証を受けている。

蘭印からオランダ本国への航路は、バタフィアを出港、シンガポールを経由した後、マラッカ海峡を通過、スエズ運河を地中海に抜けてジェノヴァもしくはマルセイユで上陸した後、陸路オランダへ向かうか、ジブラルタル海峡を横目に大西洋に出て北へ進路をとり、そのままオランダへ向かうルートが一般的であった。シンガポールから地中海までは英領の植民地を通過するため、オランダにとっても、蘭印までの航路の大半が英領植民地行きの航路と重なっていた。そのため、オランダの汽船も英国のサザンプトンを経由し、英国での旅客獲得に努めていた。英蘭両国の汽船会社の間には旅客をめぐる競合関係が存在していたのである。

だが、コーヘン・スチュアート一家は、当時一般的なスエズ航路を選ばなかった。旅券の所持人欄に記載された行程は、オランダを終着地とするものの、シンガポール、香港、上海、日本、アメリカが中継地として記載されており、さらに「世界各地」という文言が加えられていた。

旅券の査証欄には、バタフィア駐在のアメリカ領事（図2―1）、英国領事（図2―2）、中華民国領事（図2―3）、日本領事（図3―1）からのビザを確認でき、当時の日本領事が松本幹之亮であったことがわかる。英国領事館からの査証には、オランダ本国から蘭印への帰任の際にアムステルダムの英国領事館で取得した査

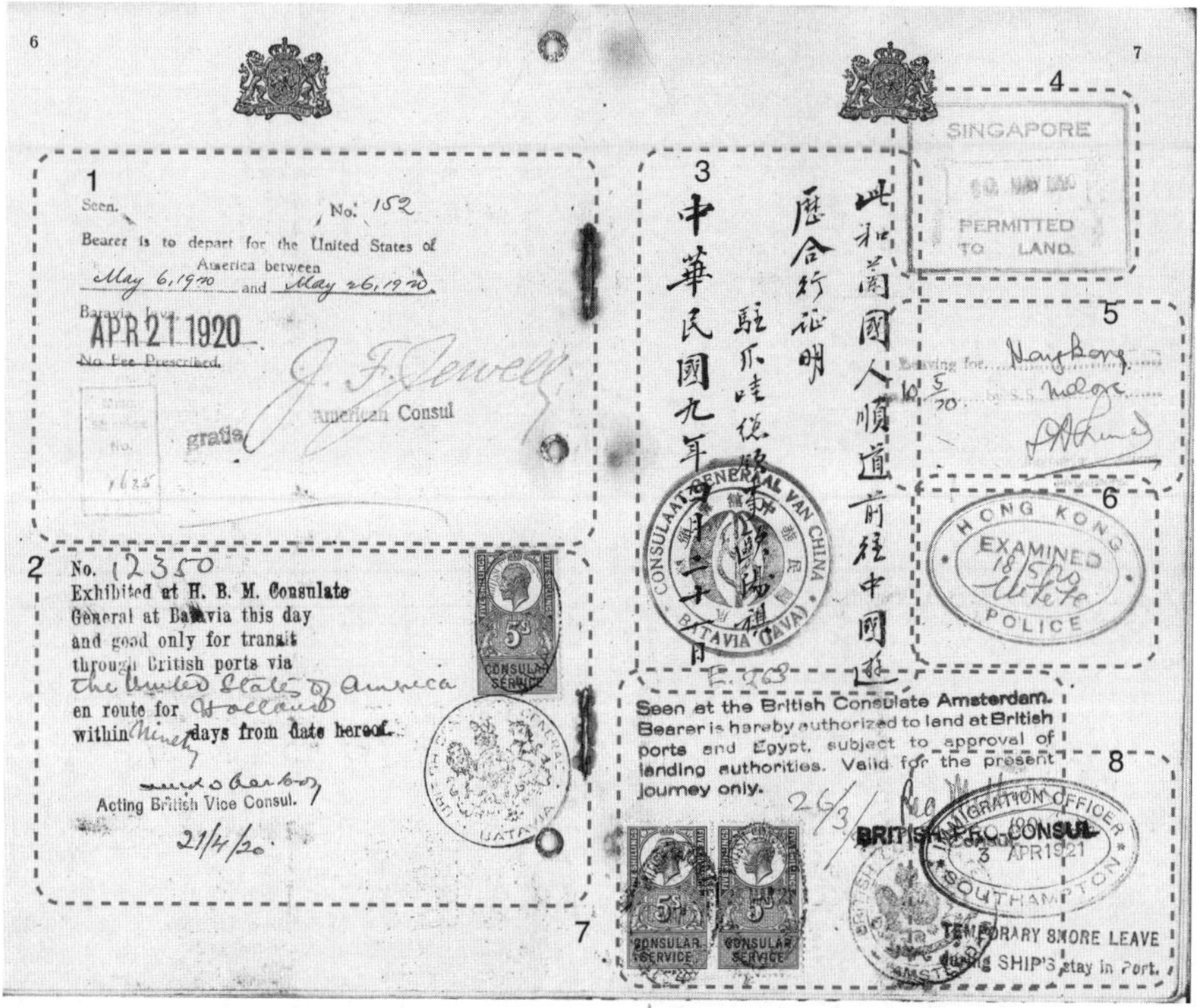

図2　バタフィア駐在の各国領事館からの査証。1米、2英、3中。7は帰路に際して発給された英国の査証。

証も並んでみえる（図2―7）。

こうして、必要な査証をそろえたコーヘン・スチュアートは、五月九日前後にバタフィアを発ったものと思われる。バタフィア出港にともなうスタンプが旅券にないため、正確な出発日を確定することができないものの、五月十日付のシンガポール上陸印が査証欄に押され、同日付の香港向け乗継印も確認できる（図2―4・5）。シンガポールでは乗り換えのみで、滞在はしなかったようである。次に確認できるスタンプは、香港警察による五月十八日付の証印で、目的地である香港に到着したのはこの日の可能性が高い（図2―6）。旅券の所持人欄に記載された目的地にしたがうのなら、香港到着後、彼は上海に向けて発ったはずである。

上海でのコーヘン・スチュアートの足取りはまったくわからない。旅券には上海を訪ねた際の記録が一切残っていないからである。香港の次に確認できる記録としては、大正九年六月十八日付の山口

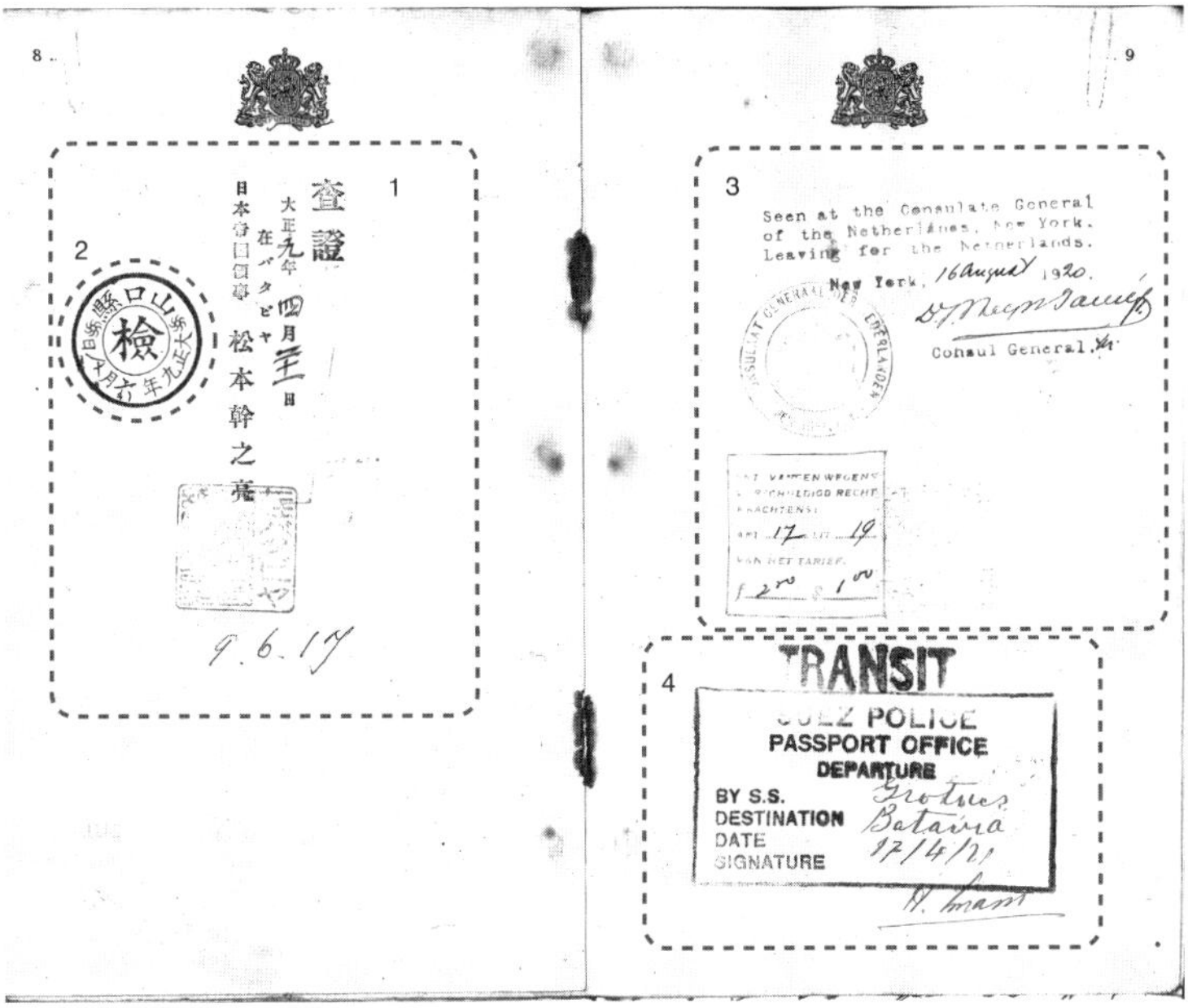

図3　バタフィアの日本領事からの査証印1。日本上陸時に山口県で押された印が並んでいる2。右ページはニューヨークのオランダ領事館の査証印3。下は帰路スエズでの乗継表記のあるスタンプ4。

図4　アメリカ出国時にニューヨークの税関で押された出国印1。ハーグの植民地省2、外務省の印3。ヨーロッパ内での出張に際して押されたものか。

県スタンプが旅券に押されており、これが確実な足取りとなる（図3―2）。山口県ということは、下関に上陸したものと考えて差し支えないだろう。香港でのスタンプの日付からちょうどひと月後にあたる。

当時の上海と日本との間の航海日数は一日半程度であった。[2]コーヘン・スチュアートが上海から日本行きの汽船に乗船したと仮定すると、上海を出港したのは六月十五日の遅い時間帯、あるいは十六日と推定できる。五月十八日に香港に上陸してから上海を出るまでの間、ひと月ほど中国大陸に滞在していたことになる。

実は、ヤコバと子どもたち（ヤコバの旅券には同行する六名の子の名が記載されている）はここまでの旅程には同行していない。ヤコバたちがシンガポールに向けてバタフィアを発ったのは五月三十一日。コーヘン・スチュアートから遅れること二十日あまりであった。シンガポールでは上陸後一週間ほど滞在したことが、乗継用スタンプからわかる（図7―4・5）。

ヤコバ一行は、六月七日に汽船で香港へ向けて旅立った。シンガポール出港時に押されたスタンプには、彼女たちの乗船した汽船名が記載されている（図7―6）。なぐり書きのため判読し難いが、乗船した船は、ファン・ワールウェイク号（S.S. van Waerwijck）のようである。この汽船は、スマトラのベラワン港（デリ）を起点とし、ペナン、シンガポール、香港、汕頭、厦門に寄港する中国航路に就航していた。

六月七日に香港へ向けて出港した彼女の旅券には、十七日付の香港警察の証印がみられる（図7―7）。しかし、コーヘン・スチュアートとは異なり、ヤコバ一行は香港には滞在せず、日本行きの船にすぐ乗り換えたようである。押印時の歪みがはげしいものの、彼女の旅券の査証欄には、大正九年六月二十二日と判読できる長崎県印、さらに同月二十五日付の兵庫県印を確認できる（図8―2・3）。香港から長崎までの標準的な航路は、途中上海を経由し、所要日数は五日ほどであったことから、[3]香港と上海には逗留せず長崎行きの船に乗り換えたことがわかる。香港から長崎までの航海で乗船した汽船名はわからない。

六月十八日に山口（下関）に上陸したコーヘン・スチュアート、その一週間後に長崎を経由して兵庫に上陸したヤコバたち。一家が日本で合流したことは確実であるが、どこで合流したのだろうか。おそらく、ヤコバたちの下船にあわせて神戸で合流した可能性が高そうである。神戸には、一九九五年におきた阪神大震災の被害によって大阪に移転するまで長くオランダ領事館が置かれており、戦前は日本から蘭印へ向けた渡航に必要な査証業務を担っていた。いわば、神戸は蘭印渡航に際しての拠点であったといえる。加えて、神戸は下関から東京（横浜）までの海路および陸路双方の経由地でもあった。香港を出港して、長崎、神

図5　アムステルダム駐在のフランス領事およびスイス領事から発給された査証印。1がフランス査証で，2がスイス査証である。スイスではバーゼルとベルンを訪ねたことがわかる。バーゼルでの出国時に押された国境警察印も確認できる。

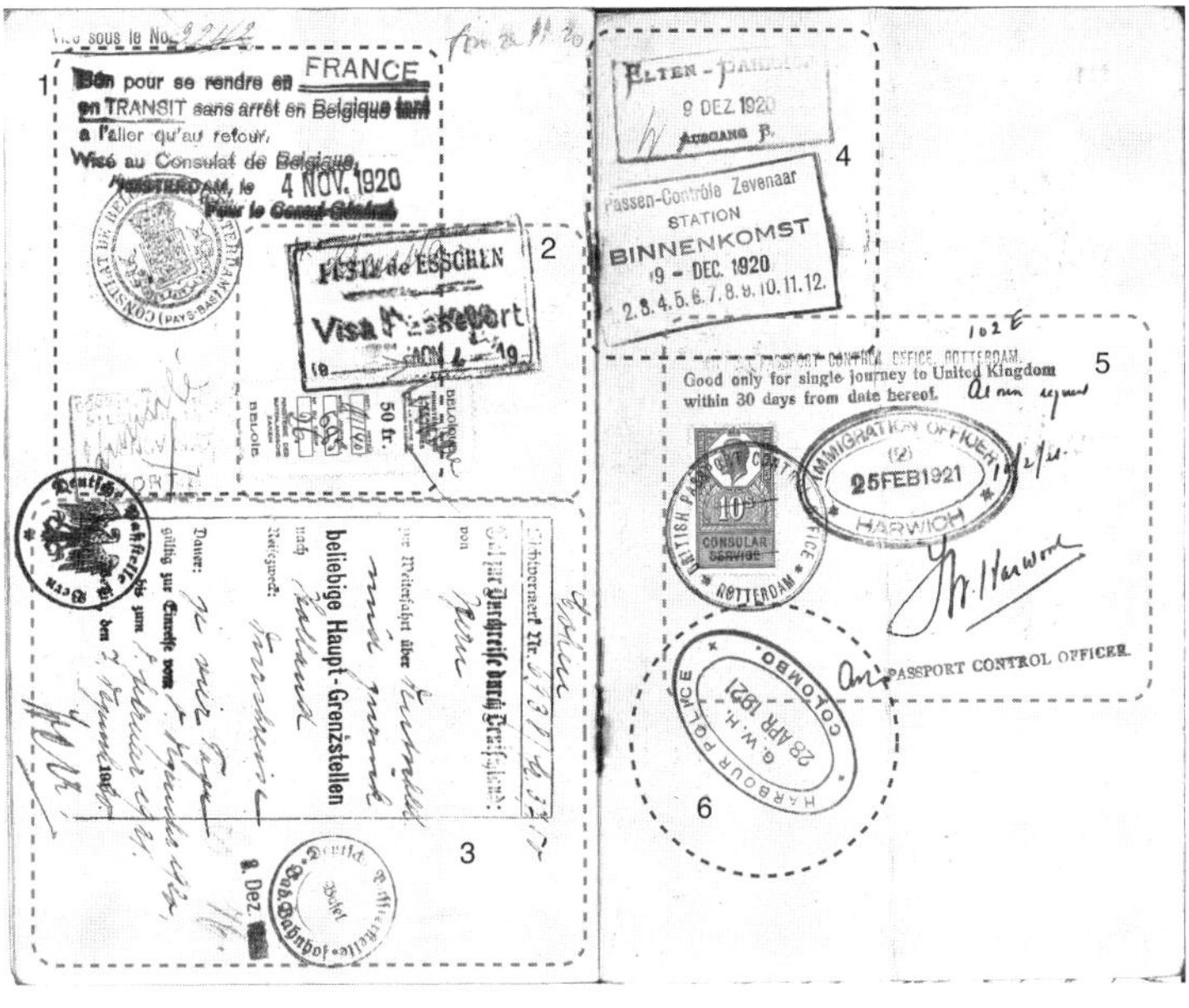

図6　ベルギー、ドイツの査証1・3。4はスイスからの帰路、オランダ国境に近いドイツのエルテンでの出国印とオランダのゼフェナールで押された入国印。

戸、横浜経由でアメリカへ向かう汽船（米中航路）にヤコバ達が乗船していたとするならば、コーヘン・スチュアートが神戸で乗船した可能性も十分ありうる。

彼らがどの程度の期間日本に滞在し、いつ日本を出国したのかは残念ながらわからない。意外なことに、日本の出国印が旅券に確認できないためである。彼らの次の足取りが査証欄に記されるのは、ニューヨークのオランダ領事館で受けた査証の日付、八月十六日となる（**図3―2**および**図8―4**）。六月二十五日から八月十六日までのおよそひと月半の間、彼らが日本国内に滞在し、各地を訪ね歩いたのか、あるいは一家の合流後、早々にアメリカへ向けて出港したのか、確かなことはわからない。

当時、日本・アメリカ間の北米航路を運航していた船舶会社は、日本国内では大阪商船、東洋汽船、日本郵船の三大汽船会社であり、横浜からサンフランシスコ（ハワイ経由）およびシアトル（バンクーバー経由）行きの船を運航していた。同じ航路には日本を経由して香港を起点とする太平洋横断航路をアメリカの汽船会社も開設しており、日米の船舶会社間の競争は激しかったようである。

一九二一年の『横浜貿易新報』（九月十八日）は、「米国航路に就航せる我三大汽船会社の船舶は船齢既に老いたると経済的に建造したるが為とにて現在にては到底新装の米国汽船と其速力を競う事能わざる」と記し、米汽船会社の船舶大型化によって横浜からの航海日数がシアトル十日間、サンフランシスコ十六日間に短縮されたことを報じていた。[4] 日本の船舶会社のシアトル航路はこの頃航海に十五日を要しており、米汽船の航海日数に追いつくためにはその後四～五年を要した。

実は、蘭印を起点として太平洋を横断する北米行き汽船も運航されていたのだが、その航路はバタフィアを出港後、スマラン、スラバヤ、マカッサル、そしてマニラを経由してサンフランシスコに向かうものであり、日本は経由していなかった。あるいは、蘭印からニューヨークを結ぶ航路も存在はしていたのだが、これはインド洋を横断して喜望峰を周り、大西洋を北上するルートをとるものであった。

いずれにせよ、コーヘン・スチュアート一家が六月二十五日に神戸で合流した後、横浜経由でアメリカに向かった旅程を想定すると、遅くとも七月中旬にはニューヨークに到着していることになる。もちろん、乗り換えのために数日を要したと考えても、査証欄にある八月十六日まではひと月ほど余裕がある。このひと月の期間をどう解釈することができるだろうか。まず日本滞在にひと月ほど費やした可能性を想定できる。次に、日本は乗り継ぎのために一時滞在せず通過しただけであり、アメリカに上陸した後ニューヨークまでひと月ほどかけて全米各地を訪ね歩いた可能性も考えられる。

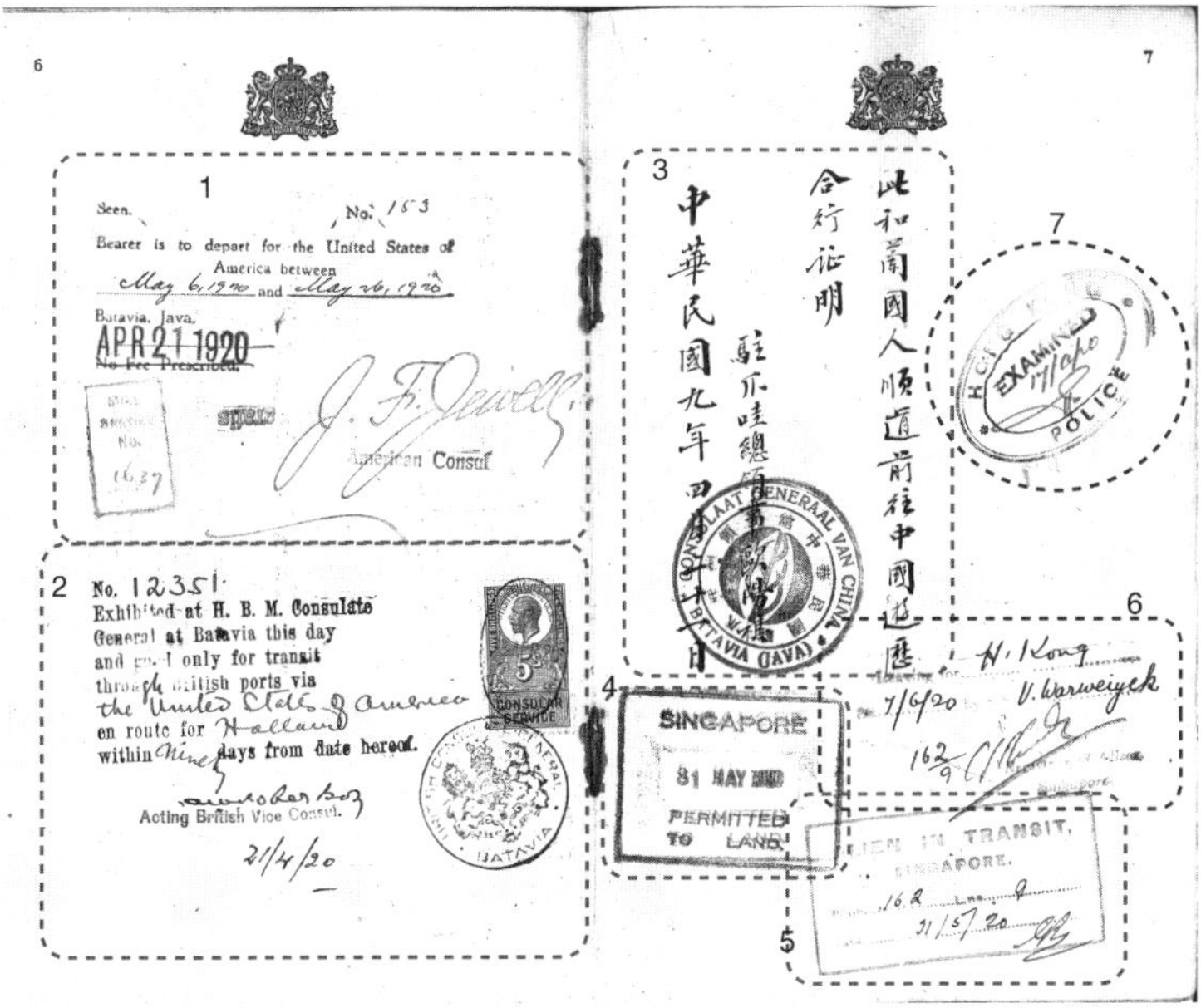

図7　ヤコバの旅券査証欄。コーヘン・スチュアート同様，米英中各領事からの査証印が押されている1～3。シンガポールでの乗継印5は上陸後の一時滞在用。

図8　ヤコバの旅券査証欄。2は長崎上陸（入港）時のスタンプ。3は兵庫県のスタンプ。

あるいは、日本とアメリカ双方で一週間から十日ほどの滞在を楽しんだ可能性なども考えられる。

あいにく、他に参照できる情報がないため、いずれの選択肢を彼らが選んだのか確定することは難しい。神戸で合流したコーヘン・スチュアート一家が、京大阪の観光をしばらく楽しんだ後、陸路東京を経て横浜からアメリカに向けて発つ旅程をとったのでは、と想像してみたくなる。

ニューヨークのオランダ領事館を訪れた二日後の八月十八日、一行は出国審査を経てアメリカを発っていることが、旅券に押された税関印からわかる（図4―1）。彼らがいつオランダ本国に帰還したのかは旅券に入国印が押されていないため、日付を特定できない。当時のニューヨークとロッテルダム間は、オランダ・アメリカ・ライン会社による航路が設けられており、航海日数は九日ほどであった。一行が一八日に出港したとすると、二十七日にはロッテルダムに上陸したことになる。五月初旬にバタフィアを発ってから、およそ三ヶ月かけてコーヘン・スチュアート一家はオランダに帰任したことになる。一年の長期休暇の四分の一を費やした旅程であった。

二、任地への再赴任――スエズ航路

オランダ滞在中、ヤコバたちは国内にとどまっていたようであるが、コーヘン・スチュアートの旅券にはヨーロッパ各国の査証および出入国印が押されている（図5および6）。フランス（十一月）、ベルギー（仏への通過時）、スイス（十一月からひと月）ドイツ（スイスから帰国途中の通過時）、英国（二月）など、これらの国への渡航が公務によるものか私的な目的であったのかはわからない。

こうしたヨーロッパ域内各国のスタンプの他に、官庁所在地のハーグで植民地省と外務省からスタンプを受けているのが目を引く（図4―2（内務省）、3（外務省））。植民地省は彼の所属官庁であることから、長期休暇に関わる手続の一環として必要だったのかもしれない。一九〇〇年代初頭に長期休暇でオランダ本国に帰還した官僚の残した資料には、オランダ国内の移動に際して必要とされた「内国旅券」があったが、旅券にはそれらしいものは見当たらない。外務省からの証印は、ヨーロッパ域内での移動に際して必要とされたのだろうか。

コーヘン・スチュアート一家が本国での長期休暇を終え、任地のバタフィアに帰任する準備を進めたのは一九二一年三月にはいってからである。同月二十六日にはアムステルダムの英国領事館から査証を受け、四月三日に英国サザンプトンに上陸したことがスタンプからたどれる（図2―7・8、図8―5・6）。オランダの出国印は確認できない。往路と異なり帰路は最短経路を採用したようで、スエズ運河を四月十七日に通過、途中下船して当時の定番であるピラミッド観光を

図9　オランダ汽船会社とロッテルダム・ロイドによる蘭印航路の広告。アムステルダム、ロッテルダムからバタフィア、スマラン、スラバヤ行きの汽船情報が掲載されている。

楽しんだ様子はない。ちなみにスエズでの査証印には、帰任に際して乗船した汽船名が記入されており、彼らがグロティウス号（S.S. Grotius）に乗船していたことが判明している（図3―3）[5]。スエズ通過後、船はコロンボを二十八日に経由（図6―6、図8―7）。コロンボからバタフィアまでの寄港地については旅券に記録がなく、バタフィア上陸日も不明である。

しかし、帰路については乗船した汽船名が判明しており、途中下船や船の乗り換えもなかったことから、グロティウス号に関する情報を当時の新聞から探ることで、欠落しているコーヘン・スチュアートの足跡を補うことができる。一九二一年三月十九日付のDe Standaardには、東インド航路に就航している汽船会社の広告が掲載されている。これは、アムステルダムを起点とするオランダ汽船会社（Stoomvaart Maatschappij Nederland）とロッテルダムを起点とするロッテルダム・ロイド（Rotterdamsche Lloyd）との共同広告で、グロティウス号はオランダ汽船会社の運行する郵船（旅客船）に名を連ねている（図9）。バタフィアまでの寄港地は、サザンプトン、ポートサイド、コロンボ、サバン、デリ、シンガポールとあり、四月二日の午後一二時、アムステルダム出港という情報を確認できる。

ここから、コーヘン・スチュアートのオランダ出国日が四月二日で、翌三日にサザンプトンに入港したことを特定できる。次に、旅券には、四月十七日のスエズ、二十八日のコロンボの証印が残っている（図3―3（スエズ）、図6―6（コロンボ））。サザンプトンからポートサイド（スエズ）まで途中の寄港地はないため、二週間をかけたこととなる。スエズからコロンボ間も直行で、この間の所要日数は十一日間。しかし、コロンボより先の寄港地、サバンからバタフィアまでの行程に関しては、旅券にスタンプのないこともあり、各港への寄港日、そして所要日数が何日だったのかはわからない。そこで、新聞に情報をふたたび求めてみる。

当時の新聞には、航行中の汽船の消息を掲載する欄があった。現在のように情報手段が多様化する以前、新聞の汽船消息欄は関係する人々にとって重要な情報源であった。この消息欄を手がかりにグロティウス号に関わる情報をたどってみると、四月二十九日のDe Locomotiefが汽船消息欄で二十八日のグロティウス号のコロンボ出港を報じている。さらに、五月二日付の同紙が、サバン着を五月一日と報じるとともに、タンジュン・プリオク港着岸予定を金曜日と報じている。一九二一年五月二日は月曜日であったことから、バタフィア着は六日となる。事実、五月七日付のBataviaasch Nieuwsbladは、グロティウス号のタンジュン・プリオク着岸を六日と伝えていることから、予定通りの到着であったことがここから確認できる。

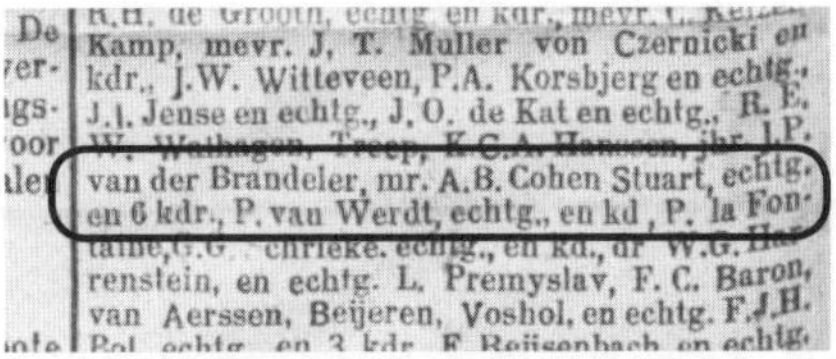
Kamp, mevr. J. T. Muller von Czernicki en
kdr., J.W. Witteveen, P.A. Korsbjerg en echtg.,
J.J. Jense en echtg., J. O. de Kat en echtg., R. E.
van der Brandeler, mr. A.B. Cohen Stuart, echtg.
en 6 kdr., P. van Werdt, echtg., en kd., P. la Fon-
renstein, en echtg. L. Premyslav, F. C. Baron,
van Aerssen, Beijeren, Voshol, en echtg. F.J.H.

図10　新聞に掲載された乗客名簿。コーヘン・スチュアート（A.B. Cohen Stuart）、妻(echtg.=echtgenoot)と6人の子供(kdr.=kinderen)と記載されている。

D. HOUTHUIJSEN.

De Heer en Mevrouw
COHEN STUART—ZEVERIJN geven kennis van het overlijden van hun zoontje,
MARIUS JAN,
in den leeftijd van 5 maanden.
a/b. s.s. Grotius, 10 April 1921.

COLLECTE

図11　死亡広告。直訳すると「コーヘン・スチュアート＝ゼフェレイン夫妻は息子の逝去をお知らせします。マリウス・ヤン，生後5ヶ月。1921年4月10日汽船グロティウス号船上にて。」となる。

なお、二日付のDe Locomotiefには、グロティウス号の乗客名簿も掲載されており、コーヘン・スチュアートと妻、六人の子供という記載を確認することができる（**図10**）。これは、バタフィア出発時の旅券に記載されていた人数とも合致する。だが、新聞の消息欄を詳しくたどっていくと、予想だにしなかった情報を目にすることとなる。オランダ本国で発行されているHet Vaderlandの四月二九日付紙面には、グロティウス号乗船中の四月十日、彼らの息子マリウス・ヤン(Marius Jan)が亡くなったことを知らせるコーヘン・スチュアート夫妻による死亡広告が掲載されている。生後五ヶ月であった（**図11**）。マリウス・ヤンが亡くなったのは、大西洋から地中海に入ってまもなくの頃だったと思われる。

この事実を念頭に置くと、ヤコバが夫とは途中まで別行動を取り、シンガポールに一週間ほど滞在したり、帰国したオランダでも国外へ足を伸ばした形跡がないことも、彼女が渡航時点で身重だったことが関係していたと考えるのが自然だろう。酷暑のインド洋を避け、往路に日本を経由して太平洋を横断する航路を選択したこと。さらに、帰路では経由地で一時滞在をした形跡がないことも、彼女の妊娠・出産にあわせて計画された旅程だったのかもしれない。

表1　汽船グロティウス号の航海日程

出発／到着日	出港／寄港地
4月2日	アムステルダム
4月3日	サザンプトン
4月17日	スエズ（ポートサイド）
4月28日	コロンボ
5月1日	サバン
5月2日？	デリ（ベラワン）
5月4日？	シンガポール
5月6日	バタフィア（タンジュン・プリオク）

　コーヘン・スチュアート一行の帰路は、四月二日にアムステルダムを発ち、五月六日にタンジュン・プリオクに到着する計三十五日間の旅であった。世界を一周した一家の移動は、任地への帰路の途上に見舞われた突然の不幸をはさんで終りを迎えることとなった。

三、旅券からみる出入国管理のあり方

　旅券の査証欄に押されたスタンプから読み取れる情報は限られているものの、各国と、その植民地における出入国管理体制の一端を垣間見ることができる。シンガポールでは上陸時の査証印と並んで出港時の査証印を確認できる一方、次の寄港地である香港では、警察のスタンプが旅券に押されている。これが上陸時のものなのか、あるいは出港時のものなのかは、スタンプそのものからは判断できない。ただ、この時期の出入国管理では、目的地への到着後は速やかに警察に出頭することが通常求められており、そこから類推すると、この警察印は到着時に押されたものである可能性が高い。

　シンガポールと香港は、英国統治下の代表的な自由港として言及されることも多いが、同じ自由港といっても、出入国管理には相違があったことがわかる。宗主国を共通にするとはいえ、異なる植民地においてどのような出入国管理が運用されていたのか、さらに検討を要する点と言えるかもしれない。

　旅券に記載された行程から判断すると、香港を後にしたコーヘン・スチュアートは、次に上海を訪ねたはずである。バタフィアで中華民国領事館から査証を取得した理由もそこにあった。しかし、旅券には香港出立時および上海到着時のスタンプは認められない。上海を後にして訪ねた日本に関しては、旅券の記録から明らかなように、上陸時のスタンプが押さ

表2　各国（植民地）における出入国時のスタンプの有無

	シンガポール	香港	上海	日本	アメリカ
査証	○	○	○	○	○
入国印	○	○（警察）	×	○	×
出国印	○	×	×	×	○（税関）

れており、上陸地と入国日を特定できる。ところが、日本出国時の証印は旅券にみあたらない。他方、旅券に残るアメリカ訪問時の記録としては、出国時の税関印のみであり、上陸時の証印は見当たらない。同様に、ニューヨークを後にして帰国したオランダ本国でも上陸時の証印がない。ただし、ニューヨークのオランダ領事館から押された査証印は確認できる。

各地を訪ねた際のスタンプを出入国時の押印の有無という観点から整理すると、出入国時のスタンプが共に押されている地域（シンガポール）、入国時のみ（香港、日本）、出国時のみ（アメリカ）、どちらもない（上海）といった四つに分けることができる。また、押されているスタンプも、香港では警察、ニューヨークでは税関、その他は特に明示されておらず、出入国の管理をどの行政機関が担うか、管轄の相違を示しているようにも理解できる。

現在の感覚では、入国時と出国時いずれの機会にも旅券にスタンプが押されるのが原則のように感じるものの、(6) この時期のヨーロッパ外では、旅券へのスタンプという観点から出入国審査の規則性を指摘することは困難である。

コーヘン・スチュアート一家がオランダ本国に帰還した一九二〇年という年は、ヨーロッパにおいて未だ第一次世界大戦の余韻が強く残っており、大戦にともない国境管理と旅券制度が厳格化された直後の時期であった。彼の査証欄からは、人の移動が管理されていたヨーロッパ内の様子がうかがえる。オランダ本国での外務省および植民地省からの証印、通過する各国の領事館で発給された通過ビザあるいは滞在ビザ。さらに、各国の国境で入国時あるいは出国時に押されたスタンプ。オランダ本国に帰還するまで、彼が旅したヨーロッパ外でのまだら模様のような出入国審査に対して、ヨーロッパ内（除英国）では、国境を越える際に出入国時いずれの機会においても厳格に審

図12　1932-33年のアムステルダム・バタフィア冬季路線案内。見開きにした状態（https://www.timetableimages.com/ttimages/kl/kl3211bat/kl3211-1.jpg）。

査がおこなわれていた様子がうかがえる。

コーヘン・スチュアートが蘭印と本国を移動する際に当時利用できた主要な交通手段は汽船であった。同時に、彼の生きた一九二〇年代は、航空技術の進展が急速にみられた時代でもあった。その後、蘭印とオランダの間では空路による移動が実現する。そこで、蘭印とオランダ本国を結ぶ空路について、航路開設から間もない頃の運行状況を航空会社の時刻表をもとに概観するとともに、一九四〇年にオランダ本国から蘭印に空路で移動した記録の残る旅券を検討することから、植民地と本国がどのように空路で繋がれていたのかを探ってみたい。

四、植民地をつなぐ空の航路
——アムステルダム・バタフィア

これまでみてきたように蘭印とオランダ本国との移動は船による海路を用いるのが一般的であったものの、一九二九年に初のバタフィア行きフライトを実現したKLMは、二年後の一九三一年に定期航路を開設する。当時、アムステルダムからバタフィアまでのフライトに要する日数は九〜十日、アムステルダムとバタフィア間の経由地は二十ヶ所。世界最長の航路であった。アムステルダムではロンドンやニューヨークなどといった都市への接続便が就航しており、現在でいうハブ空港としての役割を当初から備えていた。

定期航路開設から間もない一九三二〜一九三三年の冬春期（十一月から翌年四月）の時刻表をもとに、この航路を概観してみよう。時刻表には東インドまでの旅を誘う様々な宣伝文句が並んでいる。現在も用いられている「KLMで飛ぼう（Fly by K.L.M.）」に続いて「世界最初（最古）の旅客航空会社による世界最長の航路、九千マイルを一〇日間で！」という謳い文句が大きなフォントで訴えてくる（**図12**）。

別のページには、水田が広がりヤシの木が立ち並ぶ遙か後ろに山がそびえ立つ

表3　アムステルダム・バタフィア間の所要日数と経由地

所要日数	経由地
1日目	アムステルダム
	マルセイユ（ハレ／ライプツィヒ）
	ローマ（ブダペスト）
2日目	ローマ（ブダペスト）
	ブリンディジ（ベオグラード）
	アテネ
3日目	アテネ
	マルサマトルーフ
	カイロ
4日目	カイロ
	ガザ
	バグダード
5日目	バグダード
	ブーシェフル
	ジャースク
6日目	ジャースク
	カラチ
	ジョードプル
7日目	ジョードプル
	アラーハーバード
	カルカッタ
8日目	カルカッタ
	アキャブ
	ラングーン（バンコク）
9日目	（ラングーン）
	バンコク
	アロースター
	メダン
10日目	メダン
	パレンバン
	バタフィア
	バンドゥン

典型的なコロニアル風景の写真が掲載され、「ジャワ、東洋の真珠…今やヨーロッパから一〇日。空を飛び、最短の時間で最大の世界を目にしよう」というキャプションが付けられている。[7] 時刻表には、さらに、経由地を織り込んだ宣伝文句が続いていく。「夢の旅行。アメリカ製エンジンを積んだフォッカー単葉機『空飛ぶオランダ人』に乗って、オランダ、アクロポリス、ピラミッド、聖地、バグダード（ハールーン・アッラシードの街）、神秘のインド、空からのガンジス川、ラングーンの黄金のドーム、ジャワそしてバリへ。」

　これらの謳い文句からわかるように、このフライトの最大の売りがオランダからジャワまで十日という日数で到達できる点と経由地の持つ観光地としての魅力にあることは明らかである。約ひと月の船旅から解放され、三分の一の日数で目的地にたどり着けることは、オランダ本国のみならず、ヨーロッパ各地と東南アジア間を頻繁に移動する人たちにとって魅力的であったことは想像に難くない。

　一九三五年にKLMが出版したガイドブックには、この路線を利用した乗客の声がまとめられている。[8] 一九三二年の九月にフライトを利用した乗客からは、「カルカッタからクロイドン（ロンドンの空港—筆者）までわずか六日間。こ

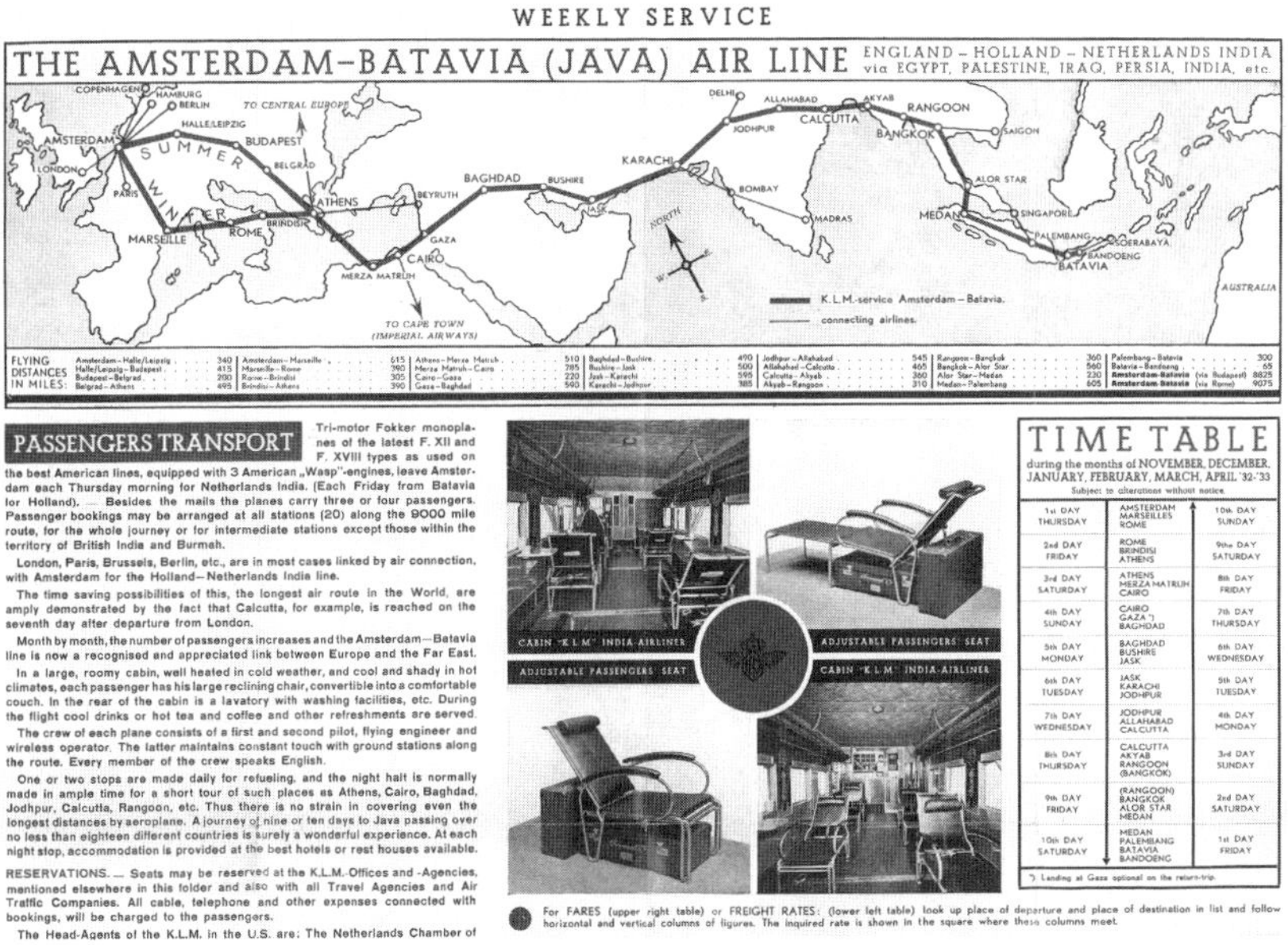
WEEKLY SERVICE

THE AMSTERDAM-BATAVIA (JAVA) AIR LINE ENGLAND – HOLLAND – NETHERLANDS INDIA via EGYPT, PALESTINE, IRAQ, PERSIA, INDIA, etc.

K.L.M.-service Amsterdam – Batavia.
connecting airlines.

FLYING DISTANCES IN MILES:

Amsterdam – Halle/Leipzig	340	Amsterdam – Marseille	615	Athens – Merza Matruh	510	Baghdad – Bushire	490	Jodhpur – Allahabad	545	Rangoon – Bangkok	360	Palembang – Batavia	300
Halle/Leipzig – Budapest	415	Marseille – Rome	390	Merza Matruh – Cairo	785	Bushire – Jask	500	Allahabad – Calcutta	465	Bangkok – Alor Star	560	Batavia – Bandoeng	65
Budapest – Belgrad	200	Rome – Brindisi	305	Cairo – Gaza	220	Jask – Karachi	595	Calcutta – Akyab	360	Alor Star – Medan	220	**Amsterdam-Batavia** (via Budapest)	8825
Belgrad – Athens	495	Brindisi – Athens	390	Gaza – Baghdad	590	Karachi – Jodhpur	385	Akyab – Rangoon	310	Medan – Palembang	605	**Amsterdam-Batavia** (via Rome)	9075

PASSENGERS TRANSPORT

Tri-motor Fokker monoplanes of the latest F. XII and F. XVIII types as used on the best American lines, equipped with 3 American „Wasp"-engines, leave Amsterdam each Thursday morning for Netherlands India. (Each Friday from Batavia for Holland). — Besides the mails the planes carry three or four passengers. Passenger bookings may be arranged at all stations (20) along the 9000 mile route, for the whole journey or for intermediate stations except those within the territory of British India and Burmah.

London, Paris, Brussels, Berlin, etc., are in most cases linked by air connection, with Amsterdam for the Holland–Netherlands India line.

The time saving possibilities of this, the longest air route in the World, are amply demonstrated by the fact that Calcutta, for example, is reached on the seventh day after departure from London.

Month by month, the number of passengers increases and the Amsterdam—Batavia line is now a recognised and appreciated link between Europe and the Far East.

In a large, roomy cabin, well heated in cold weather, and cool and shady in hot climates, each passenger has his large reclining chair, convertible into a comfortable couch. In the rear of the cabin is a lavatory with washing facilities, etc. During the flight cool drinks or hot tea and coffee and other refreshments are served.

The crew of each plane consists of a first and second pilot, flying engineer and wireless operator. The latter maintains constant touch with ground stations along the route. Every member of the crew speaks English.

One or two stops are made daily for refueling, and the night halt is normally made in ample time for a short tour of such places as Athens, Cairo, Baghdad, Jodhpur, Calcutta, Rangoon, etc. Thus there is no strain in covering even the longest distances by aeroplane. A journey of nine or ten days to Java passing over no less than eighteen different countries is surely a wonderful experience. At each night stop, accommodation is provided at the best hotels or rest houses available.

RESERVATIONS. — Seats may be reserved at the K.L.M.-Offices and -Agencies, mentioned elsewhere in this folder and also with all Travel Agencies and Air Traffic Companies. All cable, telephone and other expenses connected with bookings, will be charged to the passengers.

The Head-Agents of the K.L.M. in the U.S. are: The Netherlands Chamber of

CABIN "K.L.M." INDIA-AIRLINER
ADJUSTABLE PASSENGERS' SEAT
ADJUSTABLE PASSENGERS' SEAT
CABIN "K.L.M." INDIA-AIRLINER

TIME TABLE

during the months of NOVEMBER, DECEMBER, JANUARY, FEBRUARY, MARCH, APRIL '32-'33
Subject to alterations without notice.

1st DAY THURSDAY	AMSTERDAM MARSEILLES ROME	10th DAY SUNDAY
2nd DAY FRIDAY	ROME BRINDISI ATHENS	9the DAY SATURDAY
3rd DAY SATURDAY	ATHENS MERZA MATRUH CAIRO	8th DAY FRIDAY
4th DAY SUNDAY	CAIRO GAZA *) BAGHDAD	7th DAY THURSDAY
5th DAY MONDAY	BAGHDAD BUSHIRE JASK	6th DAY WEDNESDAY
6th DAY TUESDAY	JASK KARACHI JODHPUR	5th DAY TUESDAY
7th DAY WEDNESDAY	JODHPUR ALLAHABAD CALCUTTA	4th DAY MONDAY
8th DAY THURSDAY	CALCUTTA AKYAB RANGOON (BANGKOK)	3rd DAY SUNDAY
9th DAY FRIDAY	(RANGOON) BANGKOK ALOR STAR MEDAN	2nd DAY SATURDAY
10th DAY SATURDAY	MEDAN PALEMBANG BATAVIA BANDOENG	1st DAY FRIDAY

*) Landing at Gaza optional on the return-trip.

For FARES (upper right table) or FREIGHT RATES: (lower left table) look up place of departure and place of destination in list and follow horizontal and vertical columns of figures. The inquired rate is shown in the square where these columns meet.

図13　時刻表（下一部欠けあり）。就航路線図、時刻表、フォッカーXIIの客室画像、旅客予約情報が記載されている（https://www.timetableimages.com/ttimages/kl/kl3211bat/kl3211-3.jpg）。

の誘惑には打ち勝ち難い」という声。あるいは「カルカッタからニューヨークまでわずか一三日間」など、旅行期間の短さに感嘆した様子がうかがえる。乗客も、英シンガポール総督をはじめとする行政官から、ビジネスマン、ジャーナリストなどが並んでいた。

アムステルダム・バタフィア航路では途中の経由地間のフライトも利用可能であった。先にあげたガイドブックには、タゴールの声も寄せられている。彼はカルカッタからペルシャまでのフライトを往復で利用し、老齢であれほどの距離を疲れずに移動するには空の旅以外にはありえなかったと述べている。タゴールは一八六一年生まれであるから、ガイドブック出版時の年齢は七十四歳であった。

アムステルダムからバタフィアまでの経由地をまとめると**表**のようになる（**表3**）。このうち、夏期と冬期ではアムステルダムからアテネまでのヨーロッパ域内の航路に一部変更が生じていた（括弧でくくった都市が夏期の経由地）。ローマ経由の総距離は九〇七五マイル、キロ換算で約一万四六五〇キロ。アムステルダムからバタフィアまでの片道運賃は、七〇七ドル（往復チケットには一〇パーセントの割引適用あり）。現在ではおよそ一万三四四二ドルに相当し、円換算すると約一四七万八〇〇〇円となる（一ドル＝一一〇円）。現在の私たちにとっても高額な運賃と言えるが、経由地での宿泊代及び現地空港と宿泊施設までの交通手段込であることを考慮すると、相応の額のようにも思える。荷物は一五キロまでは無料、一五キロを超える三〇キロまでは一キロごとに五ドル加算され三〇キロを超えると運賃の半額が加算される規則となっていた。

当時、この航路には、フォッカーⅫ、もしくはその改良型であるⅩⅧが投入されていた。フォッカーは、一九一二年から一九九六年まで航空機を製造していたオランダの航空機製造会社である。フォッカーⅫは、乗組員を含めた最大定員一六人を収容可能で、飛行速度は二〇〇キロ前後、フォッカーⅩⅧは一二人と定員は減るものの、飛行速度が二四〇キロにあがっている。機内には、操縦士、副操縦士、整備士、無線技師、それに数名の客室乗務員が搭乗していた。長距離路線では航続距離を伸ばすためか、乗客の定員は三〜四名であった。

時刻表には機内の様子も紹介されており（図13）、現在の私たちが見慣れた機内の光景とはずいぶん違ったものにみえる。デッキチェアのようにみえる座席についても、リクライニング可能であり、当時としては最新の設備として乗客にアピールしていることがわかる。

五、旅券に残された空の軌跡をたどる

一九三五年に出版されたガイドブックには経由地での出入国手続きについて触れた箇所はない。ただし、時刻表には旅券を所持することに加え、渡航先に応じて査証が必要となることが案内されており、経由地での旅券の確認はおこなわれていたものと思われる。ただ、戦前にオランダ本国から蘭印へ渡航するにあたって空路を用いた記録については、あまり見当たらない。植民地と本国を結ぶ主要な交通手段として長期間用いられ、大量の人々を輸送した汽船による移動の場合、旅券のみならず手紙など個人の記録が多く残されているのとは対照的である。

ここで紹介する旅券の所持人は、スン・ホン・タン（Soen Hong Tan）（図14）といい、蘭印のマカッサルで生まれスラバヤに居住していた華人である。(9) 旅券は、一九三八年七月二十八日に本国のデルフトで発給された有効期間二年（至一九四〇年七月二十七日）の数次旅券である。一九三八年当時、彼はデルフト工科大学に留学中であり、ヨーロッパ内での移動の必要が生じ、旅券を申請したようである。

旅券が発給されて間もない八月六日、彼は空路ミラノに入り（MILANO LINATE）、二一日にコモからスイスのキアッソへ鉄道で出国（COMO S.GIOVANNI から CHIASSO）したスタンプが査証欄に残されている（図21—1・2・3）。旅券を取得した理由はこのイタリア訪問にあったわけだが、目的はわかっていない。さらにスイスからオランダまでの足跡についても旅券に記録がない。スイスからオランダまでの陸路は、ドイツを経由す

るのが通常交通の便が良い。だが、一九三八年当時、ドイツはヒトラー政権のもと、オーストリア併合を果たし（三月）、その拡張主義が頂点を迎えた頃であった。ナチス・ドイツ領の通過に際しては、通常とは異なる出入国審査が実施されていたのかもしれない。

　旅券には、その後一九三九年七月四日に英国に上陸した記録が残っており（**図15―1**）、十二月三十日にはオランダとの国境付近の街、ベルギーのエッセンで証印が押されていることがわかる（**図15―1・2**）。英国を訪問している間に第二次世界大戦が勃発、しばらく様子をうかがった後ベルギー経由でオランダに帰国

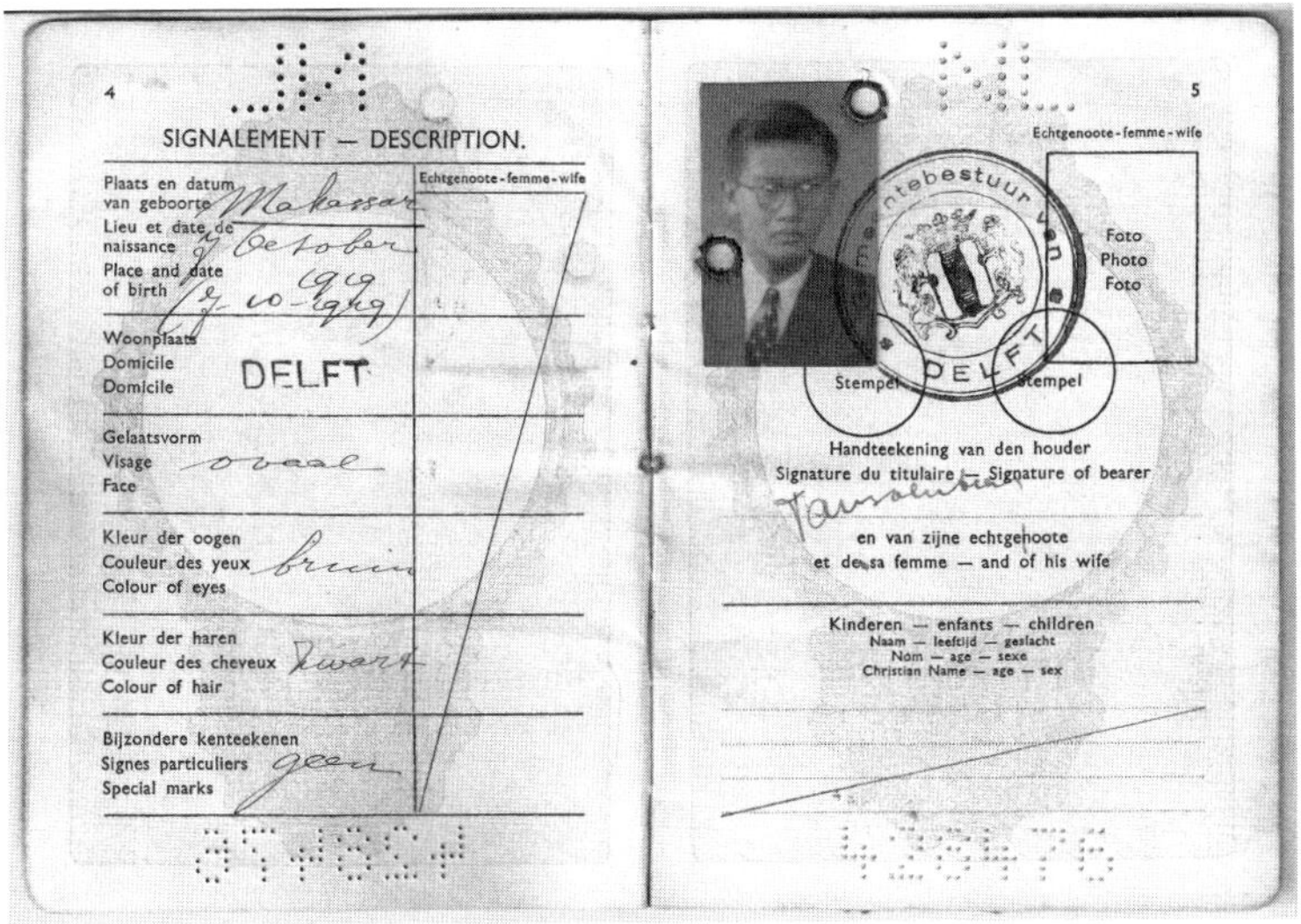

図14　1938年に発給されたスン・ホン・タン氏の旅券。左の欄は上から出生地と生年月日、居住地、顔、眼の色、髪の色、その他の特徴を記載するようになっている。

表4　スン・ホン・タン氏の蘭印行経路

日付	経由地
1940年2月3日	オランダ（出国）
	エッセン（ベルギー）
	ケヴィー（ベルギー）
2月4(3?)日	フェニー（フランス）
2月5日	モダーヌ（フランス）
	バルドネッキア（イタリア）
2月7日	ナポリ（イタリア）
	キプロス？
2月8日	バグダード（イラク）
2月9日	バスラ（イラク）
	ジャースク（イラン）
	カラチ（パキスタン）
	ジョードプル（インド）
2月10日	カルカッタ（インド）
	ラングーン（ビルマ）
2月11日	ドンムアン（タイ）

したのだろうか。いずれにせよ、最初のイタリア、次の英国行きのどちらの場合も、旅券にはオランダ本国の出入国印は押されていない。旅券自体がオランダで発給されており、出入国時にあえてスタンプを押す必要はないものとして処理されていたのだろうか。

一九四〇年、蘭印に住む父親が急逝したことから、タンは急遽蘭印へ帰還する

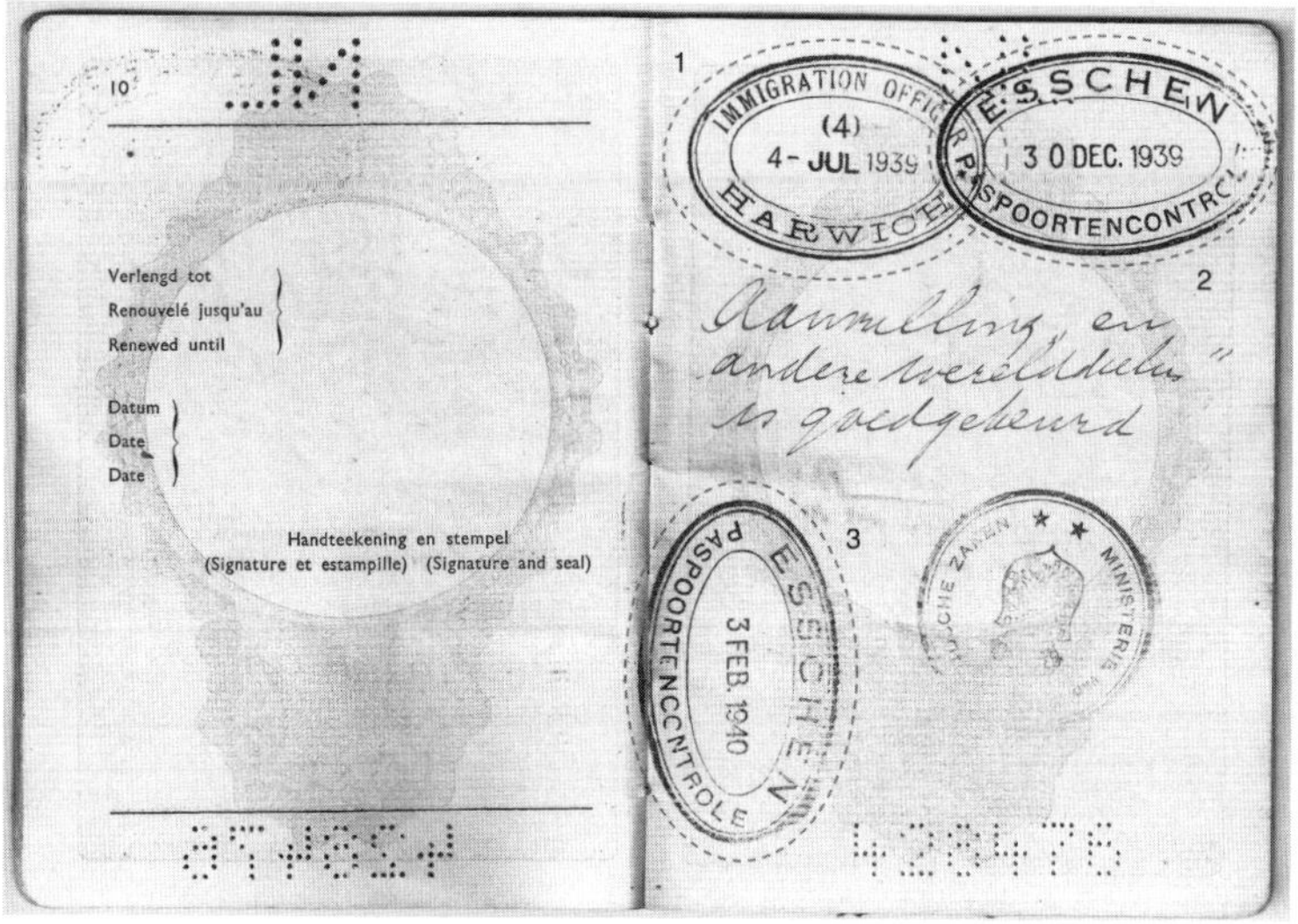

図15　タン氏旅券の査証欄。順に1939年7月4日付ハリッジ（英）、同年12月30日エッセン（ベルギー）、1940年2月3日エッセンのスタンプ。手書きの箇所には「追記、世界各地で有効」と記載され、外務省印が押されている。

図16　スタンプ2の場所は不明。3はバグダード空港で押された入国印。1940年2月8日付。1はハーグの英国旅券事務局により1940年1月26日に発給された通過ビザ。11612番は蘭印を目的地とするイラク、11613番は蘭印途上に所在のある英領空港の通過を許可している。

ことになる。この時、彼はKLMのフライトを利用せず、ヨーロッパ内を陸路でナポリまで移動し、そこから空路を組み合わせたルートを用いている。まず、一月二十六日ハーグの英旅券事務所（BRITISH PASSPORT CONTROL OFFICE）で蘭印までのイラク通過ビザ（11612）と英領空港通過ビザ（11613）（13ページ）を取得している（**図16—1**）。同月の三十一日

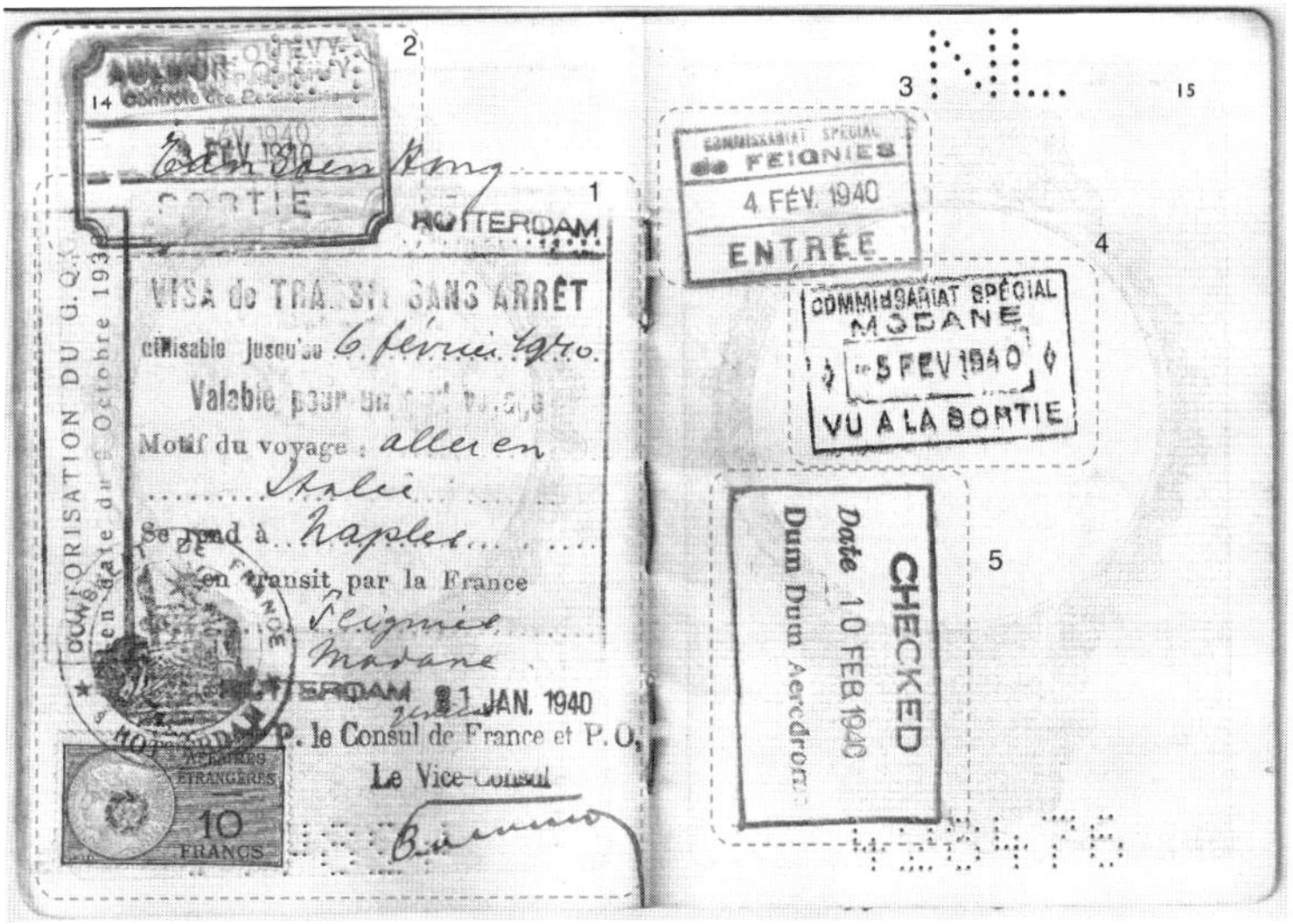

図17　1は1940年1月31日ロッテルダムのフランス領事館発給の通過ビザ。2月6日まで有効でフェニー、モダーヌを経由して、イタリアのナポリを目的地としている。2はベルギーのケヴィーで押された出国印。3から5は順にフェニー入国印（2月4日）、モダーヌ出国印（2月5日）、2月10日付英領インド、カルカッタ近郊のダムダム空港スタンプ。

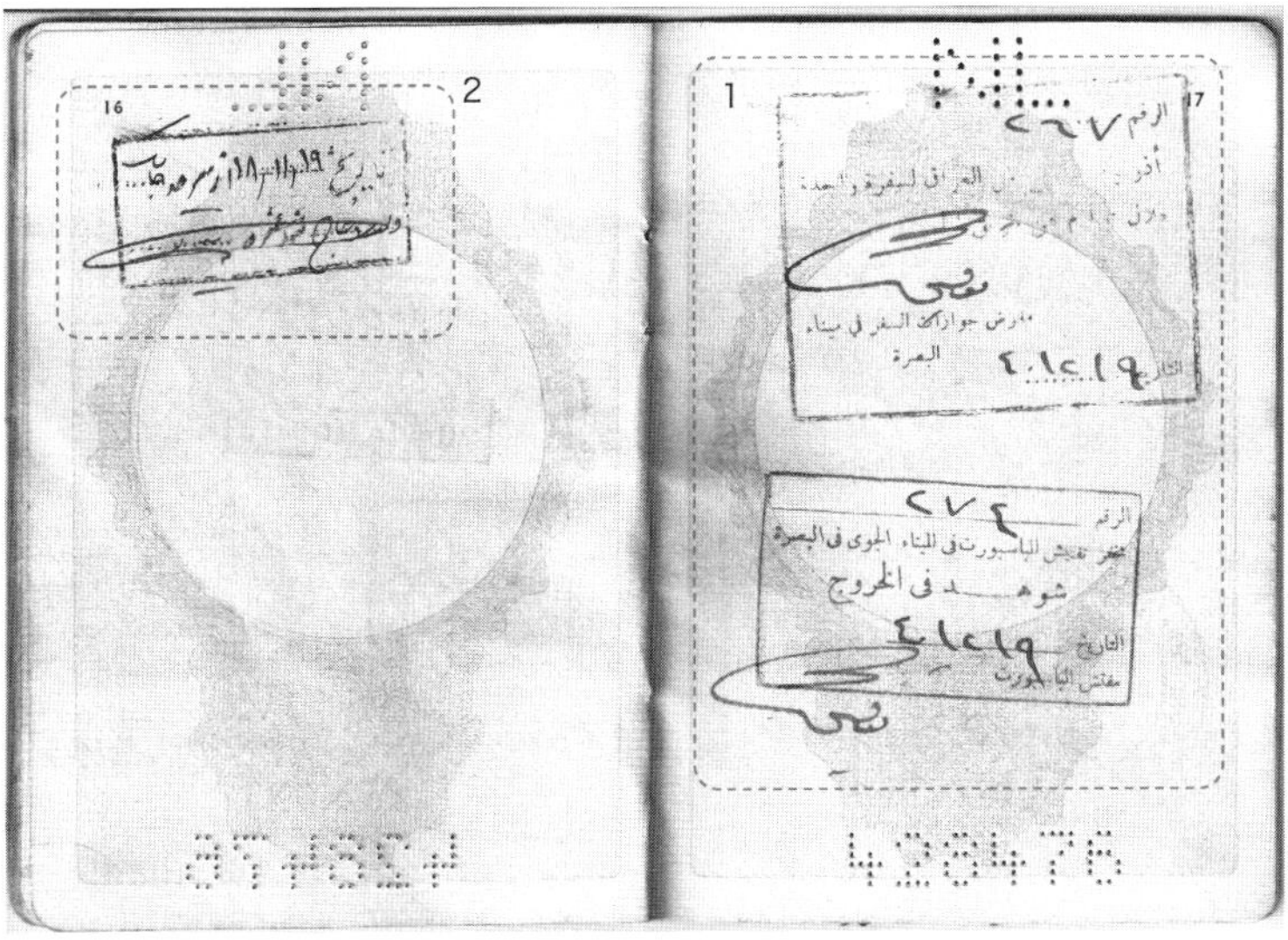
図18　2、1940年2月9日付ジャースク（イラン）出国印。1、2月9日付バスラ（イラク）空港の入国（上）と出国印（下）。

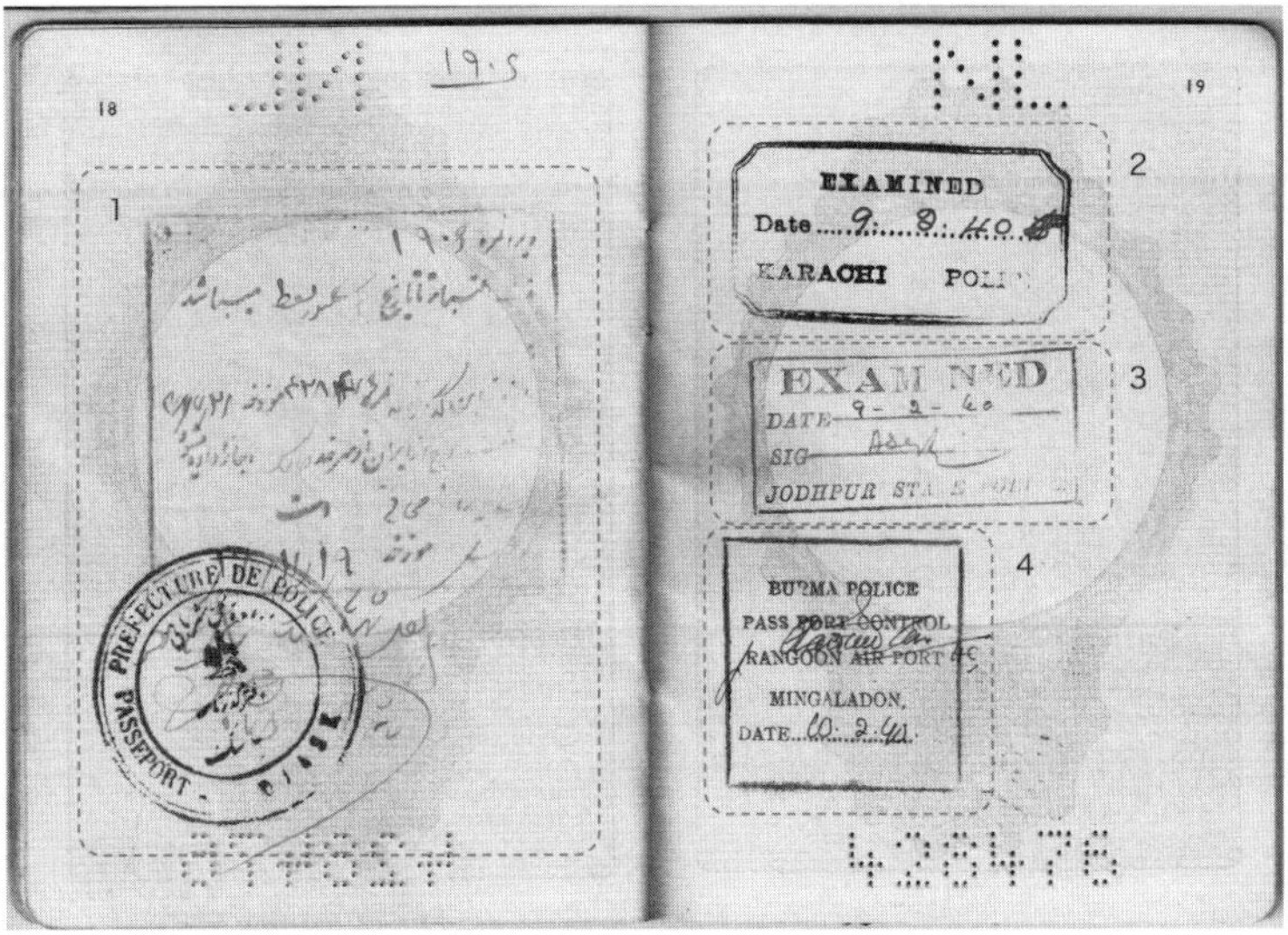

図19　1、1940年2月9日ジャースク地方警察印のある通過印。手書記載箇所は、旅券所持者に対して同日一度限りの通過を認めること、料金が無料であることが書かれている。2から4は順に2月9日カラチ警察印、同日付ジョードプル警察印、2月10日付ラングーンのミンガラドン空港出入国管理印。

にはロッテルダムのフランス領事館を訪ね、ナポリを目的地とするフェニー（FEIGNIES）、モダーヌ（MODANE）の通過ビザを取得した（**図17―1**）。

必要な査証をそろえた彼は、二月三日にオランダを出国。ベルギーに入国しエッセン（ESSCHEN）で旅券の審査を受け、三日付の証印が押されたケヴィー（QUEVY）を通過して出国（**図15―3**および**図17―2**）。四日フランスのフェニー（FEIGNIES）に入国し（三日遅くに入国したため査証印が四日となったと思われる）、翌五日にモダーヌ（MODANE）から出国したことが確認できる（**図17―3・4**）。同日、イタリアのバルドネッキア（BARDONECCHIA）に鉄道で入国。二月七日には、ナポリのカポディキーノ（CAPODICHINO）空港からイタリアを出国したことが旅券のスタンプからたどれる（**図21―4・5**）。

ヨーロッパを後にした二月七日には、同じ日付の英語の証印が確認できるのだが（**図16―2**）、このスタンプがどこで押されたものか証印そのものからは判断できない。ただ、推測の手がかりはいくつかある。まず、英領の空港の通過ビザを取得しているため、経由地は英領の空港であること。次に、八日の日付のあるバ

図21　番号順に、この旅券を用いた最初の移動となるイタリア、ミラノのリナーテ空港の入国印。1938年8月6日。8月21日付の出国印。同日付キアッソで押されたスイス入国印。蘭印途上でのイタリア、バルドネッキアで1940年2月5日に押された入国印と2月7日の日付のあるナポリでの出国印。

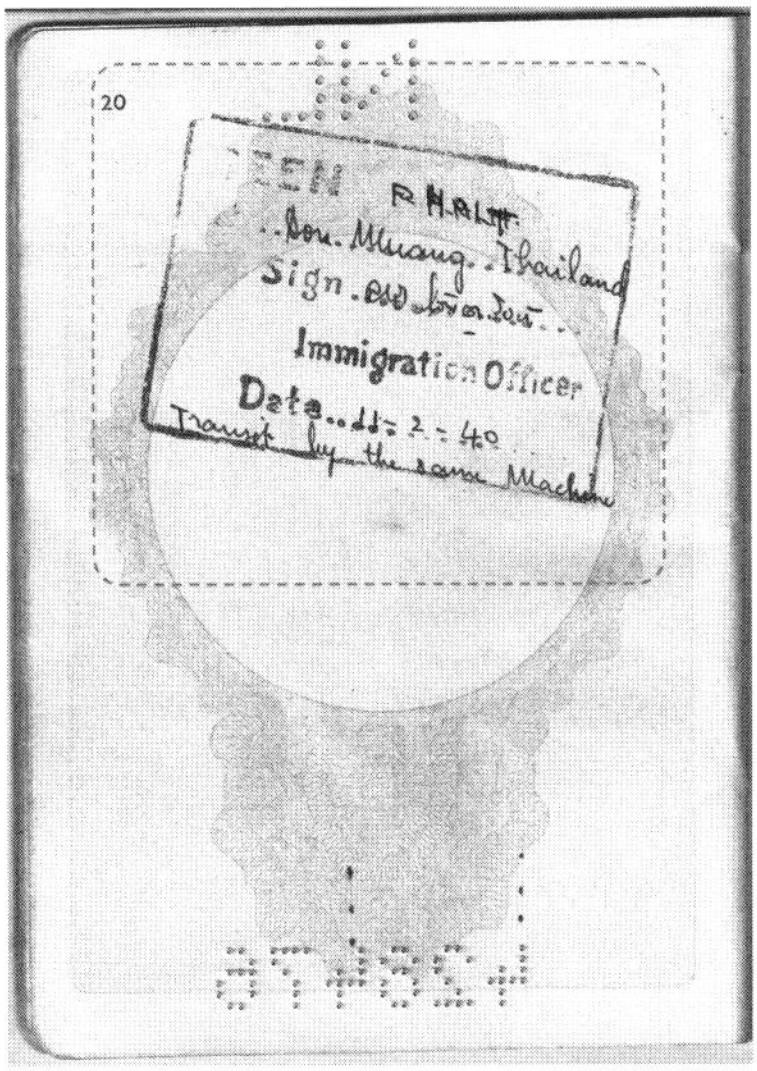

図20　タイ、ドンムアン空港での乗継時のスタンプ。2月11日付。

グダード空港とナポリの間に位置すること。さらに、押されている証印には"s.s."(=steam ship) という汽船名を記入する欄が設けられている。汽船名を記入する欄のある証印ということは、港での出入国審査にも用いられていたと考えられる。ナポリとバグダードの間に位置し、当時英領で港を備えたところといえば、キプロスが有力な候補ではないだろうか（おそらくラルナカか）。キプロスでは一九三〇年代末に英国により飛行場の整備が進んでいた。

　飛行機は中東に入り、二月八日バグダード空港（**図16―3**）、二月九日バスラ空港、同日ジャースク（**図18―1・2**）を発ち、カラチ、ジョードプルと南アジアを横断していく（**図19―2・3**）。翌十日にはカルカッタ近郊のダムダム空港（英領印、**図17―5**）、ラングーン（**図19―4**）、十一日にタイ、ドンムアン空港（**図20**）のスタンプが押されている。タイの後の証印は、確認できない。十一日にタイに到着したとすると、翌十二日にはバタフィアに到着したはずで、実家のあるスラバヤまでは、陸路あるいは空路、いずれのルートもあり得ただろう。二月三日に出発し、十二日蘭印着。フライトのみに限れば、五日間の空の旅だった。

彼がアムステルダム発のKLM便をなぜ使わなかったのか、その理由はわからない。渡航の必要の生じた理由が、家族の不幸という突発的な事情であったため、KLMのフライトを手配する余裕がなかったのかもしれない。この時期のヨーロッパは、すでに第二次世界大戦が勃発していたものの、オランダは中立を宣言、KLMのフライトも運航されていたらしい。しかし、彼の出国した三ヶ月後の一九四〇年五月、オランダはナチス・ドイツの侵攻を受け占領下におかれる。占領された本国に対し、蘭印はしばらくの間平穏をたもつが、それも日本軍が蘭印作戦を開始する四二年一月までのことであった。

インドネシア独立後の一九五八年、彼はインドネシア国籍を放棄してオランダへの移住を決断する。オランダ政府は、旧蘭印出身の非ヨーロッパ系住民のオランダ移住を制限しており、一家がオランダ国籍を取得するまでに五年を要したという。タンのパスポートは、オランダ国籍を取得するために重要な身分証としての役割を果たした可能性がある。

おわりに

植民地と本国との移動をめぐる環境は、第二次世界大戦の終結とともに大きく変化していく。背景には脱植民地化という政治変動と航空機の技術的改善があった。蘭印とオランダ本国との間に存在していた広大な植民地——そのほとんどは英領であったが——は、戦後独立を果たし、香港も一九九七年に中国へ返還された。航空技術も二度の大戦をきっかけとして急速に進展。戦後は旅客機の大型化と高速化が実現し、航続距離も伸びた結果、国境を越える人の移動は船舶から航空輸送へ移行し、経由地も減少していった。現在では、ここで紹介したような船によるヨーロッパへの国際定期航路は存在しない。

移動や旅券といった視点から植民地と本国との関係をみると、さまざまな疑問が浮かんでくる。植民地が本国の主権のもとに属していたことは確かだが、それは本国の空間が延長された領域とみなされていたのか、あるいは別の空間であったと理解すべきなのか。本国と植民地が政治的に均質な空間としてつながっているのであれば、国内で県をまたいで移動するのと同じように、本国と植民地の移動に旅券は必要とならない。しかし、ここで紹介した海路と空路の二つの移動ともにそうではなかった。

どちらの旅券にもオランダ本国の出入国記録が残っていないということは、仮に本国と植民地との間に直行便が存在していれば、旅券を持たずに移動できたのだろうか。この場合、途中の経由地に他国の領土や植民地を含む移動であったことが、旅券を必要とさせたことになる。いずれにせよ、植民地の存在しない現在の国際社会では、あくまでも想像の域にとどまるしかない。

植民地が存在していた二十世紀前半は、本国と植民地の間で人の移動が活発になっていった時期でもある。任地への赴任、留学、観光、職探し。現在の私たちが国境を越えて移動する原型がこの時期にほぼ形作られていく。同時に、現在の視点からは厳密さに欠けるものの、この時期は移動の管理が国際的に制度化されていく時期であったともいえる。

旅券のスタンプは、単に移動の途中に経由した土地を示しているだけではない。そこには、経由地の出入国管理の様々な事情をうかがえるだけでなく、移動した人物の人生の一部が織り込まれているともいえる。私たちが旅券の査証欄に感じるノスタルジアの理由も、そこにあるのかもしれない。

注

(1) 蘭印での旅券の変遷については、本書所収の「オランダ領東インドにおける旅券制度の展開」を参照されたい。

(2) 一九一六年(大正五)に出版された『日本郵船株式会社渡航案内』によると、「門司又は長崎寄港船孰も出帆後約一昼夜半金曜日午前呉淞を通過し黄浦江に投錨」とある(日本郵船株式会社編『日本郵船株式会社渡航案内』日本郵船、一九一六年、一四頁)。

(3) 『日本郵船株式会社渡航案内』には上海から香港までの所要日数を三日間としている(一四頁)。長崎から上海までの所要日数一日半を加えると、五日程度となる。

(4) 神戸大学経済経営研究所新聞記事文庫海運(17-041)、『横浜貿易新報』一九二一年(大正十)九月十八日。一九一九年(大正八)に発行された『大阪商船航路案内』によると、横浜―シアトル間の航海日数は十五日間とある(大阪商船株式会社編『大阪商船航路案内』大阪商船、一九一九年)。

(5) グロティウス号は、一九一九年に欧州航路に就航した客船で、それ以前はバタフィアを拠点に香港、長崎を経由してサンフランシスコを往復する太平洋航路に一九一六年に就航していた。第一次世界大戦により大西洋と地中海の航海が危険になったこともあり、大戦中蘭印とオランダ本国を結ぶ航路として太平洋航路が頻繁に利用された。

(6) もちろん、現在も入国時の厳しい審査に比べて拍子抜けするほど簡単な出国審査を実施している英国の出入国管理の例もある。ただし、英国の入国審査も日本旅券に限れば二〇一九年より自動化ゲートの利用が可能になり入国審査に要する時間が大幅に短縮されている。

(7) ここに掲載されている田園風景は、当時のジャワで写真館を営み土産用のハガキを多く作成していた日本人カメラマン、佐竹捨三郎(輝信)の手になるチクライ山の遠望と思われる。佐竹は東ジャワのトサリ村で写真館を営むとともに、自らが撮ったジャワの風物を土産用のハガキとして大量に販売していた。佐竹によるチクライ山の写真は、KITLVのデジタルコレクションで閲覧可能である(http://hdl.handle.net/1887.1/item:902111)。なお、写真の特定については、高地薫氏(神田外国語大学)から教授いただいた。

(8) E. Rusman, *Wings Across Continents (The*

K.L.M. *Amsterdam - Batavia Line)*, Amsterdam: ANDRIES BLITZ, 1935, pp.93-96.

（9）タン氏の情報については、ご息女のイン・ルワン・タガ＝タン氏による興味深いエッセイを参考にしている（https://cihc.nl/en/25-my-fathers-passport/）。紹介している旅券もタガ＝タン氏から提供を受けた。

附記 本稿の執筆にあたり、イン・ルワン・タガ＝タン氏（Ing Lwan Taga-Tan）よりスン・ホン・タン氏の旅券データを提供いただいた。タン氏旅券の査証印判読に際しては、鈴木恵美氏（福岡女子大学）よりアラビア語について、アブドゥリ・ケイワン氏（神奈川大学）よりペルシャ語について教示いただいた。ＫＬＭの時刻表についてはビョルン・ラーション氏（Björn Larssön）より転載許可を得た。また、淵脇萌乃さんからはコラムの草稿に対して有益なコメントをいただいた。ここに記して謝意を表したい。なお、本稿はＪＰＳＰ科研費21K12408・18K11820・17H02239・16H00740による研究成果の一部である。

東インド会社とアジアの海賊

東洋文庫［編］

誰が海賊だったのか？

海賊の多様性を歴史から読み解く

十七世紀初頭にヨーロッパで誕生した東インド会社とその海上覇権の確立にあたって大きな障壁となった現地の海賊たち。

両者は善と悪という単純な図式では表せない関係にあった。

東インド会社もまた海賊であった――。

東インド会社と海賊の攻防と、活動の実態を明らかにする。

【執筆者】
斯波義信　パオラ・カランカ
牧野元紀　翻訳：彌永信美
羽田　正　深瀬公一郎
鈴木英明　豊岡康史
太田　淳　村上　衛
弘末雅士　平野健一郎
中島楽章

本体2,800円（+税）
四六判・上製・340頁
ISBN978-4-585-22098-5

勉誠出版
千代田区神田三崎町2-18-4 電話 03(5215)9021
FAX 03(5215)9025 WebSite=https://bensei.jp

執筆者一覧（掲載順）

水井万里子　伏見岳志　大澤広晃　和田郁子
橋本真吾　八嶋由香利
イヴェト・ランジェヴァ・ラベタフィカ
ルネ・バーシュウ　ナタリー・エファーツ
ヨハン・フォリー　辻本諭　宮内洋平　吉田信　岡田友和

【アジア遊学 258】

史料《しりょう》が語《かた》る東《ひがし》インド航路《こうろ》
移動がうみだす接触領域

2021 年 7 月 30 日　初版発行

編　者　水井万里子・大澤広晃・杉浦未樹・吉田信・伏見岳志
制　作　株式会社勉誠社
発　売　勉誠出版株式会社
〒 101-0061　東京都千代田区神田三崎町 2-18-4
TEL：(03)5215-9021(代)　FAX：(03)5215-9025
〈出版詳細情報〉 http://bensei.jp/

印刷・製本　㈱太平印刷社
ISBN978-4-585-32504-8　C1322

アジア遊学既刊紹介

256 元朝の歴史 —モンゴル帝国期の東ユーラシア

櫻井智美・飯山知保・森田憲司・渡辺健哉　編

257 交錯する宗教と民族 交流と衝突の比較史

鹿毛敏夫　編